銀行業務検定試験

年金アドバイザー3級のあらまし

◆「年金アドバイザー3級」とは

「年金アドバイザー3級」は，主として金融機関の渉外係・窓口係が，顧客からの年金に関する制度の仕組み・支給要件・年金額計算・受給手続などの相談や照会に応じることのできる知識および振込指定口座獲得のために必要とされるセールス技能・応用力についてそのレベルを判定するものです。

CBT方式による試験については（3）頁参照。

◆2023年3月（第154回）「年金アドバイザー3級」試験結果

2023年3月（第154回）の年金アドバイザー3級試験は，応募者数3,601名中受験者は3,075名で，合格率は23.64％となりました。

業態別成績一覧表（年齢・勤続年数は，受験者の平均値です。）

	都銀特銀	地銀	銀信託	第二地銀	信金	信組	信連農協	労金	生損保	証券	郵政	他団体個人	全体
応募者数	10	202	1	31	651	190	947	30	38	1	421	1,079	3,601
応募比率	0.28	5.61	0.03	0.86	18.08	5.28	26.30	0.83	1.06	0.03	11.69	29.96	100.00
受験者数	7	176	1	27	585	170	875	23	29	1	368	813	3,075
受験率	70.00	87.13	100.00	87.10	89.86	89.47	92.40	76.67	76.32	100.00	87.41	75.35	85.39
合格者数	3	37	1	3	90	23	130	2	2	0	91	345	727
合格率	42.86	21.02	100.00	11.11	15.38	13.53	14.86	8.70	6.90	0.00	24.73	42.44	23.64
平均点	57.71	44.26	82.00	41.04	40.88	39.22	38.87	40.00	39.59	40.00	44.03	54.10	44.32
年齢	48.6	35.2	50.0	39.5	33.5	33.3	34.0	39.8	43.7	30.0	40.3	44.8	37.8
勤続年数	24.0	11.2	21.0	12.3	11.9	11.8	10.0	10.9	17.0	11.0	17.3	16.8	12.9

第156回銀行業務検定試験「年金アドバイザー3級」実施要項

　2023年10月（第156回）銀行業務検定試験「年金アドバイザー3級」の実施および内容等の概要は，次のとおりです。詳しくは，銀行業務検定協会にお問合せください。

■試験事務全般に関わるもの

　検定試験運営センター　　　（平日9：30〜17：00／TEL：03-3267-4821）

■試験の内容に関わるもの

　検定部　　　　　　　　　　（平日9：30〜17：00／TEL：03-3267-4820）

■ホームページ【https://www.kenteishiken.gr.jp/】

試　験　日	2023年10月22日（日）
試　験　時　間	10：00〜12：00（120分） （試験開始後30分までは入室が認められますが，試験終了時間の延長はありません。なお，試験開始後60分間および終了前10分間は退室禁止です）
受　付　期　間	2023年8月17日（木）〜9月6日（水）必着 個人申込の方は，協会のホームページからのお申込が可能です。
受　験　料	5,500円（税込）
持　込　品	受験票，筆記用具(HB程度の鉛筆・シャープペンシル，消しゴム)電卓持込可（1台のみ使用可。ただし，金融計算電卓，関数・メモ機能付は不可）
試験内容	出題形式	五答択一式（マークシート）
	科目構成 出題数	〔基本知識〕　五答択一式　　　　　30問 〔技能・応用〕事例付五答択一式　20問
	配　点	1問2点（合計100点）
合　格　基　準	100点満点中60点以上 （試験委員会にて最終決定します。）
正　解　発　表	試験実施3日後（原則として17：00以降）に上記ホームページで公表します。
成　績　通　知	試験実施約4週間後から成績通知書と，合格された方には合格証書をお送りします（解答用紙は返却いたしません）。

※適用される法令等は，原則として試験実施日現在のものです。

※正解・合否について，銀行業務検定協会への電話でのお問合せはいっさいお断りしていますので，ご了承ください。

CBT方式　銀行業務検定試験「CBT年金アドバイザー3級」実施要項

CBT方式による銀行業務検定試験の実施につき，本種目の概要は，次のとおりです。

※CBT方式銀行業務検定試験は，株式会社CBTソリューションズの試験システムおよびテストセンターにて実施します。

■試験の内容についてのお問合せ

銀行業務検定協会（経済法令研究会 検定試験運営センター）

HP：https://www.kenteishiken.gr.jp/　TEL：03-3267-4821（平日9：30～17：00）

お問合せフォーム：https://www.khk.co.jp/contact/

■試験の申込方法や当日についてのお問合せ

株式会社ＣＢＴソリューションズ　受験サポートセンター

TEL：03-5209-0553（9:30～17:30 ※年末年始を除く）

実施日程	2023年6月1日(木)～2024年3月31日(日)
申込日程	2023年4月28日(金)～2024年3月28日(木) ※株式会社CBTソリューションズのホームページからお申込みください。https://cbt-s.com/examinee/
申込方法	＜個人申込＞ インターネット受付のみ ＜団体申込＞ 検定試験運営センター CBT試験担当（03-3267-4821）までお問合せください。
受験料	5,500円（税込）
会場	全国の共通会場（テストセンター）にて実施
出題形式	CBT五答択一式　120分
科目構成 出題数	〔基本知識〕　五答択一式　　　30問 〔技能・応用〕　事例付五答択一式　20問
出題範囲	銀行業務検定試験（紙試験）と同様
合格基準	100点満点中60点以上
結果発表	即時判定。 試験終了後に，スコアレポート・出題項目一覧が配付されます。受験日の翌日以降，合格者はマイページから合格証書をダウンロードしてください。

※原則として，試験実施日現在に施行されている法令等にもとづいて出題します。

「年金アドバイザー3級」出題範囲

I　わが国の社会保険制度とその仕組み

1　一般関連知識（公的年金制度に関わる事項）

①わが国の人口動向（平均寿命や65歳の平均余命，合計特殊出生率，高齢化率等），②高齢者世帯の状況（所得等），③公的年金の現況（社会保障給付費や公的年金の積立金等）　等

2　社会保険制度の概要等

①公的年金制度の概要および沿革，②医療保険制度・介護保険制度，③最近の年金法改正の内容　等

II　年金制度とその仕組み

1　国民年金

①被保険者，②資格の取得・喪失と被保険者期間，③保険料（保険料免除制度と学生納付特例制度および追納制度等）　等

2　厚生年金保険

①適用事業所，②被保険者，③資格の取得・喪失，被保険者期間，④保険料（率），⑤標準報酬月額・標準賞与額，⑥総報酬制，⑦育児休業・産前産後休業期間中の保険料免除，⑧被用者年金制度の一元化　等

III　年金給付の種類と支給要件

1　年金の通則事項

①国民年金・厚生年金保険の年金給付，②年金額の改定（マクロ経済スライド等），③公的年金の給付（支払期間や支払期月を含む），④年金の支給停止と受給権の消滅　等

2　老齢基礎年金・付加年金

①受給資格期間と支給開始年齢，②保険料納付済期間・保険料免除期間，③合算対象期間，④年金額（計算），⑤繰上げ・繰下げ支給，⑥振替加算　等

3　老齢厚生年金

①特別支給の老齢厚生年金，②年金額（計算・算式），③加給年金額，④支給開始年齢の引上げ，⑤在職老齢年金，⑥繰下げ支給，⑦老齢基

礎年金の一部・全部繰上げ，⑧経過的な繰上げ支給の老齢厚生年金，⑨65歳からの老齢厚生年金・経過的加算の額　等

4　障害基礎年金・障害厚生年金・障害手当金
①受給要件，②保険料納付要件，③年金額（計算・算式），④加給年金額と子の加算額　等

5　遺族基礎年金・遺族厚生年金
①受給要件，②保険料納付要件，③遺族の範囲，④年金額（計算・算式）・子の加算額，⑤中高齢寡婦加算と経過的寡婦加算　等

6　年金給付の併給調整等
①年金（給付）の併給調整，②雇用保険の失業給付（基本手当，高年齢求職者給付金）・高年齢雇用継続給付および年金との併給調整，③退職後の医療保険制度（協会けんぽ，国民健康保険，任意継続被保険者等）　等

7　その他の給付
①国民年金の寡婦年金・死亡一時金，②短期在留外国人に対する脱退一時金，③未支給年金，④年金生活者支援給付金　等

Ⅳ　企業年金・個人年金の仕組みの要点
①国民年金基金，②厚生年金基金，③確定給付企業年金，④確定拠出年金，⑤個人年金保険　等

Ⅴ　年金請求手続と年金受給者の手続
①年金請求手続と添付書類・提出時期・提出先，②年金受給権者　受取機関変更届，③65歳到達時の年金請求（諸変更裁定請求・ハガキ形式）　等

Ⅵ　その他
①年金の税制（社会保険料控除，雑所得の金額，税額計算等），②公的年金等の扶養親族等申告書，③退職一時金にかかる退職所得金額（計算），退職所得控除額（計算），④ねんきん定期便，⑤ねんきんネット，⑥最近の年金法等の改正等，⑦社会保障協定，⑧離婚時の厚生年金の分割制度　等

年金アドバイザー3級　目次

年金アドバイザー3級のあらまし・（1）

第156回銀行業務検定試験「年金アドバイザー3級」実施要項・（2）

CBT方式銀行業務検定試験「CBT年金アドバイザー3級」実施要項・（3）

「年金アドバイザー3級」出題範囲・（4）

出題項目一覧・（7）

学習のポイント・（16）

最近の改正法等のポイント・（18）

2023年3月（第154回）
　　　試験問題・解答ポイント・正解 ……………………………………1

2022年10月（第153回）
　　　試験問題・解答ポイント・正解 ……………………………………77

2022年3月（第151回）
　　　試験問題・解答ポイント・正解 ……………………………………153

2021年10月（第150回）
　　　試験問題・解答ポイント・正解 ……………………………………229

☆　**本書の内容等に関する訂正等について**　☆

本書の内容等につき発行後に誤記の訂正等の必要が生じた場合には，当社ホームページに掲載いたします。

（ホームページ 書籍・DVD・定期刊行誌 メニュー下部の 追補・正誤表 ）

出題項目一覧

分野			出題項目	年	月	回	問
基本知識	公的年金制度とその仕組み	一般関連知識	わが国の最近の人口動向等	2023	3	154	1
				2022	10	153	1
				2022	3	151	1
				2021	10	150	1
			わが国の公的年金制度の現況	2022	10	153	2
				2022	3	151	2
			わが国の公的年金制度の沿革	2023	3	154	2
				2021	10	150	2
			医療保険制度等	2023	3	154	3
				2022	10	153	3
				2022	3	151	3
				2021	10	150	3
		国民年金	国民年金の被保険者	2023	3	154	4
				2022	10	153	4
				2022	3	151	4
				2021	10	150	4
			国民年金の第1号被保険者の保険料	2023	3	154	5
				2022	10	153	5
				2022	3	151	5
				2021	10	150	5

分野			出題項目	年	月	回	問
基本知識	公的年金制度とその仕組み	国民年金	国民年金の保険料免除制度	2023	3	154	6
				2022	10	153	6
				2022	3	151	6
				2021	10	150	6
		厚生年金保険	厚生年金保険の被保険者	2023	3	154	9
				2022	10	153	9
				2022	3	151	8
				2021	10	150	8
			厚生年金保険の標準報酬月額・標準賞与額	2023	3	154	11
				2022	10	153	11
				2022	3	151	10
				2021	10	150	10
			厚生年金保険の保険料（率）	2023	3	154	10
				2022	10	153	10
				2022	3	151	9
				2021	10	150	9
	公的年金給付の種類と支給要件	保険給付の概要	公的年金の被保険者の資格取得・喪失・被保険者期間	2023	3	154	7
				2022	10	153	7
				2022	3	151	7
				2021	10	150	7
			公的年金の年金額改定の対象	2023	3	154	8
				2022	10	153	8

分野			出題項目	年	月	回	問
基本知識	公的年金給付の種類と支給要件	老齢給付	老齢基礎年金	2023	3	154	12
				2022	10	153	12
				2022	3	151	11
				2021	10	150	11
			老齢基礎年金の合算対象期間（等）	2022	3	151	12
				2021	10	150	12
			老齢基礎年金の振替加算	2023	3	154	13
				2022	10	153	13
				2022	3	151	13
				2021	10	150	13
			老齢厚生年金の加給年金額	2023	3	154	16
				2022	10	153	16
				2022	3	151	15
				2021	10	150	15
			特別支給の老齢厚生年金	2023	3	154	14
				2022	10	153	14
				2022	3	151	14
				2021	10	150	14
			65歳未満の在職老齢年金	2022	3	151	16
				2021	10	150	16
			65歳以上の在職老齢年金	2023	3	154	17
				2022	10	153	17

分野			出題項目	年	月	回	問
基本知識	公的年金給付の種類と支給要件	障害給付	障害基礎年金	2023	3	154	18
				2022	10	153	18
				2022	3	151	17
				2021	10	150	17
			障害厚生年金	2023	3	154	19
				2022	10	153	19
				2022	3	151	18
				2021	10	150	18
		遺族給付	遺族基礎年金	2023	3	154	20
				2022	10	153	20
				2022	3	151	19
				2021	10	150	19
			遺族厚生年金	2023	3	154	21
				2022	10	153	21
				2022	3	151	20
				2021	10	150	20
			遺族厚生年金の中高齢寡婦加算	2023	3	154	22
				2022	10	153	22
				2022	3	151	21
				2021	10	150	21
			寡婦年金と死亡一時金	2023	3	154	24
				2022	10	153	24
				2022	3	151	23
				2021	10	150	23

分野			出題項目	年	月	回	問
基本知識	公的年金給付の種類と支給要件	併給調整	年金給付の併給調整	2023	3	154	23
			公的年金と他の制度との支給調整	2022	10	153	23
				2022	3	151	22
				2021	10	150	22
			雇用保険からの給付・給付金と老齢厚生年金との併給調整等	2023	3	154	15
				2022	10	153	15
	その他の年金	企業年金	個人型確定拠出年金	2023	3	154	27
				2022	10	153	27
				2022	3	151	26
				2021	10	150	26
			確定給付企業年金	2023	3	154	28
				2022	10	153	28
				2022	3	151	27
				2021	10	150	27
		年金の税制	年金の税制	2023	3	154	26
				2022	10	153	26
				2022	3	151	25
				2021	10	150	25
		その他	年金生活者支援給付金	2023	3	154	29
				2022	10	153	29
				2022	3	151	28
				2021	10	150	28

分　野			出題項目	年	月	回	問
基本知識	その他の年金	その他	ねんきん定期便・ねんきんネット（等）	2023	3	154	25
				2022	10	153	25
				2022	3	151	24
				2021	10	150	24
			社会保障協定と脱退一時金	2023	3	154	30
				2022	10	153	30
				2022	3	151	30
				2021	10	150	30
			最近の年金法改正	2021	10	150	29
			年金制度改正	2022	3	151	29
技能・応用	年金受給のための手続・アドバイス等	老齢給付	老齢給付	2023	3	154	32
				2022	10	153	32
				2022	3	151	32
				2021	10	150	32
			老齢基礎年金の受給資格期間	2023	3	154	31
				2022	10	153	31
				2022	3	151	31
				2021	10	150	31
			老齢基礎年金の年金額	2023	3	154	33
				2022	10	153	33
				2022	3	151	33
				2021	10	150	33
			繰上げ支給の老齢基礎年金の年金額計算	2023	3	154	40
				2022	3	151	40
				2021	10	150	40

分野			出題項目	年	月	回	問
技能・応用	年金受給のための手続・アドバイス等	老齢給付	国民年金保険料の追納および老齢給付等	2023	3	154	34
				2022	3	151	34
				2021	10	150	34
			経過的な繰上げ支給の老齢厚生年金	2023	3	154	39
				2022	10	153	39
				2022	3	151	39
				2021	10	150	39
			経過的な繰上げ支給の老齢厚生年金の年金額計算	2022	10	153	40
			老齢給付の繰下げ	2022	10	153	34
			老齢厚生年金の年金額の計算	2023	3	154	35
				2022	10	153	35
				2022	3	151	35
				2021	10	150	35
			老齢厚生年金に加算される経過的加算	2023	3	154	36
				2022	10	153	36
				2022	3	151	36
				2021	10	150	36
			在職老齢年金	2023	3	154	37
				2022	10	153	37
			65歳以後の在職老齢年金	2022	3	151	37
				2021	10	150	37
			高年齢求職者給付金	2022	3	151	38
		併給調整	高年齢雇用継続給付および在職老齢年金との併給調整	2023	3	154	38
				2022	10	153	38

分　野			出題項目	年	月	回	問
技能・応用	年金受給のための手続・アドバイス等	障害給付	障害給付	2023	3	154	42
				2022	10	153	42
				2022	3	151	42
				2021	10	150	42
			障害基礎年金の年金額	2023	3	154	41
				2022	10	153	41
				2022	3	151	41
				2021	10	150	41
		遺族給付	国民年金の遺族給付	2023	3	154	43
				2022	10	153	43
				2022	3	151	43
				2021	10	150	43
			遺族厚生年金	2023	3	154	44
				2022	10	153	44
				2022	3	151	44
				2021	10	150	44
		医療保険	健康保険の任意継続被保険者	2023	3	154	48
				2022	10	153	48
				2022	3	151	48
				2021	10	150	48
		その他	高年齢求職者給付金	2021	10	150	38
	年金等と税金		公的年金等にかかる雑所得の金額	2022	3	151	49
				2021	10	150	49

分 野		出題項目	年	月	回	問
技能・応用	年金等と税金	年金から源泉徴収される所得税額	2023	3	154	50
			2022	10	153	50
		課税対象となる退職所得金額	2023	3	154	49
			2022	10	153	49
			2022	3	151	50
			2021	10	150	50
	変更等諸届出書作成上のアドバイス	年金請求手続	2023	3	154	47
			2022	10	153	47
			2022	3	151	47
			2021	10	150	47
		65歳到達時の年金請求書	2023	3	154	46
			2022	10	153	46
			2022	3	151	46
			2021	10	150	46
		年金受給権者　受取機関変更届	2023	3	154	45
			2022	10	153	45
			2022	3	151	45
			2021	10	150	45

年金アドバイザー3級

学習のポイント

　年金振込指定口座の獲得は，定期的に集まる低コストの預金源で，かつ，その顧客との長期間の取引となり，歩留り率も高く取引深耕への展開が可能であるなど，金融機関にとっては多くのメリットがあるといわれています。さらに，個人取引の重要性の再認識から，年金振込指定口座の獲得の積極的な推進が望まれています。

　顧客と年金にかかわる会話を交わし，または年金相談をとおしてその人の年金にかかわる疑問や不安に対して，その解決に努めたことを契機に，年金振込指定口座を獲得するのが一般的です。少なくとも，日常の渉外活動のなかでの情報収集にしても，実際の年金セールスの段階でも，その行職員の年金知識の差は，顧客の満足感やその成果に比例しています。

　しかし，実際の年金相談には，多少の手間がかかる相談はあっても「難しい相談だ」というケースは，そう多くはありません。多くの年金相談は，年金の基本知識の範囲内で十分に応対可能なものが圧倒的に多いのが現実です。年金アドバイザー3級は，「基本的な年金知識を正確に理解」していることを前提に「年金の周辺分野の知識」を有していること，さらに，その有する年金知識等を実際に活用し，「顧客の一般的な年金相談」に応じられることや具体的な取扱いや実務的な諸手続をアドバイスできる知識を測定します。

　最も効果的な学習方法は，まず「年金相談の実務」や「公式テキスト　年金アドバイザー3級」等を活用して基本をマスターし，試験の2ヵ月前ぐらいからは本書を中心に過去に出題された問題を実際に繰り返し解いてみることです。理解できていない点が見つかったら，上記参考書に戻って確認することをお勧めします。本書では＜公式テキスト・チェック＞として「公式テキスト」での主な掲載箇所を紹介しています。

① 新年金制度へ移行した背景や公的年金制度全体の体系や仕組みの理解

各年金制度の生い立ち，新年金制度の制度的な体系・加入者・給付の体系への総括的な理解に加えて，国民年金と厚生年金保険，さらに被用者年金の一元化についても具体的な理解が求められることになります。

また，実務的な諸手続に関する知識，さらに新年金制度以後の法改正の変遷も学習する必要があります。

② 各年金制度の受給要件

国民年金と厚生年金保険の老齢給付，障害給付および遺族給付の原則的な受給要件と経過措置を整理して理解することが必要です。

老齢基礎年金の受給資格期間には，保険料免除期間や合算対象期間もあり，合算対象期間となる期間への理解が必要です。たとえば，老齢基礎年金の保険料納付済期間に算入される被用者年金の加入期間の条件などで，この基本が理解できれば，異なった年金制度の加入者であってもその基本は変わりません。

また，加給年金額の受給要件と年金額（特別加算を含む）や老齢厚生年金の年金額の計算式に用いられる単価，乗率または被保険者期間の取扱いも整理する必要があります。

障害給付や遺族給付に関しては，国民年金と厚生年金保険との受給要件の違いや保険料納付要件の具体的な取扱い，年金額・加算額および支給停止・受給権の消滅等への理解です。たとえば，保険料納付要件はどのような場合に問われるか，全被保険者期間の計算基準や保険料の納付状況の判定時期など，複雑な条件でも迷わないよう整理し，理解しておくことが必要です。

そのほか，寡婦年金，付加年金，死亡一時金など国民年金の独自給付の要点についても原則的な理解が必要です。

また，「ねんきん定期便」の内容や取扱いについても理解しておくことが求められます。

③ その他の事項

年金と税金，私的年金（確定拠出年金，企業年金等）に関する知識および一般常識としてのわが国の人口動向や年金制度の概況についての主要な事項なども把握しておく必要があります。

最近の改正法等のポイント

【年金制度改正法】公布日：令和2年6月5日
　　（正式名称：年金制度の機能強化のための国民年金法等の一部を改正する法律）

Ⅰ　公的年金関係

1　国民年金保険料の納付猶予制度の延長（施行日：令和2年6月5日）

50歳未満の国民年金保険料の納付猶予制度を5年間延長し，「令和7年6月まで」から「令和12年6月まで」とする。

2　寡婦年金の支給要件の変更（施行日：令和3年4月1日）

死亡した夫の要件を，「障害基礎年金の受給権者であったことがなく，老齢基礎年金の支給を受けていなかったこと」から「老齢基礎年金または障害基礎年金の支給を受けていなかったこと」に改正する。

3　脱退一時金制度の見直し（施行日：令和3年4月1日）

短期滞在の外国人に対する脱退一時金制度の支給上限年数を3年から5年に引き上げる。

4　（国民）年金手帳の廃止（施行日：令和4年4月1日）

新たに国民年金の第1～3号被保険者となった者（20歳到達者，20歳前に厚生年金被保険者となった者等）に対する資格取得のお知らせとして，（国民）年金手帳の交付から基礎年金番号通知書の送付に切り替える。

5 年金担保貸付事業等の廃止（施行日：令和4年4月1日）

年金担保貸付事業，労災年金担保貸付事業，日本政策金融公庫等が行う恩給担保貸付事業のうち公務員共済系・公務員災害補償系を廃止する（令和4年3月末で申込受付を終了）。

6 繰上げ・繰下げ支給制度の見直し（施行日：令和4年4月1日）

繰下げ支給の上限年齢を70歳から75歳に引き上げる（原則，昭和27年4月2日以後生まれの者が対象）。

繰上げ支給の減額率を1ヵ月あたり0.5％から0.4％に引き下げる（昭和37年4月2日以後生まれの者が対象）。

7 特例的な繰下げみなし増額制度の新設（施行日：令和5年4月1日）

70歳以降に繰下げの申出でなく，遡って本来の年金を受け取ることを選択した場合，その5年前の日に繰下げの申出があったものとみなして増額された5年間分の年金が一括して支給される。この場合，支給される年金は，受給権発生から請求の5年前までの月数に応じて増額される（昭和27年4月2日以後生まれの者などが対象）。80歳以降に請求する場合などには，適用されない。

8 在職定時改定の導入（施行日：令和4年4月1日）

老齢厚生年金の受給権を取得した後に就労している65歳以上の者は，在職中であっても，年金額の改定を定時に行う（毎年1回，10月分から）。

9 在職老齢年金制度の見直し（施行日：令和4年4月1日）

60歳～64歳の在職老齢年金の支給停止の基準額を，従前の28万円から47万円（令和4年度の額）に引き上げる。

10 被用者保険の適用拡大（施行日：令和4年10月1日）

弁護士・税理士・社会保険労務士など法律・会計事務を取り扱う「士業」について，個人事業所でも常時5人以上使用していれば適用事業所とする。

勤務期間要件を「1年以上」から「2ヵ月超」とする。また，短時間労働者を被用者保険の適用対象とすべき企業規模要件を，現行の500人超から，令和4年10月より100人超，令和6年10月より50人超に引き下げる。

雇用契約の期間が2ヵ月以内であっても，実態としてその雇用契約の期間を

(19)

超えて使用される見込みがあると判断できる場合は，最初の雇用期間を含めて，当初から被用者保険の適用対象とする。

Ⅱ　確定給付企業年金関係

・老齢給付金の支給開始時期の見直し（施行日：令和2年6月5日）

老齢給付金の支給開始時期を，「原則として60歳以上65歳以下の規約で定める年齢」から，「原則として60歳以上70歳以下の規約に定める年齢」とする。

Ⅲ　確定拠出年金関係

1　簡易企業型年金実施要件の拡大（施行日：令和2年10月1日）

簡易企業型年金の実施可能企業について，従業員規模が100人以下から300人以下に拡大する。

2　中小事業主掛金納付制度の実施可能企業の拡大（施行日：令和2年10月1日）

中小事業主掛金納付制度（iDeCo+）の実施可能企業従業員規模が，100人以下から300人以下に拡大する。

3　老齢給付金の支給開始時期の見直し（施行日：令和4年4月1日）

老齢給付金の受給開始時期の上限年齢を，70歳から75歳にする。

4　加入可能対象の拡大（施行日：令和4年5月1日）

企業型年金につき，厚生年金被保険者であれば（規約の定めにより）最長70歳まで加入者とすることが可能となった。ただし，すでに企業型年金の老齢給付金を受給した者は再加入できない。

60歳以上65歳未満の厚生年金被保険者や国民年金の任意加入被保険者も，新たに個人型年金に加入できる。任意加入被保険者である個人型年金加入者は，新たに第4号加入者として区分される。ただし，すでに確定拠出年金の老齢給付金を受給した者や公的年金を繰上げ受給した者は加入できない。

5 退職時の通算企業年金への移換（施行日：令和4年5月1日）

60歳未満で退職したこと等により企業型年金の資格を喪失した場合に，企業年金連合会が実施する通算企業年金へ資産を移換できる。

6 脱退一時金の支給要件見直し（施行日：令和4年5月1日）

60歳未満であること，企業型年金加入者でないこと，個人型年金に加入できないこと等のいずれにも該当する者は，脱退一時金を請求できる。これにより，外国籍人材が帰国する際の脱退一時金の支給が可能となる。

7 企業型年金と個人型年金の同時加入の要件緩和（施行日：令和4年10月 1日）

企業型年金の加入者は，当該企業型年金規約の定めにかかわらず（事業主掛金の拠出限度額を引き下げることなく），同時に個人型年金に加入することが可能となる。マッチング拠出を実施している場合は，本人がマッチング拠出と個人型年金加入のいずれかを選択する。ただし，掛金の合計額は企業型年金の拠出限度額以内とする必要があるため，企業型年金の加入者向けWebサイトにおいて，各加入者が個人型年金に拠出可能な額を確認できるようにすることが義務化される。

令和5年度の年金額等について

年金額の改定は，名目手取り賃金変動率が物価変動率を上回る場合，新規裁定者（67歳以下（昭和31年4月2日以後生まれ）の者）の年金額は名目手取り賃金変動率を，既裁定者（68歳以上（昭和31年4月1日以前生まれ）の者）の年金額は物価変動率を用いて改定される。このため，令和5年度の年金額は，新規裁定者は名目手取り賃金変動率（2.8％）を，既裁定者は物価変動率（2.5％）を用いて改定される。

また，令和5年度のマクロ経済スライドによる調整（▲0.3％）と，令和3・4年度のマクロ経済スライドの未調整分による調整（▲0.3％）が行われ，令和5年度の年金額は，新規裁定者は2.2％，既裁定者は1.9％の引上げとなる。

(21)

令和5年度の年金額等（新規裁定者：67歳以下）

*【　】内は既裁定者：68歳以上

老齢基礎年金（満額）	795,000円【792,600円】
障害基礎年金（1級）	993,750円【990,750円】
障害基礎年金（2級）・遺族基礎年金	795,000円【792,600円】
障害厚生年金（3級）の最低保障額	596,300円【594,500円】
障害手当金（最低保障額）	1,192,600円【1,189,000円】
定額部分の単価	1,657円【1,652円】

子の加算額（障害基礎年金・遺族基礎年金）

・子2人まで	228,700円【新規裁定者と同じ】
・子3人目以降	76,200円【新規裁定者と同じ】

加給年金額（老齢厚生年金・障害厚生年金）

・配偶者および子2人まで	228,700円【新規裁定者と同じ】
・子3人目以降	76,200円【新規裁定者と同じ】
中高齢寡婦加算	596,300円【該当者なし】

加給年金額の特別加算（昭和18年4月2日以後生まれ）

168,800円【新規裁定者と同じ】

年金生活者支援給付金（給付基準額）	5,140円【新規裁定者と同じ】

・老齢給付金の保険料納付済期間の計算に用いる額

5,140円【新規裁定者と同じ】

・同保険料免除期間（4分の1免除を除く）の計算に用いる額

11,041円【11,008円】

・同保険料4分の1免除期間の計算に用いる額	5,520円【5,504円】
・障害給付金（障害等級1級）	6,425円【新規裁定者と同じ】
・障害給付金（障害等級2級）	5,140円【新規裁定者と同じ】
・遺族給付金	5,140円【新規裁定者と同じ】

2023年3月（第154回）試験問題・解答ポイント・正解

基本知識
技能・応用

※　問題および各問題についての
正解・解説は，原則として試験
実施日におけるものです。

基本知識

わが国の最近の人口動向等

問一1 わが国の最近の人口動向等について，正しいものは次のうちどれですか。

(1) 令和3年の簡易生命表によると，日本人の平均寿命は，女性が男性を7歳以上上回っている。

(2) 令和3年の合計特殊出生率は，1.40を上回っている。

(3) 「令和3年人口動態統計」によると，令和3年の1年間で日本人の人口は60万人以上減少している。

(4) 「高齢社会白書」による令和3年の総人口に占める65歳以上の人の割合は，30％を超えている。

(5) 令和2年度の社会保障給付費の総額は，140兆円を超えている。

■解答ポイント＆正解

令和3年の簡易生命表によると，日本人の平均寿命は男性が81.47歳，女性が87.57歳となっており，女性が男性を6.10歳上回っている。

令和3年の合計特殊出生率（15歳から49歳までの1人の女性が産む子供の平均数）は，1.30である。

人口動態統計による令和3年の出生者数は81万人，死亡者数は144万人で，前年に比べ日本人の人口は63万人減少している。

「高齢社会白書」による令和3年の総人口に占める65歳以上の人の割合（高齢化率）は，28.9％である。

令和2年度の社会保障給付費の総額は，132.2兆円である。

以上より，(3)の記述が正しく，これが本問の正解である。

正　解：(3)　正解率：53.17％

公式テキスト・チェック　　1編－1「日本の人口動向と人口構造の変化」

2

わが国の公的年金制度の沿革

問-2　わが国の公的年金制度の沿革等について，誤っているものは次のうちどれですか。

(1) 昭和36年……拠出制国民年金の実施

(2) 昭和61年……全国民共通の基礎年金制度の実施

(3) 平成元年……基礎年金番号制度の実施

(4) 平成3年……学生の国民年金への強制加入の実施

(5) 平成19年……離婚時の厚生年金分割制度の実施

2023年3月（第154回）

■ 解答ポイント＆正解

昭和34年4月に国民年金法が制定され，無拠出の福祉年金は同年11月から実施され，拠出制の国民年金は昭和36年4月から実施されている。

昭和61年4月より全国民共通の基礎年金制度が実施され，1階部分を基礎年金とし，被用者年金制度は基礎年金に上乗せして報酬比例の年金を支給する2階建ての制度に再編成されている。

基礎年金番号制度は，平成9年1月から実施され，すべての公的年金制度に共通して使用されている。

昼間部の大学生，専修学校の生徒などの学生は，平成3年4月より国民年金の強制加入の第1号被保険者となっている。

婚姻期間中の厚生年金保険の保険料納付記録を当事者間で分割できる離婚時の厚生年金分割制度は，平成19年4月から実施されている。

以上より，(3)の組合せが誤っており，これが本問の正解である。

正　解：(3)　　正解率：34.57％

公式テキスト・チェック　　1編-3「公的年金制度の沿革」

3

医療保険制度等

問-3 健康保険制度等について，誤っているものは次のうちどれですか。

(1) 健康保険の標準報酬月額は，第1級の58,000円から第50級の1,390,000円までの50等級に区分されている。

(2) 健康保険の標準報酬月額の随時改定は，固定的賃金に変更があり，かつ従前の標準報酬月額に比べて原則として2等級以上の差が生じたときに行われる。

(3) 後期高齢者医療の被保険者の医療費の自己負担割合は，1割または3割である。

(4) 国民健康保険の保険料（保険税）の納付（納税）義務者は，世帯主である。

(5) 介護保険の第2号被保険者の年齢には，上限が設けられている。

解答ポイント＆正解

健康保険の標準報酬月額は，第1級の58,000円から第50級の1,390,000円までの50等級に区分されている。

随時改定は，昇給など固定的賃金に変動があり，変動月以後の引き続く3ヵ月間の報酬の月平均額に相当する標準報酬月額が，従前の標準報酬月額に比べて原則として2等級以上の差が生じたときに行われる。

後期高齢者医療の被保険者の医療費の自己負担割合は，それまで一般所得者・低所得者は1割，現役並み所得者は3割であったが，令和4年10月からは一般所得者のうち一定以上の所得がある者は2割となっている。

国民健康保険の保険料（保険税）は，同一世帯の被保険者（加入者）について算定され，納付（納税）義務者は世帯主である。世帯主が国民健康保険の加入者でない場合でも，家族に国民健康保険の加入者がいれば，世帯主が納付義務者となる。

介護保険の第1号被保険者とは，市区町村の区域内に住所がある65歳以上の者（年齢には上限がない）をいい，第2号被保険者とは市区町村の区域内に住所がある40歳以上65歳未満の医療保険加入者をいう。

以上より，(3)の記述が誤っており，これが本問の正解である。

正　解：(3)　　正解率：55.38％

> 公式テキスト・チェック　　1編－4「医療保険制度等」

国民年金の被保険者

問－4　国民年金の被保険者について，誤っているものは次のうちどれですか。

(1)　外国に赴任する第2号被保険者に同行している20歳以上60歳未満の被扶養配偶者は，第3号被保険者になることができる。

(2)　60歳以上65歳未満の厚生年金保険の被保険者は，任意加入被保険者になることができない。

(3)　受給資格期間を満たしている65歳以上の厚生年金保険の被保険者の被扶養配偶者で20歳以上60歳未満の者は，第3号被保険者に該当しない。

(4)　日本国内に住所を有する20歳以上60歳未満の自営業者であって遺族基礎年金の受給権者は，第1号被保険者である。

(5)　保険料納付済期間と保険料免除期間を合算して480ヵ月である60歳以上65歳未満の者は，任意加入被保険者となることができない。

■解答ポイント＆正解

令和2年4月以降，第3号被保険者の認定にあたっては，これまでの生計維持の要件に加え日本国内に住所を有する（住民票がある）ことが要件として追加された。第2号被保険者の被扶養配偶者であっても，外国に住所を有する者は，原則として第3号被保険者になることができない。ただし，留学

5

生や海外に赴任している第2号被保険者に同行している20歳以上60歳未満の被扶養配偶者は例外（海外特例要件）として，第3号被保険者になることができる。

日本国内に住所を有する60歳以上65歳未満の者は，国民年金の任意加入被保険者となることができる。日本国籍を有し日本国内に住所を有しない60歳以上65歳未満の者も，任意加入被保険者となることができる。ただし，厚生年金保険の被保険者，老齢基礎年金を繰上げ受給している者は任意加入被保険者となることはできない。

受給資格期間を満たしている65歳以上の厚生年金保険の被保険者は第2号被保険者に該当しないので，その被扶養配偶者は60歳未満であっても第3号被保険者に該当しない。

日本国内に住所を有する20歳以上60歳未満の自営業者は，遺族基礎年金の受給権者であっても第1号被保険者である。

保険料納付済期間と保険料免除期間を合算して480ヵ月である者は，老齢基礎年金の年金額が満額になるまでの60歳以上65歳未満の間，任意加入被保険者となることができる。

以上より，(5)の記述が誤っており，これが本問の正解である。

正　解：(5)　　正解率：43.12％

公式テキスト・チェック　1編－5「国民年金の被保険者」，1編－6「国民年金の資格取得・喪失等」

国民年金の第1号被保険者の保険料

問－5　国民年金の第1号被保険者の保険料等について，誤っているものは次のうちどれですか。

(1) 保険料を納付する義務があるのは，被保険者とその配偶者および世帯主である。

(2) 口座振替で1年分の保険料を前納する場合，手続日の属する月の翌月以降の任意の月分から前納することができる。

(3) クレジットカードを利用して保険料を納付する場合，国民年金保険料クレジットカード納付（変更）申出書の提出（郵送等）が必要である。

(4) 保険料の納期限から2年を経過すると，保険料を納付することができない。

(5) 日本国外に居住する60歳以上65歳未満の任意加入被保険者は，付加保険料を納付することができる。

▰ 解答ポイント＆正解

　保険料の納付義務者は，被保険者とその配偶者および世帯主である。

　保険料は，将来の一定期間分を前納することができる。前納した場合，その期間に応じて保険料が割引される。口座振替で1年分を前納する場合，4月分から翌年3月分の保険料を納付することになり，任意の月から前納することはできない。

　保険料は，クレジットカードを利用して納付することができる。クレジットカードで納付するときは「国民年金保険料クレジットカード納付（変更）申出書」による事前の申請が必要である。

　毎月の保険料は翌月の末日までに納付しなければならない。また，保険料は納期限から2年を経過すると時効により納付することができない。

　国民年金保険料に加えて付加保険料を納付することができる。60歳以上65歳未満の任意加入被保険者も，付加保険料を納付することができる。

　以上より，(2)の記述が誤っており，これが本問の正解である。

正　解：(2)　　正解率：50.02％

公式テキスト・チェック　　1編－7「国民年金の保険料」

国民年金の保険料免除制度

問－6 　国民年金の第1号被保険者に対する保険料免除制度等について，誤っているものは次のうちどれですか。

(1) 　過去2年（2年1ヵ月前）までであっても，保険料納付済の月（過去期間）は保険料免除の申請をすることができない。

(2) 　50歳未満の保険料の納付猶予制度の所得基準は，本人および配偶者の所得で判定される。

(3) 　産前産後免除期間は，多胎妊娠の場合，出産予定日または出産日の属する月の2ヵ月前から6ヵ月間である。

(4) 　障害基礎年金を受給している者は，法定免除者に該当する。

(5) 　風水害により，住宅，家財，その他の財産について，被害金額が財産のおおむね2分の1以上の損害を受けた者は，保険料の全額または一部の免除を受けることができる。

■解答ポイント＆正解

　保険料の免除承認期間は，原則として7月から翌年6月までとなっているが，平成26年4月からは過去2年（2年1ヵ月前）まで遡って保険料免除の申請をすることができる。ただし，すでに保険料を納付した期間（月）は免除申請をすることができない。

　50歳未満の第1号被保険者の保険料納付猶予制度は，同居している世帯主の所得にかかわらず本人および配偶者の所得要件によって判定され，申請により保険料の納付が猶予される制度である。

　第1号被保険者が出産する場合，出産予定月または出産日の属する月の前月（多胎妊娠の場合は3ヵ月前）から出産予定月の翌々月までの4ヵ月間（多胎妊娠の場合は6ヵ月間・産前産後期間という）の保険料の納付が免除される。

　第1号被保険者が障害基礎年金を受給している場合，法定免除者に該当し

届け出ることで保険料の納付が免除される。

　前年の所得金額（1月～6月までは前々年）が，その人の扶養親族等の有無および数に応じて定められた金額以下のときに保険料の一部または全部の免除を受けることができる。また，失業により保険料の納付が困難なとき，震災・風水害・火災その他これらに類する災害により，住宅，家財，その他の財産について，被害金額が財産のおおむね2分の1以上の損害を受けたときなどの場合にも免除を受けることができる。

　以上より，(3)の記述が誤っており，これが本問の正解である。

正　解：(3)　　正解率：42.28％

> 公式テキスト・チェック　　　　1編－7「国民年金の保険料」

公的年金の被保険者の資格取得・喪失・被保険者期間

問－7　公的年金の被保険者資格の取得・喪失および被保険者期間等について，誤っているものは次のうちどれですか。

(1)　国民年金の第3号被保険者が第1号被保険者へ種別変更するための届出は，マイナポータルを利用して電子申請で行うことができる。

(2)　厚生年金保険の被保険者は，70歳に達した日に被保険者の資格を喪失する。

(3)　20歳以上60歳未満の者は，国民年金の第2号被保険者の被扶養配偶者となったときに第3号被保険者の資格を取得する。

(4)　国民年金の第2号被保険者の資格を喪失した月に第3号被保険者の資格を取得した場合，その月は第3号被保険者期間とされる。

(5)　国民年金の第1号被保険者が月の末日に死亡した場合，死亡した月は被保険者期間とされない。

解答ポイント＆正解

　国民年金の被保険者資格は，次に該当する日に取得する。

① 第1号被保険者は，日本国内に住所を有する者が20歳に達した日（国籍を問わず外国人留学生を含む），または20歳以上60歳未満の者が日本国内に住所を有するようになった日
② 第2号被保険者は，厚生年金保険の被保険者となった日（20歳未満の者を含む，原則として65歳未満の者）
③ 第3号被保険者は，20歳以上60歳未満の者で第2号被保険者の被扶養配偶者となった日

20歳以上60歳未満の者は，国民年金の第2号被保険者の被扶養配偶者となったときに，第3号被保険者の資格を取得する。

被保険者期間は，月を単位として計算し，被保険者の資格を取得した月から資格を喪失した月の前月まで算入される。月の末日に被保険者が死亡した場合，翌月の1日が資格喪失日となり，死亡した月は被保険者期間に算入される。

国民年金の第3号被保険者が第1号被保険者へ種別変更するための届出は，マイナポータルを利用して電子申請で行うことができる。

国民年金の第2号被保険者の資格を喪失した月に第3号被保険者の資格を取得した場合，その月は第3号被保険者期間とされる。

厚生年金保険の被保険者は，70歳に達した日に厚生年金保険の被保険者資格を喪失する。

以上より，(5)の記述が誤っており，これが本問の正解である。

正　解：(5)　　正解率：71.22％

公式テキスト・チェック ▷ 1編－6「国民年金の資格取得・喪失等」，1編－8「厚生年金保険の被保険者」

10

公的年金の年金額改定の対象

問-8　物価等の変動による年金額等の改定の対象とならないものは，次のうちどれですか。

(1)　国民年金の付加年金の額

(2)　老齢厚生年金に加算される配偶者加給年金額

(3)　遺族基礎年金に加算される子の加算額

(4)　国民年金の寡婦年金の年金額

(5)　遺族年金生活者支援給付金の給付基準額（月額）

■解答ポイント＆正解

　物価等の変動による年金額等の改定の対象となる給付等には，国民年金の老齢基礎年金・障害基礎年金・遺族基礎年金・寡婦年金，厚生年金保険の老齢厚生年金（定額部分の定額単価を含む）・障害厚生年金・障害手当金・遺族厚生年金などの基本部分，および基礎年金の子の加算額・振替加算，厚生年金保険の加給年金額（特別加算を含む）・中高齢寡婦加算（経過的寡婦加算）などがある。

　国民年金の付加年金・死亡一時金は，年金額等の改定の対象となっていない。

　年金生活者支援給付金の給付基準額（月額）は，物価変動率によって改定され，遺族年金生活者支援給付金についても年金額等の改定の対象となっている。

　以上より，(1)が年金額改定の対象とならないもので，これが本問の正解である。

正　解：(1)　　正解率：53.37 %

厚生年金保険の被保険者

問－9 厚生年金保険の被保険者について，誤っているものは次のうちどれですか。

(1) 常時5人以上の従業員を使用する個人事業所の事業主は，原則として被保険者とならない。

(2) 臨時的事業の事業所に継続して4ヵ月使用される見込みの者は，被保険者とならない。

(3) 特定適用事業所・任意特定適用事業所以外の民間の適用事業所に使用される者が被保険者となるのは，1週間の所定労働時間および1ヵ月の所定労働日数が，その事業所の常時雇用者の4分の3以上の場合である。

(4) 雇用契約の期間が2ヵ月以内であっても，実態としてその雇用契約の期間を超えて使用される見込みがあると判断できる場合は，2ヵ月を経過したときから被保険者となる。

(5) 日々雇い入れられる者が，1ヵ月を超えて引き続き使用されることとなった場合は，そのときから原則として被保険者となる。

▉解答ポイント＆正解

厚生年金保険の適用事業所に使用される70歳未満の者は，事業主・従業員の意思，国籍にかかわらず，原則として被保険者となる。しかし，適用事業所に使用される者（船員・短時間労働者を除く）であっても，①日々使用される者（1ヵ月以内），②短期間（2ヵ月以内）の臨時使用人，③季節的業務（4ヵ月以内）や臨時的事業（6ヵ月以内）に使用される者は被保険者とならない。ただし，所定の期間を超えて引き続き使用されることになったときは，その時から被保険者となる。

①につき，日々雇い入れられる者が，1ヵ月を超えて引き続き使用されることとなった場合は，そのときから原則として被保険者となる。

②につき，雇用期間が2ヵ月以内であっても，実態としてその雇用期間を

超えて使用される見込みがあると判断できる場合は，当初から被保険者となる。

③につき，当初より4ヵ月または6ヵ月を超えて使用される見込の者は，当初より被保険者となる。

常時従業員を使用する法人の代表者も，その法人に使用される者として被保険者となる。しかし，個人事業所の事業主は，本人が雇用主であり使用される者に該当しないため，従業員の人数にかかわらず被保険者とならない。

特定適用事業所，任意特定適用事業所以外の民間の適用事業所に使用される者が被保険者となるのは，1週間の所定労働時間および1ヵ月の所定労働日数が，その事業所の常時雇用者の4分の3以上であるときとされる。

以上より，(4)の記述が誤っており，これが本問の正解である。

正　解：(4)　　正解率：36.98％

公式テキスト・チェック　　　1編－8「厚生年金保険の被保険者」

厚生年金保険の保険料（率）

問－10　　厚生年金保険の保険料（率）について，誤っているものは次のうちどれですか。

(1) 第1号～第4号厚生年金被保険者の令和5年3月分の保険料率は，同じである。

(2) 第1号厚生年金被保険者が3月31日に退職した場合，事業主は2月分と3月分の保険料を3月分の報酬から控除することができる。

(3) 第1号厚生年金被保険者の保険料は，事業主と被保険者が2分の1ずつを負担する。

(4) 第1号厚生年金被保険者の産前産後休業期間中の保険料は，被保険者負担分・事業主負担分とも免除される。

(5) 令和5年3月の国家公務員共済組合員の退職等年金給付（年金払い退職給付）の保険料率は，1.5％である。

13

■解答ポイント＆正解

　第1号厚生年金被保険者の保険料は，事業主と被保険者がそれぞれ2分の1ずつを負担する。

　事業主は，被保険者が負担する保険料を翌月の報酬から控除することができる。第1号厚生年金被保険者が3月31日に退職した場合，事業主は2月分と3月分の保険料を3月分の報酬から控除することができる。

　第2号厚生年金被保険者（国家公務員共済組合員）の退職等年金給付（年金払い退職給付）の保険料率は，1.5％である。

　第1号～第3号厚生年金被保険者の保険料率は，令和5年3月現在18.3％で同じであるが，第4号厚生年金被保険者の令和5年3月の保険料率は16.035％（令和5年9月からは16.389％）となっており，異なっている。

　第1号厚生年金被保険者の産前産後休業期間中（産前6週間（多胎妊娠の場合は14週間）および産後8週間のうち労務に従事しなかった期間）の保険料は，被保険者負担分・事業主負担分とも免除される。

　以上より，(1)の記述が誤っており，これが本問の正解である。

正　解：(1)　正解率：68.46％

> 公式テキスト・チェック 　　　1編－9「厚生年金保険の保険料」

厚生年金保険の標準報酬月額・標準賞与額

問－11　厚生年金保険の標準報酬月額および標準賞与額について，誤っているものは次のうちどれですか。

(1)　定時決定により決定した標準報酬月額は，原則として7月分より適用される。

(2)　育児休業期間中は，原則として養育開始月の前月の標準報酬月額が育児休業期間の標準報酬月額とみなされる。

(3)　通勤手当は，その全額が標準報酬月額の対象となる報酬に含まれる。

(4)　3ヵ月ごとに年4回支払われる賞与は，標準報酬月額の対象とされる。

(5) 賞与を受けた月の賞与額が150万円を超えるときは，標準賞与額は150万円とされる。

解答ポイント＆正解

定時決定は，毎年7月1日現在の被保険者を対象に，原則として，4月，5月，6月の3ヵ月間に受けた報酬の月平均額を基準に標準報酬月額が決定され，その年の9月から翌年8月までの標準報酬月額とされる。

標準報酬月額の対象となる報酬は，金銭，現物（食事，通勤定期券など）を問わず，賃金，給料，俸給，手当，賞与その他いかなる名称であるかを問わず，被保険者が労働の対償として受けるすべてのものをいう。通勤手当はその全額が標準報酬月額の対象とされ，3ヵ月ごとに年4回支払われる賞与についても標準報酬月額の対象とされる。

標準賞与額は，被保険者が賞与等（賞与・期末手当など）を受けた月において，その月に受けた賞与額の1,000円未満の端数を切り捨てた額である。賞与を受けた月の賞与額が150万円を超えるときは，標準賞与額は150万円とされる。

育児休業期間中は，原則として養育開始月の前月の標準報酬月額が育児休業期間中の標準報酬月額とみなされる。

以上より，(1)の記述が誤っており，これが本問の正解である。

正　解：(1)　　正解率：41.17％

公式テキスト・チェック　　1編−10「厚生年金保険の標準報酬」

老齢基礎年金

問―12 老齢基礎年金について，誤っているものは次のうちどれですか。

(1) 遺族厚生年金を受給している者は，老齢基礎年金の繰下げの申出をすることができない。

(2) 厚生年金保険の被保険者期間のうち20歳前の期間は，老齢基礎年金の年金額の基礎とされない。

(3) 保険料納付済期間と保険料全額免除期間を合算して480ヵ月を超える場合，超えた保険料全額免除期間も老齢基礎年金の年金額の基礎とされる。

(4) 付加年金を受給できる者が老齢基礎年金を繰下げ受給した場合，老齢基礎年金と同じ率で増額された付加年金を受給できる。

(5) 保険料半額免除の承認を受けた期間の納付すべき保険料を納付しない場合，その期間は老齢基礎年金の年金額に反映されない。

■解答ポイント＆正解

　老齢基礎年金の支給開始年齢は65歳であるが，受給資格期間を満たし66歳に達するまでに年金請求していなかった者は，66歳以後に繰り下げて増額した年金を受給することができる。ただし，付加年金を除く他の年金給付（障害基礎年金・遺族基礎年金など），老齢・退職給付を除く被用者年金の年金給付（障害厚生年金・遺族厚生年金など）の受給権者は繰下げの申出をすることができない。

　保険料の免除期間がある者が60歳以後に国民年金に任意加入するなどして被保険者期間の合計が480ヵ月を超えた場合，480ヵ月を超えた保険料免除期間は国庫負担分を控除した次表に相当する月数として年金額が計算される。これは本人が負担した保険料を年金額に反映させるものである。保険料全額免除期間の480ヵ月を超えた期間は，保険料を納付していないので老齢

基礎年金の年金額の基礎とされない。

免除区分	平成21年3月以前		平成21年4月以降	
	480ヵ月までの期間	480ヵ月を超える期間	480ヵ月までの期間	480ヵ月を超える期間
4分の1免除	6分の5	2分の1	8分の7	8分の3
半額免除	3分の2	3分の1	4分の3	4分の1
4分の3免除	2分の1	6分の1	8分の5	8分の1
全額免除	3分の1	―	2分の1	―

付加年金を受給できる者が老齢基礎年金を繰下げ受給した場合，老齢基礎年金と同じ増額率で増額された付加年金を受給できる。

厚生年金保険の被保険者期間のうち老齢基礎年金の年金額の基礎となる期間は，昭和36年4月以後の加入期間，かつ20歳以上60歳未満の期間である。20歳未満・60歳以降の期間は，老齢基礎年金の年金額の基礎とされない。

保険料半額免除の承認を受けた期間の納付すべき保険料を納付しない場合，その期間は保険料未納期間となり，受給資格期間に算入されず老齢基礎年金の年金額にも反映されない。

以上より，(3)の記述が誤っており，これが本問の正解である。

正　解：(3)　正解率：51.77％

> 公式テキスト・チェック

2編－1「老齢基礎年金の仕組み」，2編－4「老齢基礎年金の支給の繰上げ・繰下げ」

老齢基礎年金の振替加算

問－13 配偶者（妻）の老齢基礎年金に加算される振替加算について，正しいものは次のうちどれですか。

(1) 振替加算の額は，夫の生年月日に応じて定められている。

(2) 障害厚生年金の配偶者加給年金額の対象者には，加算されない。

(3) 昭和37年4月2日生まれの者より昭和32年4月2日生まれの者のほうが，振替加算の額は少ない。

(4) 在職定時改定により，夫の厚生年金保険の被保険者期間が240ヵ月以

上になれば，65歳以上の妻が受給する老齢基礎年金に加算される。

(5) 老齢基礎年金を繰下げ受給した場合，振替加算も同じ増額率で増額して加算される。

◢ 解答ポイント＆正解

振替加算は，老齢厚生年金（加入期間が原則20年以上）または障害厚生年金の配偶者加給年金額の対象となっていた配偶者（妻）が65歳から受給する老齢基礎年金に加算して支給される。65歳以上の在職定時改定により，夫の厚生年金保険の被保険者期間が240ヵ月以上になった場合も，65歳以上の妻が受給する老齢基礎年金に加算される。

老齢基礎年金を繰下げ受給した場合，老齢基礎年金は増額されるが，振替加算は増額されず，繰下げの申出をした日の属する月の翌月分から所定の金額が支給される。

振替加算の額は，配偶者（受給権者・妻）の生年月日に応じて定められており，昭和32年4月2日生まれの者は38,717円，昭和37年4月2日生まれの者は14,995円となっており（年額・令和4年度価格），昭和32年4月2日生まれの者の方が多い。

なお，昭和41年4月2日以後に生まれた者には，振替加算は加算されない。

以上より，(4)の記述が正しく，これが本問の正解である。

正 解：(4)　正解率：42.63％

公式テキスト・チェック ＞　2編－3「老齢基礎年金の振替加算」

特別支給の老齢厚生年金

問－14　昭和38年3月2日生まれの民間会社のみに勤務した女子に支給される特別支給の老齢厚生年金について，正しいものは次のうちどれですか。

(1)　報酬比例部分の支給開始年齢は，64歳である。

(2)　特別支給の老齢厚生年金の受給権は，受給権者が65歳に達したときに消滅する。

(3)　60歳から報酬比例部分のみを繰上げ受給し，老齢基礎年金は65歳から受給できる。

(4)　支給開始年齢到達月から65歳到達月の前月までの間，繰下げの申出をすることができる。

(5)　厚生年金保険の被保険者期間が44年以上ある在職者（被保険者）は，報酬比例部分の支給開始と同じ年齢から定額部分も支給される。

解答ポイント＆正解

特別支給の老齢厚生年金は，次の要件（①～③）を満たしている者に支給される。

①　老齢基礎年金の受給資格期間を満たしていること

②　厚生年金保険の被保険者期間が1年（12ヵ月）以上あること

③　報酬比例部分の支給開始年齢に達していること

昭和38年3月2日生まれの民間会社のみに勤務した女子（第1号厚生年金被保険者）の場合，報酬比例部分の支給開始年齢は63歳，定額部分は支給されず65歳から老齢基礎年金として支給される。加給年金額は，対象者がいれば65歳から支給される。

経過的な繰上げ支給の老齢厚生年金は，60歳以降，報酬比例部分の支給開始年齢に達する前であれば請求することができる。この場合，老齢基礎年金と同時に繰上げ請求をしなければならない。

特別支給の老齢厚生年金の受給権は，65歳に達したときに消滅する。繰下げ受給することはできない。

第1号厚生年金被保険者期間が44年以上あり退職している者（被保険者でない者）は，報酬比例部分の支給開始年齢と同じ年齢から定額部分・加給年金額（対象者がいれば）も支給される。ただし，在職者（被保険者）には適用されない。

以上より，(2)の記述が正しく，これが本問の正解である。
（本問は出題時に不備があったため，問題および解説を改めてあります）

正　解：(2)　　正解率：－％

公式テキスト・チェック　　　2編－6「60歳台前半の老齢厚生年金」

雇用保険からの給付・給付金と老齢厚生年金との併給調整等

問－15　雇用保険からの給付・給付金と老齢厚生年金との併給調整等について，**誤っているもの**は次のうちどれですか。

(1) 失業給付（基本手当）を受けるには，65歳の誕生日の前日までに離職していることが必要である。

(2) 自己都合の離職理由による失業給付（基本手当）の給付制限期間中についても，特別支給の老齢厚生年金は支給停止される。

(3) 65歳以後に失業給付（基本手当）を受けられる場合，65歳以後の老齢厚生年金と失業給付（基本手当）は併給される。

(4) 高年齢求職者給付金は，一時金として支給される。

(5) 高年齢求職者給付金は，雇用保険の被保険者期間が1年以上の場合，基本手当日額の50日分が支給される。

■解答ポイント＆正解

定年や自己都合，解雇等で勤務先を退職（離職）し，公共職業安定所（ハローワーク）に新たな就職先を斡旋してもらうために申し込むことを「求職

の申込」という。求職の申込を行い新たな就職先が見つかるまでの一定期間，失業給付（基本手当）が支給される。

失業給付（基本手当）は，雇用保険の一般被保険者が失業したときに支給される。したがって，65歳に達する日の前日（65歳の誕生日の前々日）までに離職していることが必要である。

基本手当と特別支給の老齢厚生年金を同時に受けられる場合，基本手当を優先して支給し，年金はその間，全額が支給停止される。支給停止される期間は，ハローワークに求職の申込をした日の属する月の翌月から所定給付日数または受給期間が経過した日の属する月までの間である。自己都合の離職理由による給付制限期間中についても，特別支給の老齢厚生年金は支給停止される。

65歳以後に失業給付（基本手当）を受けられる場合，65歳以後の本来支給の老齢厚生年金は支給停止されず，失業給付（基本手当）と老齢厚生年金は併給される。

高年齢求職者給付金は，離職の日以前1年間に雇用保険の被保険者期間が通算して6ヵ月以上ある高年齢被保険者が離職した場合に支給される。給付金の額は，被保険者期間が1年以上のときは基本手当日額の50日分，1年未満のときは30日分が一時金として支給される。

以上より，(1)の記述が誤っており，これが本問の正解である。

正　解：(1)　　正解率：10.02％

公式テキスト・チェック　　2編－11「雇用保険による失業給付（基本手当）との調整」

老齢厚生年金の加給年金額

問-16 老齢厚生年金に加算される配偶者加給年金額について，誤っているものは次のうちどれですか。

(1) 加給年金額が加算される年齢に達したときに対象となる配偶者が65歳に達している場合，加算されない。

(2) 配偶者が障害等級3級の障害厚生年金を受給している場合は，支給停止される。

(3) 配偶者が20年以上の被保険者期間のある特別支給の老齢厚生年金を受給している場合，支給停止される。

(4) 配偶者の前年の年収が原則として130万円未満であることが，加算の要件とされる。

(5) 受給権者の生年月日に応じた特別加算がある。

▚ 解答ポイント＆正解

老齢厚生年金に加算される配偶者加給年金額は，被保険者期間が原則として20年以上ある者で，その権利を取得した当時，その者によって生計維持されている65歳未満の配偶者がいるときに支給される。加給年金額が加算される年齢に達したときに対象となる配偶者が65歳に達しているときは加算されない。

配偶者が原則として20年以上の特別支給の老齢厚生年金または障害厚生年金（1級～3級）などを受給しているときは，支給停止され加算されない。

生計を維持されている者とは，受給権者と生計を同じくしている者で，将来にわたって一定額（年収850万円・所得655.5万円）以上の収入を得られない者である。前年の収入が一定額を超える場合でも，近い将来（おおむね5年以内）定年等により一定額未満になることが明らかであれば加算される。

配偶者加給年金額には，受給権者の生年月日（昭和9年4月2日以後生まれの者が対象）に応じた特別加算がある。

22

以上より, ⑷の記述が誤っており, これが本問の正解である。

正　解：⑷　　正解率：51.41 %

公式テキスト・チェック　　　2編－8「老齢厚生年金の加給年金額」

65歳以上の在職老齢年金

問－17　65歳以上の厚生年金保険の被保険者等の在職老齢年金制度について, 誤っているものは次のうちどれですか。

⑴　基本月額は,「(報酬比例部分の額＋経過的加算の額)×$\frac{1}{12}$」で算出される。

⑵　基本月額と総報酬月額相当額を合算して47万円を超える場合, 超えた額の2分の1に相当する額が支給停止される。

⑶　引き続き適用事業所に使用される70歳以上の被保険者であった者にも, 適用される。

⑷　在職老齢年金の仕組みにより報酬比例部分の年金が全額支給停止されている場合でも, 老齢基礎年金は支給される。

⑸　在職老齢年金として年金が全額支給停止されている場合, 加給年金額は全額支給停止される。

解答ポイント＆正解

65歳以上の在職老齢年金は, 次の算式により支給停止額が計算される。

①　基本月額と総報酬月額相当額の合計額が47万円 (支給停止調整額。令和5年度は48万円, 以下同) 以下のとき……支給停止はなく全額が支給される。

＊基本月額＝年金額 (報酬比例部分の額。加給年金額・経過的加算は含めない)×$\frac{1}{12}$

＊総報酬月額相当額＝その月の標準報酬月額＋その月以前1年間の標準賞与額×$\frac{1}{12}$

②　基本月額と総報酬月額相当額の合計額が47万円を超えるとき……（基本月額＋総報酬月額相当額－47万円）×$\frac{1}{2}$で計算した額が支給停止される。

基本月額と総報酬月額相当額の合計額が47万円を超えるときは，超えた額の2分の1相当額が支給停止される。

基本月額は，加給年金額，経過的加算を含めないで算出する。

在職老齢年金として年金が全額支給停止されている場合，加給年金額は全額が支給停止される。

この在職老齢年金の仕組みは，適用事業所に引き続き使用される70歳以上の被保険者であった者にも，適用される。

なお，老齢基礎年金は，65歳以上の在職老齢年金の支給停止の有無にかかわらず支給される。

以上より，⑴の記述が誤っており，これが本問の正解である。

正　解：⑴　　**正解率：40.16％**

公式テキスト・チェック　　　2編－10「在職老齢年金」

障害基礎年金

問－18　　障害基礎年金について，誤っているものは次のうちどれですか。

⑴　20歳未満の厚生年金保険の被保険者期間は，保険料納付要件を判定する際の保険料納付済期間に含めない。

⑵　人工透析療法を行っている場合，障害認定日の原則ではない日が障害認定日となることがある。

⑶　障害認定日に障害等級に該当しなかった者が，その後65歳に達する日の前日までの間に症状が悪化して障害等級に該当するようになった場合，その期間内に請求することにより障害基礎年金が支給される。

⑷　受給権取得後に子が出生したときは，出生した日の属する月の翌月分から子の加算額が加算される。

(5) 国民年金の被保険者であった者の初診日が60歳以上65歳未満の場合，初診日に日本国内に住所を有していなければ対象とされない。

解答ポイント＆正解

障害基礎年金は，次の要件を満たしている者に支給される。

① 初診日に国民年金の被保険者であること。または被保険者であった者で60歳以上65歳未満かつ国内居住中に初診日があること

② 障害認定日に障害等級1級または2級に該当していること

③ 一定の保険料納付要件を満たしていること

障害認定日は，障害の程度の認定を行うべき日をいい，原則として初診日から1年6ヵ月を経過した日または1年6ヵ月以内に治った場合は治った日（その症状が固定し治療の効果が期待できない状態に至った日を含む）である。人工透析療法を行っている場合，透析を開始した日から起算して3ヵ月を経過した日を障害認定日とする特例がある。ただし，3ヵ月を経過した日が初診日から起算して1年6月以内の場合に限られる。

保険料納付要件は，初診日の前日において，初診日の属する月の前々月までの全被保険者期間のうち，保険料納付済期間と保険料免除期間を合算して3分の2以上あれば，保険料納付要件を満たしたものとされる。つまり，3分の1を超える保険料未納期間がなければ，保険料納付要件を満たしたものとされる。20歳未満の厚生年金保険の被保険者期間についても，保険料納付要件を判定する際の保険料納付済期間に含めて判定する。

障害認定日に障害等級（1級または2級）に該当していなかった者が，その後，65歳に達する日の前日までの間に症状が悪化して障害等級に該当するようになったときは，その期間内（65歳に達する日の前日まで）に請求することにより，障害基礎年金が支給される。

受給権者に生計を維持されている子がいる場合，子の加算額が加算される。受給権取得後に子が出生したときは，出生した日の属する月の翌月分から子

25

の加算額が加算される。

以上より、(1)の記述が誤っており、これが本問の正解である。

正　解：(1)　　正解率：36.98％

⎡公式テキスト・チェック⎤＞　3編－1「障害基礎年金の仕組み」，3編－3「障害
　　　　　　　　　　　　　　基礎年金の年金額」

障害厚生年金

問－19　　障害厚生年金について，誤っているものは次のうちどれですか。

(1)　障害厚生年金の年金額は，障害認定日の属する月までの厚生年金保険
　　の被保険者期間により計算される。

(2)　障害等級1級および2級の障害厚生年金の受給権者には，原則として
　　同じ等級の障害基礎年金が支給される。

(3)　厚生年金保険の被保険者期間中に初診日のある傷病による障害であっ
　　ても，その障害認定日が厚生年金保険または国民年金の被保険者期間中
　　でなければ，対象とされない。

(4)　障害等級3級の障害厚生年金には，加給年金額は加算されない。

(5)　障害の程度が増進した場合の請求による年金額の増額改定は，請求の
　　あった月の翌月分から行われる。

▨解答ポイント＆正解

障害厚生年金は，厚生年金保険の被保険者期間中に初診日のある傷病によ
って，障害認定日に障害等級1級，2級または3級の障害の状態にあるとき
に支給される。ただし，一定の保険料納付要件を満たしていることが必要で
ある。初診日が厚生年金保険の被保険者期間中にあれば，障害認定日が厚生
年金保険または国民年金の被保険者期間中でなくても障害厚生年金の対象と
される。

障害等級1級または2級の障害厚生年金の受給権者には，原則として同じ

26

等級の障害基礎年金が支給される。また，障害等級1級または2級の障害厚生年金には，対象者がいれば配偶者加給年金額が加算される。3級の障害厚生年金には，加算されない。

年金額は，障害認定日の属する月までの被保険者期間の月数を算入し，老齢厚生年金の報酬比例部分と同様に計算する。20歳未満の被保険者期間も当然に算入する。この場合，被保険者期間の月数が300ヵ月に満たないときは300ヵ月みなしで計算する。

障害の程度が増進した場合，年金額の増額改定を請求することができる。この場合，請求があった月の翌月分から増額改定される。

以上より，(3)の記述が誤っており，これが本問の正解である。

正　解：(3)　　正解率：51.41％

公式テキスト・チェック ＞ 3編－4「障害厚生年金の仕組み」，3編－6「障害厚生年金の年金額」

遺族基礎年金

問－20　遺族基礎年金について，誤っているものは次のうちどれですか。

(1) 年金額は，死亡した者の保険料納付済期間や保険料免除期間にかかわらず定額である。

(2) 被保険者が死亡した当時胎児であった子が生まれたときは，出生した日の属する月の翌月分から支給される。

(3) 老齢基礎年金の受給資格期間が25年以上ある者が死亡した場合，その者の保険料納付状況にかかわらず支給される。

(4) 被保険者の死亡当時に健常者であった子が，18歳到達の年度末に達した以後20歳に達するまでの間に障害等級2級の障害に該当した場合，20歳に達するまで支給される。

(5) 子のある夫に対する遺族基礎年金は，夫の年齢を問わず支給される。

■ 解答ポイント＆正解

　遺族基礎年金は，次の①または②のいずれかに配偶者（夫または妻）が該当したときに，その者の子のある配偶者（妻または夫）または子に支給される。子のある配偶者（妻または夫）に支給される遺族基礎年金は，配偶者（妻または夫）の年齢を問わず支給される。

　①　国民年金の被保険者が死亡したとき。または，被保険者であった者が60歳以上65歳未満かつ国内居住中に死亡したとき。ただし，一定の保険料納付要件を満たしていることが必要である。

　②　老齢基礎年金の受給権者または受給資格期間を満たした者（いずれも保険料納付済期間，保険料免除期間および合算対象期間を合算した期間が25年以上の者）が死亡したとき。この場合，保険料納付要件は問われない。

　被保険者等の死亡の当時胎児であった子が出生したときは，将来に向かってその子は死亡の当時，その者によって生計を維持されていた子とみなされ，出生した日の属する月の翌月分から支給される。

　被保険者の死亡の当時に健常者であった子が18歳の年度末に達する前に障害等級1級または2級の障害に該当した場合，20歳に達するまで支給される。

　年金額は，死亡した者の国民年金の保険料納付済期間や保険料免除期間にかかわらず定額である。

　以上より，(4)の記述が誤っており，これが本問の正解である。

正　解：(4)　　正解率：44.55％

公式テキスト・チェック　　4編−1「遺族基礎年金の仕組み」，4編−2「遺族基礎年金の年金額」

遺族厚生年金

問－21 遺族厚生年金について，誤っているものは次のうちどれですか。

(1) 老齢厚生年金を繰上げ受給している者が死亡した場合，遺族厚生年金の額は繰上げしなかったと仮定した額から算出される。

(2) 妻が死亡した当時，55歳以上の夫に対する遺族厚生年金は，夫が遺族基礎年金を受給できるときは，その間あわせて受給することができる。

(3) 保険料納付要件を満たしている厚生年金保険の被保険者が死亡した場合，被保険者期間の月数にかかわらず支給される。

(4) 遺族厚生年金を受給できる遺族の範囲は，被保険者または被保険者であった者の配偶者，子，父母または孫である。

(5) 「生計を維持されていた遺族」とは，死亡の当時，死亡した者と生計を同じくし，年収850万円以上を将来にわたって得られないと認められる遺族である。

▎解答ポイント＆正解

遺族厚生年金は，死亡した者が次の①〜④のいずれかに該当するときに，その者の遺族に支給される。

① 厚生年金保険の被保険者が死亡したとき

② 厚生年金保険の被保険者期間中に初診日のある傷病により，初診日から5年以内に死亡したとき

③ 障害等級1級または2級の障害厚生年金の受給権者が死亡したとき

④ 老齢厚生年金の受給権者または受給資格期間を満たした者（いずれも保険料納付済期間，保険料免除期間および合算対象期間を合算した期間が25年以上ある者）が死亡したとき

ただし，①，②に該当するときは，一定の保険料納付要件を満たしていることが必要である。保険料納付要件を満たしている厚生年金保険の被保険者

が死亡した場合，被保険者期間の月数にかかわらず支給される。

遺族の範囲は，死亡した者によって生計を維持されていた①配偶者（妻または夫），子，②父母，③孫，④祖父母である。この場合，夫，父母，祖父母については，死亡の当時，55歳以上の者が受給できる遺族となり，60歳に達するまでの間支給停止される。ただし，妻の死亡の当時，55歳以上の夫に対する遺族厚生年金は，夫が遺族基礎年金を受給できるときは，その間合わせて受給できる。

生計を維持されていた遺族とは，死亡の当時，死亡した者と生計を同じくし，年収850万円（年間所得655.5万円）以上の収入を将来にわたって得られないと認められる遺族である。

老齢厚生年金を繰上げ受給している者が死亡した場合，遺族厚生年金の年金額は繰上げ減額前の繰上げしなかったと仮定した額（65歳の時の額）から算出される。

以上より，(4)の記述が誤っており，これが本問の正解である。

正　解：(4)　正解率：47.84％

> 公式テキスト・チェック　　　4編－3「遺族厚生年金の仕組み」

遺族厚生年金の中高齢寡婦加算

問－22　遺族厚生年金の中高齢寡婦加算について，正しいものは次のうちどれですか。

(1)　遺族厚生年金の受給権者（妻）が厚生年金保険の被保険者の場合，支給停止される。

(2)　中高齢寡婦加算の額は，遺族基礎年金の年金額（基本額）の3分の2に相当する額である。

(3)　遺族基礎年金を受給したことのある妻には，加算されない。

(4)　遺族基礎年金と中高齢寡婦加算は，一定の要件を満たせば併給される。

(5)　厚生年金保険の被保険者期間中に初診日のある傷病により初診日から5年以内に夫が死亡した場合，被保険者期間の月数にかかわらず加算さ

30

れる。

■ 解答ポイント＆正解

　中高齢寡婦加算は，次の①〜④のいずれかに夫が該当したときに，その妻が受給する遺族厚生年金に加算して支給される。

① 厚生年金保険の被保険者が死亡したとき

② 厚生年金保険の被保険者期間中に初診日のある傷病により，初診日から5年以内に死亡したとき

③ 障害等級1級または2級の障害厚生年金の受給権者が死亡したとき

④ 老齢厚生年金の受給権者または受給資格期間を満たした者（いずれも保険料納付済期間，保険料免除期間および合算対象期間を合算した期間が25年以上で，厚生年金保険の被保険者期間が原則として20年以上）が死亡したとき

　中高齢寡婦加算は，夫の死亡の当時（子がいるときは遺族基礎年金の失権当時），40歳以上の妻に対して65歳に達するまでの間支給される。子がいて遺族基礎年金を受給している間は，中高齢寡婦加算は支給停止される。遺族基礎年金の失権後65歳に達するまでの間，中高齢寡婦加算は支給される。

　遺族厚生年金の受給権者（妻）が厚生年金保険の被保険者であっても，中高齢寡婦加算は支給停止されることなく支給される。

　中高齢寡婦加算の額は，定額で遺族基礎年金の年金額（基本額（子の加算を含まない額））の4分の3に相当する額である。

　以上より，(5)の記述が正しく，これが本問の正解である。

正　解：(5)　　正解率：36.62％

公式テキスト・チェック　　　4編−4「遺族厚生年金の年金額」

年金給付の併給調整

問-23　65歳以上の者に支給される年金給付の併給調整について，併給されない組合せは次のうちどれですか。

(1)　「老齢基礎年金」と「遺族厚生年金」

(2)　「遺族基礎年金」と「老齢厚生年金」

(3)　「遺族基礎年金」と「遺族厚生年金」

(4)　「障害基礎年金」と「老齢厚生年金」

(5)　「障害基礎年金」と「遺族厚生年金」

解答ポイント＆正解

2つ以上の年金の受給権を同一人が取得した場合，本人の選択により，1つの年金を受給し他方の年金は支給停止して「1人1年金」を受給することを原則としている。この場合，被用者年金は基礎年金の上乗せ給付と位置づけ，「(3)遺族基礎年金と遺族厚生年金」のように，同一の支給事由によるものは，1つの年金とみなして併給される。

支給事由の異なる年金は，原則として一方を選択して受給することになるが，次の例外がある。

遺族厚生年金を受給している者が，65歳からの老齢基礎年金の受給権を取得した場合，「(1)老齢基礎年金と遺族厚生年金」は併給される。

障害基礎年金は，65歳以降，老齢厚生年金または遺族厚生年金との併給を可能として，障害を有しながら働いたことを年金制度上評価する仕組みとなっている。したがって，「(4)障害基礎年金と老齢厚生年金」「(5)障害基礎年金と遺族厚生年金」は併給される。

「(2)遺族基礎年金と老齢厚生年金」は，支給事由が異なり，例外にも該当しないので併給されない。

以上より，(2)が併給されない組合せであり，これが本問の正解である。

正　解：(2)　正解率：38.21％

公式テキスト・チェック　　4編－5「併給調整」

2023年3月
(第154回)

寡婦年金と死亡一時金

問－24　国民年金の寡婦年金と死亡一時金について，誤っているものは次のうちどれですか。

(1)　寡婦年金は，死亡した夫の第1号被保険者としての保険料納付済期間と保険料免除期間等を合算した期間が10年以上あることが支給要件となっている。

(2)　遺族基礎年金を受給したことのある妻も，寡婦年金を受給することができる。

(3)　死亡一時金の支給要件となる死亡した者の保険料納付済期間には，第3号被保険者期間は含まれない。

(4)　死亡一時金は，遺族厚生年金を受給できる場合でも支給される。

(5)　寡婦年金と死亡一時金は併給される。

◢ 解答ポイント＆正解

　寡婦年金は，国民年金の第1号被保険者としての保険料納付済期間と保険料免除期間等を合算した期間が，10年以上ある夫が死亡したときに，夫の死亡の当時，生計を維持されており，かつ婚姻期間が10年以上継続した65歳未満の妻に対して60歳から65歳に達するまでの間支給される。ただし，夫が老齢基礎年金または障害基礎年金を受給していたときは支給されない。

　寡婦年金の支給要件を満たした妻が，子がいて夫の死亡により遺族基礎年金を受給した場合でも，遺族基礎年金の失権が65歳前であれば遺族基礎年金の失権後かつ60歳以上65歳未満の間，寡婦年金を受給することができる。

　死亡一時金は，国民年金の第1号被保険者としての保険料納付済期間（第2・3号被保険者期間は含まない）の月数，保険料4分の1免除期間の月数の4分の3に相当する月数，保険料半額免除期間の月数の2分の1に相当す

33

る月数，保険料4分の3免除期間の月数の4分の1に相当する月数を合算した期間が36ヵ月以上ある者が，老齢基礎年金または障害基礎年金のいずれも受給しないで死亡したときに，生計を同じくしていた遺族に支給される。ただし，その者の死亡により遺族基礎年金を受けられる遺族がいるときは支給されない。なお，死亡一時金は，国民年金の独自給付であり遺族厚生年金を受給できる者にも支給される。

　寡婦年金と死亡一時金の両方を受給できるときは，受給権者の選択によりいずれか一方が支給される。

　以上より，(5)の記述が誤っており，これが本問の正解である。

　　　　　　　　　　　　　　　正　解：(5)　　正解率：56.03 %

公式テキスト・チェック ▷ 4編－6「国民年金の寡婦年金」，4編－7「国民年金の死亡一時金」

ねんきん定期便・ねんきんネット

問－25 　令和4年度に日本年金機構から送付されている「ねんきん定期便」および日本年金機構の取組みについて，誤っているものは次のうちどれですか。

(1) 「ねんきん定期便」は，誕生月の1ヵ月前（1日生まれの者は2ヵ月前）の年金加入記録にもとづいて作成される。

(2) 「ねんきん定期便」は，誕生月（1日生まれの者は誕生月の前月）に送付される。

(3) 「ねんきん定期便」は，60歳以上の厚生年金保険の被保険者にも送付される。

(4) マイナポータルから「ねんきんネット」に登録する場合，「ねんきんネット」のユーザID取得は不要である。

(5) 「ねんきんネット」のユーザIDを取得する際に使用するアクセスキーの有効期限は，「ねんきん定期便」到着後3ヵ月である。

■解答ポイント＆正解

　日本年金機構から送付される「ねんきん定期便」は，国民年金・厚生年金保険の被保険者に対して，年金加入記録や保険料の納付額，年金見込額などを通知して確認してもらい，年金制度への理解を深めてもらうことを目的として，毎年，誕生月（1日生まれの者は誕生月の前月）に送付される。35歳，45歳，59歳の節目年齢には，封書の「ねんきん定期便」が送付され，節目年齢に該当しない年は，ハガキ形式の「ねんきん定期便」が送付される。

　厚生年金保険の被保険者であれば，60歳以上の者にも送付される。

　「ねんきん定期便」は，誕生月の2ヵ月前（1日生まれの者は3ヵ月前）の年金加入記録にもとづいて作成されている。

　「ねんきんネット」の利用登録は，マイナポータルから「ねんきんネット」にアクセスしてできる。この場合，「ねんきんネット」のユーザIDの取得は不要である。

　ねんきん定期便には，「ねんきんネット」のユーザIDを取得する際に使用するアクセスキー（17桁の番号）が記載されている。このアクセスキーを使用してユーザIDの発行を申し込むことができる。このアクセスキーの有効期限は，「ねんきん定期便」到着後3ヵ月である。

　以上より，(1)の記述が誤っており，これが本問の正解である。

正　解：(1)　　正解率：39.61％

　公式テキスト・チェック　　　5編－1「ねんきん定期便とねんきんネット」

年金の税制

問－26　公的年金等の税制について，誤っているものは次のうちどれですか。

(1)　確定給付企業年金の加入者の掛金は，生命保険料控除の対象となる。

(2)　個人型確定拠出年金の加入者の掛金は，小規模企業共済等掛金控除の対象となる。

35

(3) 夫の死亡により妻が未支給年金を受給した場合，未支給年金は一時所得として課税対象となる。

(4) 個人型確定拠出年金の死亡一時金は，課税対象とならない。

(5) 公的年金等に係る確定申告不要制度の対象者は，公的年金等の収入金額の合計額が400万円以下の者である。

◢ 解答ポイント＆正解

確定給付企業年金の加入者掛金は，生命保険料控除の対象となる。

個人型確定拠出年金の加入者掛金は，小規模企業共済等掛金控除の対象となる。

夫の死亡により妻が受給する未支給年金は，一時所得として所得税の課税対象となる。

個人型確定拠出年金の死亡一時金は，みなし相続財産として相続税の課税対象となる。なお，相続開始から3年経過後に受け取った場合は，一時所得として所得税の課税対象となる。

公的年金等のうち老齢給付（老齢基礎年金・老齢厚生年金等）は雑所得として課税対象となっており，一定額以上の年金を受給しているときは確定申告をして税金の過不足を清算する必要がある。しかし，年金受給者の確定申告手続の負担を減らすため，公的年金等の収入金額が400万円以下であり（その全部が源泉徴収の対象となっている場合に限る），かつ公的年金等に係る雑所得以外の所得金額が20万円以下のときは，「確定申告不要制度」によって確定申告は不要となっている。

以上より，(4)の記述が誤っており，これが本問の正解である。

正　解：(4)　　正解率：38.83％

公式テキスト・チェック ▷　5編−10「年金と税金」

個人型確定拠出年金

問—27 個人型確定拠出年金制度について，誤っているものは次のうちどれですか。

(1) 加入するには，運営管理機関に個人番号（マイナンバー）を提出する必要がある。

(2) 国民年金の第3号被保険者と企業年金未加入の厚生年金保険の被保険者の掛金の拠出限度額は，同じである。

(3) 運営管理機関を変更するには，すべての運用商品を売却（解約）しなければならない。

(4) 老齢給付金の受給開始時期の上限年齢は，75歳である。

(5) 加入者は，死亡一時金の受取人を指定することができる。

▮解答ポイント＆正解

　個人型確定拠出年金への加入時には個人番号（マイナンバー）の提出は必要ないが，老齢給付金を請求する際には提出する必要がある。

　個人型確定拠出年金の掛金の拠出限度額は，専業主婦などの国民年金の第3号被保険者は27.6万円（月額23,000円），いずれの企業年金にも未加入の厚生年金保険の被保険者も27.6万円（月額23,000円）で同じである。

　運営管理機関を変更する場合，変更前のプランで運用していた商品を一旦すべて売却（解約）しなければならない。

　老齢給付金は，5年以上20年以下の期間で「有期年金」として受給するか，「一時金」として一括で受給できるほか，年金と一時金を組み合わせて受給することもできる。老齢給付金の受給開始の上限年齢は75歳である。

　加入者は死亡する前に，死亡一時金の受取人を指定することができる。指定できる遺族の範囲は，配偶者，子，父母，孫，祖父母または兄弟姉妹で，生計維持関係の有無は問われない。この受取人の指定は，記録関連運営管理機関に対して行う。

以上より，⑴の記述が誤っており，これが本問の正解である。

正　解：⑴　正解率：10.70％

公式テキスト・チェック　　5編－9「確定拠出年金」

確定給付企業年金

問－28　確定給付企業年金について，誤っているものは次のうちどれですか。

⑴　「ＤＢ」という略称で呼ばれる。

⑵　基金型企業年金は，母体企業とは別法人として設立された企業年金基金が運営主体となる。

⑶　加入者が掛金を拠出した場合，加入者は自身が拠出した掛金相当額の運用指図ができる。

⑷　老齢給付金と脱退一時金の給付は必須であり，規約で定めれば障害給付金や遺族給付金を給付することもできる。

⑸　脱退一時金相当額を，企業年金連合会に移換できる仕組みがある。

解答ポイント＆正解

確定給付企業年金は，「ＤＢ」（Defined Benefit Plan）という略称で呼ばれている。

確定給付企業年金には，規約型企業年金と基金型企業年金の2つのタイプがある。規約型企業年金は，労使の合意にもとづいて生命保険会社や信託銀行等と契約を締結し，母体企業の外で年金資産を管理・運用し給付を行う。基金型企業年金は，母体企業とは別法人として設立された企業年金基金が運営主体となる。

掛金は事業主負担が原則であるが，加入者が掛金を拠出できるよう年金規約で定めた場合，本人の同意を前提として加入者も掛金を拠出することができる。この場合，加入者は自身が拠出した掛金相当額の運用指図はできない。

38

給付には，法律上必ず実施しなければならない必須給付と実施することができる任意給付がある。老齢給付金と脱退一時金の給付は必須であり，規約に定めれば障害給付金や遺族給付金を給付することもできる。

確定給付企業年金の加入者が退職等の理由で資格喪失した場合，脱退一時金相当額を企業年金連合会に移換し，年金化できる仕組みがある（通算企業年金）。通算企業年金とは，退職などでこれまで加入してた企業年金を脱退しそれまで蓄えた年金原資を企業年金連合会で預り，将来年金や一時金として支給する仕組みである。

以上より，(3)の記述が誤っており，これが本問の正解である。

正　解：(3)　　正解率：47.38 %

公式テキスト・チェック　　5編−7「企業年金制度」

年金生活者支援給付金

問−29

年金生活者支援給付金（以下「給付金」という）について，誤っているものは次のうちどれですか。

(1) 老齢給付金は，同一世帯の全員が市町村民税非課税である者が支給対象とされる。

(2) 老齢厚生年金を繰下げ待機中の場合，老齢基礎年金を受給していても老齢給付金は支給されない。

(3) 国民年金の保険料半額免除期間120ヵ月の場合と保険料4分の1免除期間120ヵ月の場合の老齢給付金の額は，前者のほうが高額である。

(4) 障害給付金の額は，受給者の保険料納付済期間や保険料免除期間の月数にかかわらず定額である。

(5) 遺族基礎年金の受給者以外の者に，遺族給付金が支給されることはない。

◢解答ポイント＆正解

　年金生活者支援給付金（以下「給付金」という）は，公的年金等の収入や所得額が一定基準額以下の年金受給者の生活を支援するために支給されるもので，令和元年10月より実施されている。

　給付金には，老齢給付金，補足的老齢給付金，障害給付金，遺族給付金があり，すべての給付金は非課税扱いとなっている（金額はいずれも令和5年度価格）。

　老齢給付金は，次のいずれにも該当する者に支給される。

　1　老齢基礎年金の受給者であって，所得額（公的年金等の収入額と前年（または前々年）の所得の合計額）が所得基準額以下であること

　2　世帯全員が地方税の市町村民税を課されていないこと

　3　65歳以上であること

　老齢給付金の月額は，次の①と②を合算した額である。国民年金の保険料納付済期間，保険料免除期間の月数に応じて計算される。保険料半額免除期間120ヵ月の場合と保険料4分の1免除期間120ヵ月の場合とでは，前者の方が高額となる。

　①　$5,140円 \times \dfrac{保険料納付済期間}{480ヵ月}$

　②　$11,041円（保険料4分の1免除期間は5,520円）\times \dfrac{保険料免除期間}{480ヵ月}$

　＊上記②の金額は昭和31年4月2日以後生まれの者の場合（昭和31年4月1日以前生まれの者は，それぞれ11,008円，5,504円）

　障害給付金は，障害基礎年金の受給者のうち，前年または前々年の所得が政令で定める額（扶養親族の数に応じて増額）以下である者に支給される。障害給付金の額は受給者の保険料納付済期間や保険料免除期間にかかわらず定額で障害等級1級は月額6,425円，障害等級2級は月額5,140円である。

　遺族給付金は，遺族基礎年金の受給者のうち，障害給付金と同様の所得基準を満たす者に支給される。遺族基礎年金の受給者以外の者に遺族給付金が支給されることはない。

なお，老齢厚生年金を繰下げ待機中の者であっても，上記要件を満たしていれば老齢給付金は支給される。

以上より，⑵の記述が誤っており，これが本問の正解である。

正　解：⑵　　正解率：33.14％

公式テキスト・チェック ＞　　5編−2「年金請求と諸手続き」

社会保障協定と脱退一時金

問−30　社会保障協定と公的年金の脱退一時金について，誤っているものは次のうちどれですか。

⑴　社会保障協定の目的のひとつは，わが国と相手国の年金制度等への二重加入を防止することにある。

⑵　社会保障協定の内容は共通しており，締結の相手国によって異なることはない。

⑶　わが国と社会保障協定を締結（発効）している国は，25ヵ国より少ない。

⑷　老齢基礎年金の受給資格期間を満たしている場合，短期滞在の外国人に対する脱退一時金は支給されない。

⑸　短期滞在の外国人に対する脱退一時金は，わが国に住所を有しなくなった日から2年以内に請求しなければ，受給できない。

■解答ポイント＆正解

社会保障協定の目的のひとつは，日本から海外に派遣される者について，年金制度をはじめとする日本の社会保障制度と就労地である相手国の制度にそれぞれ加入し，双方の国の制度の保険料を負担するという年金制度を含む社会保障制度への二重加入を防止することにある。

試験日現在，日本と社会保障協定を締結（発効）している国は，ドイツ，イギリス，韓国，アメリカ，ベルギー，フランス，カナダ，オーストラリア，

2023年3月（第154回）

41

オランダ，チェコ，スペイン，アイルランド，ブラジル，スイス，ハンガリー，インド，ルクセンブルク，フィリピン，スロバキア，中国，フィンランド，スウェーデンの22か国である（令和5年5月現在も同じ）。

　社会保障協定の内容は，締結の相手国によって異なっている。たとえば，年金制度の加入期間の通算の考え方は，日本の加入期間のみでは受給資格期間を満たせない場合，相手国の加入期間を日本の受給資格期間に通算して年金を受給できるようにすることであるが，イギリス・韓国・中国は通算できない協定となっている。

　短期滞在の外国人に対する公的年金の脱退一時金は，保険料の掛捨て防止策として平成7年4月から実施されている。老齢基礎年金の受給資格期間を満たしている者には，脱退一時金支給されない。この脱退一時金は，日本に住所を有しなくなった日から2年以内に請求しなければ，受給できない。

　以上より，(2)の記述が誤っており，これが本問の正解である。

正　解：(2)　　正解率：44.13 %

公式テキスト・チェック　　5編－3「社会保障協定」，5編－5「短期在留外国人の脱退一時金」

技能・応用

[I]　次の事例にもとづいて，〔問－31〕および〔問－32〕に答えてください。

《事 例》

　Ａさん夫婦（平成元年11月結婚）から，夫婦の年金について相談があった。夫婦それぞれの年金加入歴（予定を含む）は次のとおりで，妻は配偶者加給年金額の対象となる要件を満たしている。

○夫（昭和35年10月8日生まれ）

　・昭和54年4月～平成27年9月：㈱Ｚ社（厚生年金保険）

　・平成27年10月～平成28年3月：国民年金（保険料納付）

　・平成28年4月～64歳に達するまで：㈱Ｙ社（厚生年金保険）

○妻（昭和39年3月15日生まれ）

　・昭和57年4月～昭和63年10月：㈱Ｘ社（厚生年金保険）

　・昭和63年11月～平成元年3月：国民年金（保険料未納）

　・平成元年4月～60歳に達するまで：国民年金

老齢基礎年金の受給資格期間

問－31　Ａさん夫婦の老齢基礎年金の受給資格期間等について，誤っているものは次のうちどれですか。

(1)　夫：昭和54年4月～64歳に達するまでの期間のうち，合算対象期間は48ヵ月である。

(2)　夫：平成28年4月～64歳に達するまでの期間のうち，保険料納付済期間は54ヵ月である。

(3)　妻：昭和57年4月～昭和63年10月の期間のうち，合算対象期間は23ヵ月である。

(4)　妻：昭和63年11月～平成元年3月の期間は，受給資格期間に算入されない。

(5) 妻：平成元年4月～60歳に達するまでの期間のうち，第3号被保険
　　者期間は406ヵ月である。

老齢給付

問－32　Aさん夫婦の老齢給付について，**誤っているもの**は次のうち
どれですか。

(1) 夫：報酬比例部分の支給開始年齢は，64歳である。
(2) 夫：定額部分は支給されない。
(3) 夫：令和6年11月分から加給年金額が加算される。
(4) 妻：報酬比例部分の支給開始年齢は，63歳である。
(5) 妻：令和11年4月分から，老齢基礎年金に振替加算が加算される。

◤解答ポイント＆正解

問－31　老齢基礎年金の受給資格期間には，保険料納付済期間，保険料
免除期間および合算対象期間が算入される。

　保険料納付済期間は，①第1号被保険者期間および昭和61年3月以前の
国民年金の加入期間のうち保険料を納付した期間，②厚生年金保険，共済組
合等の加入期間のうち昭和36年4月以後かつ20歳以上60歳未満の期間，③
第3号被保険者期間等である。

　合算対象期間は，④厚生年金保険，共済組合等の被保険者・加入者の配偶
者で国民年金に任意加入できた者が任意加入しなかった昭和61年3月以前
の期間，⑤国民年金に任意加入して保険料を納付しなかった20歳以上60歳
未満の期間，⑥厚生年金保険，共済組合等の加入期間のうち昭和36年3月
以前の期間および20歳前と60歳以後の期間等がある。

　Aさん夫婦の場合，次のとおりである。

(1) 夫：昭和54年4月～64歳に達するまで（令和6年9月）の期間のう
　　ち，昭和54年4月～昭和55年9月（18ヵ月）および令和2年10月～令

44

和6年9月（48ヵ月）の期間は⑥に該当し合算対象期間となり，その月数は66ヵ月である。

⑵　夫：平成28年4月〜64歳に達するまでの期間のうち，60歳到達月の前月までの期間（平成28年4月〜令和2年9月）が保険料納付済期間となり，その月数は54ヵ月である。

⑶　妻：昭和57年4月〜昭和63年10月の期間のうち，20歳前（昭和59年2月）の期間が合算対象期間となり，その月数は23ヵ月である。

⑷　妻：昭和61年4月〜平成元年3月の期間は保険料未納期間であり，受給資格期間に算入されない。

⑸　妻：平成元年4月〜60歳に達するまでの期間のうち，平成元年11月（結婚した月）〜平成27年9月の期間（311ヵ月）と平成28年4月〜60歳到達月の前月（令和6年2月）までの期間（95ヵ月）の計406ヵ月が第3号被保険者期間となる。

以上より，⑴の記述が誤っており，これが本問の正解である。

正　解：⑴　　正解率：38.24％

公式テキスト・チェック　　　2編−1「老齢基礎年金の仕組み」

問−32　第1号厚生年金被保険者（男子）の老齢厚生年金（報酬比例部分）の支給開始年齢の引上げは，昭和28年4月2日以降生まれの者から実施されている。

女子（第1号厚生年金被保険者）の老齢厚生年金の支給開始年齢の引上げは男子より5年遅れのスケジュールで実施されている。

夫の場合，厚生年金保険の被保険者期間は通算して45年間であり，長期加入者の特例に該当し，退職後，報酬比例部分の支給開始年齢から定額部分と加給年金額が支給される。

報酬比例部分の支給開始年齢は64歳であり，定額部分および加給年金額も64歳（令和6年11月分）から支給される。

妻の報酬比例部分の支給開始年齢は，63歳である。

45

妻は夫の老齢厚生年金の加給年金額の対象者であり，65歳に達した月の翌月分（令和11年4月分）から老齢基礎年金に振替加算が加算される。

以上より，⑵の記述が誤っており，これが本問の正解である。

正 解：⑵　正解率：16.39％

公式テキスト・チェック

2編－3「老齢基礎年金の振替加算」，2編－6「60歳台前半の老齢厚生年金」

［Ⅱ］　次の事例にもとづいて，〔問－33〕および〔問－34〕に答えてください。

《事　例》

B夫さん（昭和38年5月15日生まれ）は，妻（57歳，専業主婦）と2人暮らしで塗装業を営んでいる。B夫さんの年金加入歴（予定を含む）は，次のとおりである。
- 昭和57年4月～平成5年3月：厚生年金保険（132ヵ月）
- 平成5年4月～平成18年6月：国民年金，保険料納付（159ヵ月）
- 平成18年7月～平成20年6月：国民年金，保険料全額免除期間（24ヵ月）
- 平成20年7月～平成27年6月：国民年金，保険料半額免除期間（84ヵ月）
- 平成27年7月～60歳に達するまで：国民年金，保険料4分の1免除期間（94ヵ月）

46

老齢基礎年金の年金額

問−33 B夫さんが65歳から受給できる老齢基礎年金の年金額の計算式について，正しいものは次のうちどれですか（年金額は令和4年度価格）。

(1) $777{,}800$円$\times \dfrac{291\text{ヵ月}+84\text{ヵ月}\times\frac{1}{2}+94\text{ヵ月}\times\frac{7}{8}}{480\text{ヵ月}}$

(2) $777{,}800$円$\times \dfrac{291\text{ヵ月}+24\text{ヵ月}\times\frac{1}{3}+9\text{ヵ月}\times\frac{2}{3}+75\text{ヵ月}\times\frac{3}{4}+94\text{ヵ月}\times\frac{7}{8}}{480\text{ヵ月}}$

(3) $777{,}800$円$\times \dfrac{278\text{ヵ月}+24\text{ヵ月}\times\frac{1}{3}+84\text{ヵ月}\times\frac{3}{4}+94\text{ヵ月}\times\frac{5}{8}}{480\text{ヵ月}}$

(4) $777{,}800$円$\times \dfrac{278\text{ヵ月}+24\text{ヵ月}\times\frac{1}{3}+9\text{ヵ月}\times\frac{2}{3}+75\text{ヵ月}\times\frac{3}{4}+94\text{ヵ月}\times\frac{5}{8}}{480\text{ヵ月}}$

(5) $777{,}800$円$\times \dfrac{278\text{ヵ月}+24\text{ヵ月}\times\frac{1}{3}+9\text{ヵ月}\times\frac{2}{3}+75\text{ヵ月}\times\frac{3}{4}+94\text{ヵ月}\times\frac{7}{8}}{480\text{ヵ月}}$

国民年金保険料の追納および老齢給付等

問−34 B夫さんの国民年金保険料の追納および老齢給付等について，誤っているものは次のうちどれですか。

(1) 保険料半額免除期間の一部は，免除された保険料を今から追納することができる。

(2) 保険料4分の1免除期間の免除された保険料は，すべて今から追納することができる。

(3) 令和13年1月に繰下げの申出をすると，老齢厚生年金の年金額は19.6％増額される。

(4) 老齢厚生年金に配偶者加給年金額が加算されることはない。

(5) 令和7年5月に繰上げ請求すると，老齢基礎年金の年金額は14.4％減

47

額される。

解答ポイント＆正解

問-33　老齢基礎年金の年金額は，777,800円（令和4年度価格）である。
この年金額は20歳から60歳になるまでの40年間（加入可能年数）すべて保険料納付済期間のときに支給される。40年に満たないときはその不足する期間に応じて減額される。

保険料免除期間は，次に相当する月数として計算する。

免除区分	平成21年3月以前		平成21年4月以降	
	480ヵ月までの期間	480ヵ月を超える期間	480ヵ月までの期間	480ヵ月を超える期間
4分の1免除	6分の5	2分の1	8分の7	8分の3
半額免除	3分の2	3分の1	4分の3	4分の1
4分の3免除	2分の1	6分の1	8分の5	8分の1
全額免除	3分の1	―	2分の1	―

B夫さんの場合，昭和57年4月～平成5年3月の厚生年金保険に加入した期間のうち，20歳前の期間（昭和57年4月～昭和58年4月：13ヵ月）は合算対象期間となり老齢基礎年金の年金額に反映されない。20歳以後の期間（昭和58年5月～平成5年3月：119ヵ月）が保険料納付済期間となる。

平成18年7月～平成20年6月の保険料全額免除期間24ヵ月は3分の1，平成20年7月からの保険料半額免除期間のうち，平成21年3月までの9ヵ月は3分の2，平成21年4月～平成27年6月の75ヵ月は4分の3，平成27年7月～60歳に達するまで（令和5年4月）の保険料4分の1免除期間94ヵ月は8分の7として計算する。

以上より，(5)の計算式が正しく，これが本問の正解である。

正　解：(5)　　**正解率：62.73％**

公式テキスト・チェック　　2編-2「老齢基礎年金の年金額」

問-34

国民年金保険料の免除を受けた者が，その後ゆとりができて保険料を納付できるようになったときは，免除された期間の保険料の全部または一部を追納することができる。この追納は10年前の分まで遡って行うことができ，追納することでその期間は保険料納付済期間となる。

65歳に達する前に老齢基礎年金の受給資格期間を満たした者が，66歳に達する前に年金請求をしなかった場合，66歳に達した日以後に老齢基礎年金・老齢厚生年金の支給の繰下げを申し出ることができる。最長で10年（75歳）繰下げ受給することができ，繰下げ受給をした場合，年金は1ヵ月あたり0.7％増額される。増額率は月単位で決定され「（65歳到達月から繰下げ申出月の前月までの月数）×0.7％」で求める。

老齢基礎年金の支給開始年齢は65歳であるが，60歳以後の希望するときから繰り上げて受給することができ，繰上げ請求すると減額される。昭和37年4月2日以降生まれの者の減額率は「（繰上げ請求月から65歳到達月の前月までの月数）×0.4％」で求める。

B夫さんの場合，

保険料半額免除期間の一部は10年を経過していないので，免除された10年以内の期間分は今から追納することができる。

保険料4分の1免除期間は10年を経過していないので，今からすべて追納することができる。

令和13年1月に老齢厚生年金の繰下げの申出をすると，年金額は22.4％（令和10年5月～令和12年12月：32ヵ月×0.7％）増額される。

令和7年5月に老齢基礎年金の繰上げ請求をすると，年金額は14.4％（令和7年5月～令和10年4月：36ヵ月×0.4％）減額される。

なお，厚生年金保険の被保険者期間は20年に満たないので，配偶者加給年金額が加算されることはない。

以上より，(3)の記述が誤っており，これが本問の正解である。

正　解：(3)　　正解率：50.44％

公式テキスト・チェック　　2編－4「老齢基礎年金の支給の繰上げ・繰下げ」

[Ⅲ] 次の事例にもとづいて、〔問－35〕および〔問－36〕に答えてください。

《事 例》

C夫さん（昭和35年3月28日生まれ）は、昭和57年4月に㈱W社に入社し、令和5年3月末日に同社を退職する予定である。退職後に受給できる年金額の詳しい計算方法を知りたいと相談があった。

C夫さんの令和4年度基準（本来水準）の平均標準報酬月額は385,000円、平均標準報酬額は480,000円とのことである。なお、妻（昭和38年8月21日生まれ）は加給年金額の対象者となる要件を満たしている。

老齢厚生年金の年金額の計算

問－35 C夫さんが退職後受給できる特別支給の老齢厚生年金の年金額の計算式について、正しいものは次のうちどれですか（年金額は令和4年度価格）。

(1)　$385{,}000円 \times \dfrac{7.50}{1{,}000} \times 252 ヵ月 + 480{,}000円 \times \dfrac{5.769}{1{,}000} \times 240 ヵ月 + 388{,}900円$

(2)　$385{,}000円 \times \dfrac{7.50}{1{,}000} \times 264 ヵ月 + 480{,}000円 \times \dfrac{5.769}{1{,}000} \times 228 ヵ月 + 388{,}900円$

(3)　$385{,}000円 \times \dfrac{7.125}{1{,}000} \times 252 ヵ月 + 480{,}000円 \times \dfrac{5.481}{1{,}000} \times 240 ヵ月 + 388{,}900円$

(4)　$385{,}000円 \times \dfrac{7.125}{1{,}000} \times 264 ヵ月 + 480{,}000円 \times \dfrac{5.481}{1{,}000} \times 228 ヵ月$

(5)　$385{,}000円 \times \dfrac{7.125}{1{,}000} \times 252 ヵ月 + 480{,}000円 \times \dfrac{5.481}{1{,}000} \times 240 ヵ月$

老齢厚生年金に加算される経過的加算

問-36 C夫さんが65歳から受給する老齢厚生年金に加算される経過的加算の計算式について，正しいものは次のうちどれですか（年金額は令和4年度価格）。

(1) $1{,}621 円 \times 480 ヵ月 - 777{,}800 円 \times \dfrac{455 ヵ月}{480 ヵ月}$

(2) $1{,}621 円 \times 480 ヵ月 - 777{,}800 円 \times \dfrac{456 ヵ月}{480 ヵ月}$

(3) $1{,}621 円 \times 480 ヵ月 - 777{,}800 円 \times \dfrac{480 ヵ月}{480 ヵ月}$

(4) $1{,}621 円 \times 492 ヵ月 - 777{,}800 円 \times \dfrac{480 ヵ月}{480 ヵ月}$

(5) $1{,}621 円 \times 492 ヵ月 - 777{,}800 円 \times \dfrac{492 ヵ月}{480 ヵ月}$

解答ポイント＆正解

問-35 令和4年度の老齢厚生年金（報酬比例部分）の年金額は，原則として次の算式で計算される。

平均標準報酬月額 $\times \dfrac{9.5 \sim 7.125}{1{,}000} \times$ 平成15年3月までの被保険者月数＋平均標準報酬額 $\times \dfrac{7.308 \sim 5.481}{1{,}000} \times$ 平成15年4月以降の被保険者月数

＊平均標準報酬月額，平均標準報酬額は令和4年度（本来水準）の再評価率により算出する。

＊乗率は，生年月日に応じた新乗率を使用する。

C夫さんの場合，総報酬制実施前の被保険者期間の月数は昭和57年4月〜平成15年3月の252ヵ月，総報酬制実施後の被保険者期間の月数は平成15年4月〜令和5年3月の240ヵ月となり，計算式は，

$385{,}000 円 \times \dfrac{7.125}{1{,}000} \times 252 ヵ月 + 480{,}000 円 \times \dfrac{5.481}{1{,}000} \times 240 ヵ月$

となる。加給年金額は65歳から支給される。

以上より，⑸の計算式が正しく，これが本問の正解である。

正　解：⑸　　正解率：32.68 %

公式テキスト・チェック　　　2編－7「60歳台前半の老齢厚生年金の年金額」

問－36　　65歳前の定額部分に相当する額が原則として65歳からの老齢基礎年金の年金額となるが，厚生年金保険の加入期間のうち20歳前と60歳以後の期間および定額単価1,621円（令和4年度，以下同）と老齢基礎年金の月額相当額（777,800円／480ヵ月＝1,620.416円＜1,621円）との差額等は老齢基礎年金の額に算入されず，定額部分の額が老齢基礎年金の額を上回ることになる。そこでこれを補うため，その差額分が経過的加算として老齢厚生年金に加算して支給される。65歳前の定額部分の額を保障する措置である。

経過的加算の額は，定額部分の額から厚生年金保険の加入期間にかかる老齢基礎年金の額を差し引いた額であり，算式で示すと次のとおりである。

経過的加算の額＝定額部分の額（A）－老齢基礎年金の額（B）

定額部分の額（A）：1,621円×被保険者期間の月数（上限480ヵ月）

老齢基礎年金の額（B）：777,800円×20歳以上60歳未満の厚生年金保険の被保険者期間の月数／480ヵ月

C夫さんの場合，被保険者期間の月数は昭和57年4月～令和5年3月の492ヵ月であるが，定額部分は上限月数480ヵ月で計算する。

60歳到達月の前月までの厚生年金保険の被保険者期間の月数は，昭和57年4月～令和2年2月の455ヵ月であり，算式で示すと⑴のとおりである。

以上より，⑴の計算式が正しく，これが本問の正解である。

正　解：⑴　　正解率：41.95 %

公式テキスト・チェック　　　2編－9「60歳台後半の老齢厚生年金」

［Ⅳ］ 次の事例にもとづいて，〔問－37〕および〔問－38〕に答えてくださ
い。

《事 例》

　D夫さん（昭和34年2月20日生まれ）は，64歳に達した日に45年
10ヵ月勤務した㈱V社を退職し，その後，令和5年4月から㈱U商
事に70歳になるまで勤務する予定である。

　㈱V社での給与は，月額470,000円（標準報酬月額470,000円），賞
与は6月に780,000円，12月に870,000円が支給されており，ここ2
年間は同額である。

　㈱U商事での給与は月額310,000円（標準報酬月額320,000円），賞
与は5月と12月にそれぞれ480,000円が支給される条件である。なお，
㈱V社退職後の年金額は，報酬比例部分1,380,000円，定額部分
778,000円，加給年金額388,900円とする。

在職老齢年金

問－37 　D夫さんが㈱U商事に勤務したときの在職老齢年金に関する
下記（①～④）の記述について，正しいものの数は次のうち
どれですか（在職定時改定は考慮しないものとします）。

---

① 令和5年5月の基本月額は，115,000円である。

② 令和5年5月の総報酬月額相当額は，457,500円である。

③ 令和5年6月の支給停止額は，38,750円である。

④ 令和5年12月の在職老齢年金の月額は，92,500円である。

---

(1) なし　　(2) 1つ　　(3) 2つ

(4) 3つ　　(5) 4つ

53

高年齢雇用継続給付および在職老齢年金との併給調整

問−38 D夫さんが㈱U商事に勤務して雇用保険の高年齢雇用継続給付（基本給付金）を受給する場合のアドバイスについて，正しいものは次のうちどれですか。

(1) 基本給付金は，60歳到達時の賃金に比べて75％未満の賃金で勤務した月について支給される。

(2) 基本給付金の月額は，46,500円である。

(3) 年金は在職老齢年金の仕組みによる支給停止に加えて，19,200円がさらに支給停止される。

(4) 基本給付金は，70歳到達月まで支給される。

(5) 基本給付金と賃金の合計額の上限は，400,000円より多い。

▮ 解答ポイント＆正解

問−37 65歳未満の在職老齢年金の年金額は，基本月額と総報酬月額相当額により支給停止額が計算される。

・基本月額と総報酬月額相当額の合計額が47万円（支給停止調整額。令和5年度は48万円，以下同）以下のとき……支給停止はなく全額が支給される。

　基本月額＝年金額（報酬比例部分の額。加給年金額・経過的加算を除く）$\times \dfrac{1}{12}$

　総報酬月額相当額＝その月の標準報酬月額＋その月以前1年間の標準賞与額$\times \dfrac{1}{12}$

・基本月額と総報酬月額相当額の合計額が47万円を超えるとき……（基本月額＋総報酬月額相当額−47万円）$\times \dfrac{1}{2}$で計算した額が支給停止される。

　D夫さんの場合，

① 令和5年5月の基本月額は，1,380,000円$\times \dfrac{1}{12}＝115,000$円である（○）。厚生年金保険の被保険者である間，定額部分は支給停止される。

② 令和5年5月の総報酬月額相当額は，320,000円＋（780,000円＋870,000円＋480,000円）×$\frac{1}{12}$＝497,500円である（×）。

③ 令和5年6月の支給停止額は，総報酬月額相当額が320,000円＋（870,000円＋480,000円）×$\frac{1}{12}$＝432,500円となり，支給停止額は（115,000円＋432,500円－470,000円）×$\frac{1}{2}$＝38,750円である（○）。

④ 令和5年12月の在職老齢年金の月額は，総報酬月額相当額が320,000円＋（480,000円＋480,000円）×$\frac{1}{12}$＝400,000円，支給停止額は（115,000円＋400,000円－470,000円）×$\frac{1}{2}$＝22,500円となり，支給月額は115,000円－22,500円＝92,500円である（○）。

以上より，①，③，④の3つが正しく，(4)が本問の正解である。

正　解：(4)　　正解率：39.61%

公式テキスト・チェック 　　2編－10「在職老齢年金」

問－38　雇用保険の高年齢雇用継続給付（基本給付金）は，雇用保険の被保険者期間が5年以上ある者が60歳から65歳到達月までの間に，60歳到達時の賃金（みなし賃金月額／上限あり）に比べて75%未満に低下した賃金で勤務した月について支給される。この場合，61%未満に低下したときは，賃金（賞与は含まない）の15%相当額が支給される。賃金低下率が61%～75%の月の支給額は，次の式により計算する。

$-\frac{183}{280}$×支給対象月の賃金（月）額＋$\frac{137.25}{280}$×60歳到達時の賃金月額（上限あり）

基本給付金と在職老齢年金を同時に受けられる場合，年金は在職老齢年金の仕組みによる支給停止に加えて，さらに標準報酬月額の6%相当額を限度として支給停止される。標準報酬月額が60歳到達時の賃金に比べて61%未満に低下したときは，上限の6%相当額が支給停止される。低下率が61%～75%の月は，6%から逓減した率に標準報酬月額を乗じた額がさらに支給停止される。賃金低下率が61%～75%の月の減額率は，次の式により計算する。

$\left[60歳到達時の賃金月額 \times \dfrac{75}{100} - \{標準報酬月額 + (60歳到達時の賃金月額 \times \dfrac{75}{100} - 標準報酬月額) \times \dfrac{485}{1,400} \} \right] \div 標準報酬月額 \times \dfrac{6}{15}$

＊60歳到達時の賃金月額が上限額（令和4年8月から478,500円）を超える場合は，上限額を使用する。

＊賃金と基本給付金の合計額には上限額が設けられており，令和4年8月からの上限額は364,595円である。

D夫さんの場合，

賃金が66.0％（310,000円÷470,000円＞61％）に低下するので，基本給付金の月額は27,776円（$\fallingdotseq - \dfrac{183}{280} \times 310,000円 + \dfrac{137.25}{280} \times 470,000円$：1円未満は切捨て）となる。

なお，46,500円（310,000円×15％）は，賃金が61％未満に低下した場合の金額である。

標準報酬月額は60歳到達時の賃金に比べて68.1％（320,000円÷470,000円＞61％）に低下するので，在職老齢年金による支給停止に加えてさらに支給停止される。支給停止額は，標準報酬月額に6％より逓減した率を乗じて算出される。具体的には，次のとおりとなる。

$\left[470,000円 \times \dfrac{75}{100} - \{320,000円 + (470,000円 \times \dfrac{75}{100} - 320,000円) \times \dfrac{485}{1,400} \} \right] \div 320,000円 \times \dfrac{6}{15} \fallingdotseq 2.65513\%$

320,000円×2.65513％≒8,496円

なお，19,200円（＝320,000円×6％）は，標準報酬月額が60歳到達時の賃金に比べて61％未満に低下した場合の金額である。

基本給付金は，65歳到達月の末日まで勤務すれば（末日まで被保険者であること），65歳到達月分まで支給される。

以上より，(1)のアドバイスが正しく，これが本問の正解である。

正　解：(1)　　正解率：36.68％

公式テキスト・チェック ＞　2編－12「雇用保険による高年齢雇用継続給付との調整」

[Ⅴ]　次の事例にもとづいて，〔問－39〕および〔問－40〕に答えてください。

《事例》

　E子さん（昭和38年4月22日生まれ）は，60歳に達した日に30年間勤務した㈱T社を退職する予定である。

　E子さんの年金加入歴は，通算して厚生年金保険に33年間，国民年金に8年間である。

　E子さんの退職後の年金見込額は，報酬比例部分が840,000円，65歳からの老齢厚生年金は859,676円（経過的加算19,676円を含む），老齢基礎年金は777,800円とする。

　なお，夫（昭和40年10月10日生まれ，平成2年10月結婚）は，自営業者で加給年金額の対象となる要件を満たしている。

経過的な繰上げ支給の老齢厚生年金

問－39　E子さんの経過的な繰上げ支給の老齢厚生年金について，誤っているものは次のうちどれですか。

(1)　令和10年5月分から，老齢厚生年金に加給年金額が加算される。

(2)　繰上げ請求後に初診日のある傷病によって障害等級に該当しても，障害基礎年金は請求できない。

(3)　60歳に達した日に繰上げ請求すると，報酬比例部分の減額率は18.0％である。

(4)　経過的加算の減額分は，報酬比例部分の年金額から減額される。

(5)　60歳到達後63歳に達する前までの間に，繰上げ請求ができる。

繰上げ支給の老齢基礎年金の年金額計算

問-40 E子さんが令和7年9月中に経過的な繰上げ支給の老齢厚生年金を請求した場合，受給できる老齢基礎年金の年金額について，正しいものは次のうちどれですか（年金額は令和4年度価格）。

(1) 657,241円

(2) 661,130円

(3) 681,353円

(4) 684,464円

(5) 687,575円

解答ポイント＆正解

問-39 経過的な繰上げ支給の老齢厚生年金は，60歳から報酬比例部分の支給開始年齢に達する前に請求することができる。この場合，老齢基礎年金と同時に繰上げ請求しなければならない。

経過的な繰上げ支給の老齢厚生年金の年金額は，次の算式で計算する。

年金額＝報酬比例部分の額－（A報酬比例部分の減額分＋B経過的加算の減額分）＋経過的加算の額

A＝報酬比例部分の額×0.4％×①

B＝経過的加算の額×0.4％×②

＊0.4％は，昭和37年4月2日以後生まれの者に適用される。

① 繰上げ請求月から報酬比例部分の支給開始月の前月までの月数

② 繰上げ請求月から65歳到達月の前月までの月数

E子さんの場合，

報酬比例部分の支給開始年齢は63歳であり，63歳到達前に繰上げ請求することができる。60歳に達した月に繰上げ請求した場合，老齢厚生年金は14.4％（＝0.4％×36ヵ月：令和5年4月～令和8年3月）減額される。

加給年金額は，65歳到達月の翌月分（令和10年5月分）から支給される。

繰上げ請求後に初診日のある傷病によって障害等級に該当しても，障害基礎年金は請求できない。

経過的加算の減額分は，上記の算式のとおり報酬比例部分の額から減額される。

以上より，(3)の記述が誤っており，これが本問の正解である。

正 解：(3)　正解率：45.98％

公式テキスト・チェック　2編－7「60歳台前半の老齢厚生年金の年金額」

問－40　経過的な繰上げ支給の老齢厚生年金は，60歳から報酬比例部分の支給開始年齢に達する前に請求することができる。経過的な繰上げ支給の老齢厚生年金は老齢基礎年金と同時に繰上げ請求しなければならない。繰上げ請求したときの老齢基礎年金の年金額は，次のとおり算出する。

老齢基礎年金の額－（老齢基礎年金の額×0.4％×繰り上げ請求月から65歳到達月の前月までの月数）

＊0.4％は，昭和37年4月2日以後生まれの者に適用される。

E子さんの場合，

65歳到達月の前月までの月数は31ヵ月（令和7年9月～令和10年3月）となり，年金額は777,800円－（777,800円×0.4％×31ヵ月）≒681,353円である。

以上より，(3)の年金額が正しく，これが本問の正解である。

正 解：(3)　正解率：36.98％

公式テキスト・チェック　2編－7「60歳台前半の老齢厚生年金の年金額」

〔Ⅵ〕　次の事例にもとづいて，〔問－41〕および〔問－42〕に答えてください。

《事　例》

　F夫さん（昭和49年5月20日生まれ）は，令和3年9月28日に事故に遭い大学病院に搬送され，現在も療養中である。

　F夫さんの年金加入歴は次のとおりで，家族は妻（昭和52年9月23日生まれ，パート収入約90万円），長男（平成16年9月3日生まれ，健常者），次男（平成18年11月10日生まれ，障害等級2級相当の障害がある），長女（平成20年3月25日生まれ，健常者）の5人である。

・平成6年5月～平成9年3月：国民年金（保険料納付）

・平成9年4月～令和3年11月：厚生年金保険

・令和3年12月～現在：国民年金（保険料未納）

　なお，令和4年度の障害基礎年金の子の加算額は，1人につき223,800円または74,600円である。

障害基礎年金の年金額

問－41　F夫さんが障害認定日（原則）に障害等級1級と認定された場合，受給できる障害基礎年金の年金額について，正しいものは次のうちどれですか（年金額は令和4年度価格）。

(1)　1,419,850円

(2)　1,494,450円

(3)　1,531,750円

(4)　1,614,300円

(5)　1,688,900円

障害給付

問-42 Ｆ夫さんが障害認定日（原則）に障害等級２級と認定された場合の障害給付等について，誤っているものは次のうちどれですか。

(1) 障害認定日は，原則として令和５年３月28日である。

(2) 長女が18歳の年度末を経過すると，障害基礎年金の子の加算額はなくなる。

(3) 障害厚生年金の年金額は，300ヵ月みなしで計算される。

(4) 障害厚生年金には，配偶者加給年金額として223,800円が加算される。

(5) 厚生年金保険の被保険者となっても，障害厚生年金は支給停止されない。

▮ 解答ポイント＆正解

問-41 障害基礎年金の年金額は定額で，障害等級２級の年金額は満額の老齢基礎年金と同じ777,800円（令和４年度価格・以下同）で，１級の年金額は２級の1.25倍に相当する972,250円である。

障害基礎年金の受給権者に生計を維持されている18歳の年度末までにある子，または20歳未満で１級または２級の障害の状態にある子（いずれも現に婚姻していない子）がいるときには，子の加算額が加算される。子の加算額は１人目，２人目については１人について223,800円，３人目からは１人について74,600円である。

Ｆ夫さんの場合，

障害認定日は令和５年３月28日となり，年金は令和５年４月分から支給される。長男の18歳の年度末は令和５年３月，次男の20歳到達月は令和８年11月，長女の18歳の年度末は令和８年３月につき，次男，長女の２人が子の加算額の対象となり，年金額は次のとおりである。

777,800円×1.25＋223,800円×２人＝1,419,850円

以上より，(1)の年金額が正しく，これが本問の正解である。

61

正　解：⑴　　正解率：33.63％

> 公式テキスト・チェック　　　3編－3「障害基礎年金の年金額」

問－42　障害認定日は，初診日から1年6ヵ月を経過した日（原則），またはそれまでに治ったとき（症状が固定し治療の効果が期待できない状態に至った日を含む）はその日をいう。F夫さんの障害認定日（原則）は，令和5年3月28日である。

　障害基礎年金の受給権者に生計を維持されている18歳の年度末までにある子，または20歳未満で1級または2級の障害の状態にある子（いずれも現に婚姻していない子）がいるときには，子の加算額が加算される。本問の場合，長男の18歳の年度末は令和5年3月，次男の20歳到達月は令和8年11月，長女の18歳の年度末は令和8年3月であり，次男が20歳に達すると子の加算額はなくなる。

　障害厚生年金（1級または2級に限る）の受給権者に生計を維持されている65歳未満の配偶者がいるときは，配偶者加給年金額が加算される。F夫さんには，生計を維持されている65歳未満の妻がいるので，配偶者加給年金額223,800円が加算される。

　障害厚生年金の年金額は，原則として障害認定日の属する月までの被保険者期間により老齢厚生年金の報酬比例部分と同様に計算される。F夫さんは，障害認定日前に退職しているので令和3年11月までの被保険者月数で計算する。その月数は296ヵ月となり300ヵ月に満たないので，300ヵ月みなしで計算する。

　なお，厚生年金保険の被保険者となっても，障害厚生年金は支給停止されない。

　以上より，⑵の記述が誤っており，これが本問の正解である。

正　解：⑵　　正解率：49.43％

> 公式テキスト・チェック　　　3編－1「障害基礎年金の仕組み」，3編－4「障害厚生年金の仕組み」

62

[Ⅶ] 次の事例にもとづいて，〔問－43〕および〔問－44〕に答えてください。

《事　例》

　G子さん（昭和53年5月30日生まれ，専業主婦）の夫（昭和51年8月10日生まれ，平成14年10月結婚）は，令和2年2月20日が初診日である病気により令和5年3月10日に亡くなった。夫の年金加入歴は次のとおりである。

　・平成8年8月～平成23年7月：国民年金（保険料納付・180ヵ月）
　・平成23年8月～令和4年10月：厚生年金保険（135ヵ月）
　・令和4年11月～令和5年2月：国民年金（保険料未納・4ヵ月）

　子は，長男（平成17年10月17日生まれ，健常者），長女（平成20年7月19日生まれ，障害等級2級相当の障害がある），次女（平成22年3月14日生まれ，健常者）の3人である。

国民年金の遺族給付

問－43　G子さんおよび子が受給できる遺族給付について，誤っているものは次のうちどれですか。

(1)　死亡一時金は支給されない。

(2)　寡婦年金と遺族厚生年金は，併給される。

(3)　遺族基礎年金は，子の加算額を含めて全額G子さんに支給される。

(4)　G子さんが再婚しても，子の遺族基礎年金の受給権は消滅しない。

(5)　遺族基礎年金には，3人分の子の加算額が加算される。

63

遺族厚生年金

問ー44　　G子さんおよび子が受給できる遺族厚生年金について，正しいものは次のうちどれですか。

(1)　令和10年8月分から，中高齢寡婦加算が加算される。

(2)　年金額は，実被保険者期間（135ヵ月）で計算される。

(3)　令和5年4月分から，配偶者加給年金額が加算される。

(4)　G子さんが厚生年金保険の被保険者になった場合，G子さんに対する遺族厚生年金は支給停止される。

(5)　G子さんに対する遺族厚生年金は，受給権を取得した日から5年を経過したときに失権する。

解答ポイント＆正解

問ー43　　遺族基礎年金は，夫または妻が死亡した当時，生計を維持されていた子のある配偶者（妻または夫）または子に支給される。子は18歳の年度末までにある子または20歳未満で障害等級1級または2級の障害の状態にある子で，いずれも現に婚姻していない子である。

寡婦年金は，国民年金の第1号被保険者としての保険料納付済期間と保険料免除期間等を合算した期間が10年以上ある夫が死亡したときに，10年以上の継続した婚姻関係のある妻に対して60歳から65歳に達するまでの間，支給される。

死亡一時金は，国民年金の第1号被保険者としての保険料納付済期間等の月数が36ヵ月以上ある者が死亡したときに，生計を同じくしていた遺族に支給される。ただし，遺族基礎年金を受けられる遺族がいるときは，支給されない。

G子さんの場合，

遺族基礎年金には長男，長女，次女の3人分の子の加算額が加算され，子の加算額を含めてG子さんに全額支給される。子に対する遺族基礎年金は全

64

額が支給停止される。

死亡一時金は，遺族基礎年金を受給できるので支給されない。

寡婦年金と遺族厚生年金は，受給権者の選択によりいずれか一方が支給され，他方は支給停止される。

G子さんが再婚した場合，G子さんの遺族基礎年金の受給権は消滅するが，子の受給権は消滅しない。

以上より，(2)の記述が誤っており，これが本問の正解である。

正　解：(2)　正解率：41.53％

公式テキスト・チェック　4編－1「遺族基礎年金の仕組み」，4編－2「遺族基礎年金の年金額」

問－44　遺族厚生年金は，次の①～④のいずれかに該当したときに，その遺族に支給される。

① 厚生年金保険の被保険者が死亡したとき

② 厚生年金保険の被保険者期間中に初診日のある傷病により，初診日から5年以内に死亡したとき

③ 障害等級1級または2級の障害厚生年金の受給権者が死亡したとき

④ 老齢厚生年金の受給権者または受給資格期間を満たした者（いずれも保険料納付済期間，保険料免除期間および合算対象期間を合算した期間が25年以上の者）が死亡したとき

遺族厚生年金の年金額は，報酬比例部分の年金額の4分の3に相当する額であるが，短期要件（①～③）に該当し被保険者期間が300ヵ月に満たないときは300ヵ月みなしで計算する。長期要件（④）に該当するときは実期間で計算する。

中高齢寡婦加算は，上記①～③のいずれかに該当するとき，または④に該当し被保険者期間が原則として20年以上あるときに，夫の死亡の当時（子がいるときは遺族基礎年金の失権当時），40歳以上の妻に対して65歳に達するまでの間，加算される。

G子さんおよび子の場合，

65

夫の死亡は，短期要件（②）に該当し年金額は300ヵ月みなしで計算され，遺族基礎年金の失権後，令和10年8月分から65歳に達するまでの間，中高齢寡婦加算が加算される。

なお，遺族厚生年金の受給者には配偶者はいないので，配偶者加給年金額は加算されない。G子さんが厚生年金保険の被保険者となっても，G子さんに対する遺族厚生年金は支給停止されない。

以上より，(1)の記述が正しく，これが本問の正解である。

正　解：(1)　　正解率：26.99％

公式テキスト・チェック　　4編－3「遺族厚生年金の仕組み」，4編－4「遺族厚生年金の年金額」

[Ⅷ] 次の事例にもとづいて，〔問―45〕および〔問―46〕に答えてください。

《事 例》

　先日，市内に転居してきたＨ夫さん（昭和33年6月1日生まれ）が，Ｓ信用金庫港支店に来店され，住所変更と年金の受取口座の変更手続，およびもうすぐ65歳になることから65歳到達時の手続について相談があった。

　Ｈ夫さんは，民間会社に38年間勤務し厚生年金保険に加入していた。

　現在，Ｈ夫さんは38年間加入した特別支給の老齢厚生年金を，妻（昭和35年11月18日生まれ，専業主婦）は10年間加入した特別支給の老齢厚生年金を受給中である。なお，区役所には転入届を提出済で，個人番号（マイナンバー）は日本年金機構に収録済である。

年金受給権者　受取機関変更届

問―45　Ｈ夫さんの住所および年金受取口座の変更手続等に関するアドバイスについて，適切でないものは次のうちどれですか。

(1)　住所のみの変更であれば，原則届出は不要である。

(2)　Ｈ夫さんと妻が同意すれば，2人の年金を1つの受取口座に振り込むよう指定できる。

(3)　ねんきんネットを利用して，受取口座の変更はできない。

(4)　振込先（受取口座）に指定できるのは，普通預金および当座預金である。

(5)　老齢基礎年金と老齢厚生年金の受取口座に，異なる口座を指定できない。

65歳到達時の年金請求書

問―46　Ｈ夫さんに65歳到達時に送付される「年金請求書（ハガキ形式）」に関するアドバイスについて，適切でないものは次のうちどれですか。

⑴　65歳到達月の3ヵ月前に送付される。

⑵　提出期限は，令和5年5月末日である。

⑶　「加給年金額対象者の欄」のある「年金請求書（ハガキ形式）」が送付されるので，この欄に妻の氏名を記入する。

⑷　老齢基礎年金のみを繰下げ受給希望のときは，繰下げ希望欄の「老齢基礎年金のみ繰下げ希望」を○で囲んで提出する。

⑸　老齢基礎年金，老齢厚生年金とも繰下げ希望のときは，提出しない。

✎ 解答ポイント＆正解

問―45　年金の受給権者が受取金融機関を変更するときは「年金受給権者　受取機関変更届（兼　年金生活者支援給付金　受取機関変更届）」（以下「変更届」という）に必要事項を記入して提出する。

市区役所または町村役場に転入届を提出済みで，日本年金機構に個人番号（マイナンバー）が収録済のときは，住所のみの変更であれば，原則住所変更の届出は不要である。

年金は本人名義の口座に振り込むこととされており，2人の年金を1つの受取口座に振り込むよう指定できない。

ねんきんネットを利用して受取口座の変更手続はできない。

年金受取口座に指定できるのは，受給権者名義の普通預金または当座預金である。

老齢基礎年金・障害基礎年金・遺族基礎年金など，年金の種類を数字化して表したものが年金コードで，年金コードごとに受取口座を分けることができる。老齢基礎年金，老齢厚生年金（第1号厚年）は同一の年金コード

(1150) なので，異なる受取口座を指定できない。

以上より，(2)のアドバイスが適切でなく，これが本問の正解である。

正　解：(2)　正解率：65.59％

公式テキスト・チェック　　5編－2「年金請求と諸手続き」

問－46　特別支給の老齢厚生年金の受給権は，受給権者が65歳に達すると消滅する。そこで65歳到達時に送付される「年金請求書（ハガキ形式）」を提出することで，65歳から老齢基礎年金と老齢厚生年金が支給される。

この年金請求書は，65歳の誕生月（1日生まれの者は前月）の初め頃に送付されるので，誕生月（1日生まれの者は誕生月の前月）の末日までにハガキ宛名面に記載されている日本年金機構（本部）宛て提出（郵送）する（第1号厚生年金被保険者）。

H夫さんには，年金請求書（ハガキ形式）は令和5年5月の初め頃に送付され，提出期限は1日生まれなので誕生月の前月の末日である令和5年5月末日である。

老齢基礎年金のみを繰下げ受給するときは，繰下げ希望欄の「老齢基礎年金のみ繰下げ希望」を○で囲んで提出する。老齢基礎年金と老齢厚生年金の両方を繰下げ受給するときは，この年金請求書は提出しない取扱いとなっている。

「加給年金額対象者の欄」のある「年金請求書（ハガキ形式）」が送付されるので，この欄に妻の氏名を記入する。

以上より，(1)のアドバイスが適切でなく，これが本問の正解である。

正　解：(1)　正解率：47.32％

公式テキスト・チェック　　5編－2「年金請求と諸手続き」

[Ⅸ] 次の事例にもとづいて，〔問－47〕および〔問－48〕に答えてください。

《事　例》

　Ⅰ夫さん（昭和35年４月８日生まれ）は，令和５年４月20日付で㈱Ｏ社を退職する予定である。Ⅰ夫さんの厚生年金保険への加入歴は次のとおりである。

・昭和54年４月～平成５年３月：㈱Ｒ社

・平成５年４月～平成13年３月：㈱Ｑ社（Ｑ社厚生年金基金にも加入）

・平成13年４月～平成30年７月：Ｐ産業㈱

・平成30年８月～令和５年３月：㈱Ｏ社（退職時の標準報酬月額32万円）

　㈱Ｏ社は全国健康保険協会管掌健康保険（協会けんぽ）に加入，Ⅰ夫さんは妻（57歳・パート収入約80万円）と長男（25歳・会社員）の３人暮らしである。

年金請求手続

問－47　　Ⅰ夫さんの特別支給の老齢厚生年金の支給開始年齢からの年金請求手続等に関するアドバイスについて，適切でないものは次のうちどれですか。

(1) 年金加入記録等が印字された年金請求書（事前送付用）は，令和６年１月に日本年金機構から送付される。

(2) 年金事務所のほか，街角の年金相談センター・オフィスでも年金請求手続を行うことができる。

(3) Ｑ社厚生年金基金分の老齢年金裁定請求書は，令和６年４月に企業年金連合会から送付される。

(4) 年金請求手続は，㈱Ｏ社の退職前でも行うことができる。

(5) 住民票および妻の住民税の非課税証明書は，マイナンバー制度の情報

連携システムにより添付を省略できる。

健康保険の任意継続被保険者

問−48 I夫さんが退職後加入できる健康保険の任意継続被保険者について，誤っているものは次のうちどれですか。

(1) 令和5年5月10日までに申請することで，任意継続被保険者になることができる。

(2) 保険料は，30万円に保険料率を乗じた額である。

(3) 保険料の納付期日は，その月の10日（土，日，祝日の時は翌営業日）である。

(4) 任意継続被保険者になると，任意に脱退することはできない。

(5) 保険料を前納納付すると，保険料は割引される。

▰解答ポイント＆正解

問−47 特別支給の老齢厚生年金の受給権を取得する者には，支給開始年齢に到達する3ヵ月前に日本年金機構から，基礎年金番号，氏名，生年月日，年金加入記録などをあらかじめ印字した「年金請求書（国民年金・厚生年金保険老齢給付）」が送付される（第1号厚生年金被保険者）。

平成26年3月までに厚生年金基金の加入期間がおおむね10年未満で中途退職した場合，企業年金連合会（平成17年10月前は「厚生年金基金連合会」）にその原資と記録が移換され，将来企業年金連合会から年金が支給される。年金の支給開始年齢は報酬比例部分の支給開始年齢と同じで，支給開始年齢到達月の初めに老齢年金裁定請求書が企業年金連合会から送付される。

I夫さんの場合，

年金請求書（事前送付用）は，令和6年1月に日本年金機構から送付され，年金請求手続は令和6年4月7日（64歳に達した日）から行うことができるので，㈱O社の退職前に行うことはできない。

年金請求手続は，年金事務所のほか街角の年金相談センター・オフィスでも行うことができる。

妻は，加給年金額の対象となるので生計維持証明欄を記入し，戸籍謄本は必ず添付する。住民票および妻の（非）課税証明書は，マイナンバー制度の情報連携システムにより確認が可能となっているので，原則として添付を省略できる。

Ｑ社厚生年金基金への加入期間は10年未満のため，その年金給付は企業年金連合会が行う。

企業年金連合会からの老齢年金裁定請求書は，令和6年4月に送付される。以上より，⑷のアドバイスが適切でなく，これが本問の正解である。

正　解：⑷　　正解率：38.80％

公式テキスト・チェック　　　5編－2「年金請求と諸手続き」

問－48　健康保険の被保険者期間が継続して2ヵ月以上ある者は，退職日の翌日から20日以内に申請することで，在職時に加入していた健康保険の任意継続被保険者となることができる。

任意継続被保険者の保険料は，全国健康保険協会管掌健康保険（協会けんぽ）の場合，退職時の標準報酬月額と30万円を比較して，いずれか低い額を基準に保険料率を乗じて計算される。

任意継続被保険者の保険料の納付期日は，その月（当月）の10日（土，日，祝日のときは翌営業日）である。正当な理由なく納付期日までに保険料を納付しないときは，納付期日の翌日にその資格を喪失する。

任意継続被保険者は，被保険者本人の申出により，資格を喪失（脱退）することができる。この場合，申出の翌月に脱退することになる。

保険料を前納納付した場合，毎月納付した場合と比べて，保険料が割引される。

Ｉ夫さんの場合，

退職日の翌日から20日以内（令和5年5月10日まで）に申請することで任

意継続被保険者になることができる。

保険料は30万円に保険料率を乗じた額である。

以上より，(4)の記述が誤っており，これが本問の正解である。

正　解：(4)　　正解率：50.41 %

公式テキスト・チェック　　　1編－4「公的医療保険制度等」

[X]　次の事例にもとづいて，〔問－49〕および〔問－50〕に答えてください。

《事　例》

　J夫さん（昭和32年5月18日生まれ）は，令和4年12月28日付で昭和60年7月から勤務しているN産業㈱を退職し，退職一時金として2,150万円を受け取った。また，退職後の年金見込額は，次のとおりである。

・老齢厚生年金：1,682,200円（経過的加算，加給年金額を含む）
・老齢基礎年金：777,800円
・企業年金基金：880,000円

　家族は，妻（昭和37年2月10日生まれ，パート収入約88万円）と2人暮らしである。なお，日本年金機構には「公的年金等の受給者の扶養親族等申告書」を提出済である。

控除の種類	控除額（1ヵ月あたり）
公的年金等控除及び基礎控除相当	【65歳未満の者】 年金月額×25％＋65,000円 または90,000円のいずれか高い額 【65歳以上の者】 年金月額×25％＋65,000円 または135,000円のいずれか高い額
配偶者控除相当	32,500円

課税対象となる退職所得金額

問－49　J夫さんの退職一時金にかかる課税対象となる退職所得金額について，正しいものは次のうちどれですか。

(1)　275,000円

(2)　450,000円

(3)　625,000円

(4)　800,000円

(5)　900,000円

年金から源泉徴収される所得税額

問一50 J夫さんが事例の年金を受給した場合，令和5年6月に日本年金機構より支給される年金（2か月分）から源泉徴収される所得税額（復興特別所得税を含む）について，正しいものは次のうちどれですか（社会保険料等は考慮しないものとします）。

(1) 1,914円　　(2) 2,871円　　(3) 3,828円

(4) 5,743円　　(5) 7,147円

2023年3月（第154回）1543

解答ポイント＆正解

問一49 退職一時金は，退職所得として所得税の課税対象となる。退職一時金は，永年勤続に対する報酬の後払い，あるいは老後の生活保障などの性質を有しており，他の所得と総合課税にしないで分離課税とし，さらに退職所得控除後の金額の2分の1を課税対象とするなど，税負担が軽減されるよう優遇された課税方式がとられている。

課税対象となる退職所得金額は，次の算式により計算する。

（退職一時金の額－退職所得控除額）$\times \dfrac{1}{2}$＝退職所得金額

退職所得控除額は，勤続20年以下のときは「40万円×勤続年数」（勤続年数が2年以下のときは80万円）で計算し，勤続年数が20年を超えるときは，「800万円＋70万円×（勤続年数－20年）」で計算する。なお，勤続年数の1年未満の端数の月は1年に切り上げて計算する。

J夫さんの場合，

退職所得控除額：800万円＋70万円×（38年－20年）＝2,060万円

課税対象となる退職所得金額：（2,150万円－2,060万円）$\times \dfrac{1}{2}$＝45万円

以上より，(2)の金額が正しく，これが本問の正解である。

正　解：(2)　　正解率：50.37％

公式テキスト・チェック ＞　5編－10「年金と税金」

75

問-50 老齢・退職を支給事由とする公的年金等は，雑所得として他の所得と合算して所得税の課税対象となる。

年金の支払者である日本年金機構は，年金を支払うときに所得税を徴収する義務を負う。所得税には各種の控除額が設けられているが，源泉徴収の際にこの所得控除を受けるには「公的年金等の受給者の扶養親族等申告書」を提出する必要がある。この申告書を提出した場合の源泉徴収税額（2ヵ月分）は，次の算式で求める。

源泉徴収税額＝（年金支給月額－社会保険料等－各種控除額）×2ヵ月×5.105％（復興特別所得税を含む）

社会保険料等は，介護保険料，個人住民税（市民税・県民税）などで，年間18万円以上の年金を受給している場合には，基本的に特別徴収（年金から天引き）での支払になる。

各種控除額は，公的年金等控除額，基礎控除額，配偶者控除額などで，生命保険料や医療費は，源泉徴収されるときに考慮されない。

J夫さんの場合，

日本年金機構より支給される年金から源泉徴収される所得税額は，次のとおりである。控除額は設問の算式を使用し，社会保険料は考慮しないものとして計算する（税額の1円未満の端数は切捨て）。

年金月額＝（1,682,200円＋777,800）×$\frac{1}{12}$＝205,000円

控除額（1ヵ月あたり）＝205,000円×25％＋65,000円＝116,250円＜135,000円

源泉税額＝（205,000円－135,000円－32,500円）×5.105％×2ヵ月＝3,828円（1円未満の端数は切捨て）

以上より，(3)の金額が正しく，これが本問の正解である。

正　解：(3)　正解率：38.86％

公式テキスト・チェック　　5編-10「年金と税金」

2022年10月(第153回)試験問題・解答ポイント・正解

基本知識
技能・応用

※ 問題および各問題についての
正解・解説は，原則として試験
実施日におけるものです。

基本知識

わが国の最近の人口動向等

問－1 わが国の最近の人口動向等について，正しいものは次のうちどれですか。

(1) 令和2年の簡易生命表によると，日本人の平均寿命は，男女とも83歳を超えている。

(2) 令和2年の合計特殊出生率は，1.50を上回っている。

(3) 「令和2年人口動態統計」によると，令和2年の1年間で日本人の人口は80万人以上減少している。

(4) 「高齢社会白書」による令和2年の総人口に占める65歳以上の人の割合は，30％を上回っている。

(5) 令和元年度の社会保障給付費の総額は，140兆円を下回っている。

◢解答ポイント＆正解

令和2年の簡易生命表によると，日本人の平均寿命は男子が81.56歳，女子が87.71歳となっている（令和3年は男性が81.47歳，女性が87.57歳）。

令和2年の合計特殊出生率（15歳から49歳までの1人の女性が産む子供の平均数）は，1.33である（令和3年は1.30）。

令和2年人口動態統計によると，令和2年の日本人の出生者数は84万人，死亡者数は137万人で，前年に比べ日本人の人口は53万人減少している（令和3年は，それぞれ81万人，144万人で63万人の減少）。

「高齢社会白書」による令和2年の総人口に占める65歳以上の人の割合（高齢化率）は，28.8％である（令和3年は28.9％）。

令和元年度の社会保障給付費の総額は123.9兆円である（令和2年度は132.2兆円）。

以上より，(5)の記述が正しく，これが本問の正解である。

正　解：(5)　　正解率：69.91％

> 公式テキスト・チェック　　1編－1「日本の人口動向と人口構造の変化」

わが国の公的年金制度の現況

問－2　わが国の公的年金制度の現況について，正しいものは次のうちどれですか。

(1)　令和2年度末の公的年金の加入者数は，6,500万人を下回っている。

(2)　令和2年度末の第1号厚生年金被保険者における短時間労働者の被保険者数は，60万人を上回っている。

(3)　令和2年度末の国民年金の第1号被保険者数の割合は，公的年金の全加入者数の20％を下回っている。

(4)　令和2年度（現年度分）の国民年金保険料の納付率は，70％を上回っている。

(5)　令和2年度末の公的年金の受給者数（実受給権者数）は，4,500万人を上回っている。

2022年10月（第153回）

◢解答ポイント＆正解

令和2年度末の公的年金の加入者数は6,756万人で，その内訳は第1号被保険者が1,449万人，第2号被保険者等が4,513万人，第3号被保険者が793万人である（令和3年度末は6,729万人，内訳はそれぞれ1,431万人，4,535万人，763万人）。第1号被保険者数の割合は，全加入者数の21.4％である（同21.3％）。

令和2年度末の第1号厚生年金被保険者における短時間労働者の被保険者数は53万人で，その内訳は男子14万人，女子39万人となっている（令和3年度末は57万人で，男子14万人，女子42万人）。

令和2年度（現年度分）の国民年金保険料の納付率は，71.5％である（令和3年度（同）は73.9％）。

令和2年度末の公的年金の受給者数（実受給権者数）は，4,051万人である

79

（令和 3 年度末は4,023万人）。

以上より，⑷の記述が正しく，これが本問の正解である。

正　解：⑷　　正解率：56.15％

公式テキスト・チェック ＞ 　1 編－ 2 「公的年金制度の仕組みと現況」

医療保険制度等

問－3　健康保険制度等について，誤っているものは次のうちどれですか。

⑴　健康保険の標準賞与額は， 4 月から翌年 3 月までの累計額で573万円が上限となっている。

⑵　被用者保険から後期高齢者医療制度に移行した者の65歳以上の被扶養者が国民健康保険に加入した場合，保険料が減免される制度がある。

⑶　70歳から75歳に到達するまでの者（現役並み所得者）の医療費の自己負担割合は， 3 割である。

⑷　介護保険の第 1 号被保険者の年齢には，上限が設けられている。

⑸　高額療養費は，同一月内に支払った自己負担額が所定額を超えたときに支給される。

解答ポイント＆正解

健康保険の標準賞与額の上限額は，年度（ 4 月から翌年 3 月まで）の累計額で573万円である。

被用者保険から後期高齢者医療制度に移行した者の65歳以上の被扶養者が国民健康保険に加入した場合，保険料が減免される制度がある。

医師等にかかったときの窓口で支払う医療費の自己負担割合は，義務教育就学前（満 6 歳到達の年度末までの乳幼児）の者は 2 割，満 6 歳到達の年度末経過後から70歳に達するまでの者は 3 割である。また，70歳以上75歳未満で現役並み所得者は 3 割，現役並み所得者に該当しない者は 2 割である。

介護保険の第1号被保険者とは市区町村の区域内に住所がある65歳以上の者をいい，第2号被保険者とは市区町村の区域内に住所がある40歳以上65歳未満の医療保険加入者をいう。第1号被保険者の年齢には上限がない。

高額療養費は，同一月内に支払った自己負担額が，所定額（高額療養費算定基準額）を超えたときに支給される。

以上より，(4)の記述が誤っており，これが本問の正解である。

正　解：(4)　　正解率：71.02%

公式テキスト・チェック　　1編－4「医療保険制度等」

国民年金の被保険者

問－4　**国民年金の被保険者について，誤っているものは次のうちどれですか。**

(1)　日本国籍を有し日本国内に住所を有しない20歳以上65歳未満の者は，任意加入被保険者になることができる。

(2)　60歳以上65歳未満の厚生年金保険の被保険者は，任意加入被保険者になることができない。

(3)　特別支給の老齢厚生年金を受給している退職者は，任意加入被保険者になることができない。

(4)　第3号被保険者である被扶養配偶者の認定基準では，障害基礎年金の収入は年間収入に含まれる。

(5)　日本国籍を有しない者であって日本国内に居住していない者は，原則として第3号被保険者になることができない。

▮解答ポイント＆正解

日本国籍を有し日本国内に住所を有しない20歳以上65歳未満の者は，任意加入被保険者となることができる。特別支給の老齢厚生年金を受給している退職者（65歳未満）についても，任意加入被保険者となることができる。

81

厚生年金保険の被保険者，老齢基礎年金を繰上げ受給している者は任意加入被保険者となることはできない。

第3号被保険者である被扶養配偶者の認定基準は，年間収入が130万円未満（障害者は180万円未満）であって，第2号被保険者の年間収入の2分の1未満であること，となっている。この年間収入には，障害基礎年金等の年金収入，雇用保険の失業給付（基本手当）の収入も含まれる。

令和2年4月以降，第3号被保険者の認定にあたっては，これまでの生計維持の要件に加え日本国内に住所を有する（住民票がある）ことが要件として追加された。第2号被保険者の被扶養配偶者であっても，外国に住所を有する者は，原則として第3号被保険者になることができない。ただし，留学生や海外に赴任している第2号被保険者に同行している20歳以上60歳未満の被扶養配偶者は例外（海外特例要件）として，第3号被保険者になることができる。

以上より，(3)の記述が誤っており，これが本問の正解である。

正　解：(3)　　正解率：36.22 %

公式テキスト・チェック　　1編－5「国民年金の被保険者」，1編－6「国民年金の資格取得・喪失等」

国民年金の第1号被保険者の保険料

問－5　国民年金の第1号被保険者の保険料等について，誤っているものは次のうちどれですか。

(1)　令和4年度の保険料は，月額16,590円である。

(2)　クレジットカードを利用して保険料を納付する場合，被保険者本人名義以外のクレジットカードは利用できない。

(3)　1年前納の場合，4月分から翌年3月分の保険料を納付することになる。

(4)　口座振替で当月分の保険料を翌月末引落しで納付した場合，割引されない。

(5) 保険料の納期限から2年を経過すると，保険料を納付することができない。

■ 解答ポイント＆正解

令和4年度の保険料は，月額16,590円である（令和5年度は月額16,520円，令和6年度は月額16,980円）。

毎月の保険料は翌月の末日までに納付しなければならない。また，保険料は納期限から2年を経過すると時効により納付することができない。

保険料は，将来の一定期間分を前納することができる。前納した場合，その期間に応じて保険料が割引される。1年分を前納する場合，4月分から翌年3月分の保険料を納付することになる。

口座振替により当月分の保険料を当月引落しで納付した場合，月額50円割引される。当月分を翌月末引落しのときは，納期限の納付であり割引されない。

保険料は，クレジットカードを利用して納付することができる。クレジットカードで納付するときは「国民年金保険料クレジットカード納付（変更）申出書」により事前の申請が必要である。なお，クレジットカードは被保険者本人名義のほか，親族等の本人名義以外のクレジットカードも利用できる。

以上より，(2)の記述が誤っており，これが本問の正解である。

正　解：(2)　正解率：64.72％

公式テキスト・チェック　・ 1編－7「国民年金の保険料」

国民年金の保険料免除制度

問－6 国民年金の第1号被保険者に対する保険料免除制度等について，誤っているものは次のうちどれですか。

(1) 保険料免除（申請免除）制度とは，本人，配偶者，世帯主の所得を合算して一定の金額以下の場合に保険料の一部または全部が免除されるも

のである。

(2) 過去2年（2年1ヵ月前）までであっても，保険料納付済の月（過去
期間）は保険料免除の申請をすることができない。

(3) 産前産後免除期間は，単胎妊娠の場合，出産予定日または出産日の属
する月の前月から4ヵ月間である。

(4) 50歳未満の保険料納付猶予制度の対象となる要件を満たしている者
でも，保険料半額免除の申請をすることができる。

(5) 学生納付特例制度の対象となっている者は，保険料半額免除制度の対
象とされない。

■解答ポイント＆正解

第1号被保険者が，所得が少ないとき，生活保護法による生活扶助以外の
扶助を受けている場合などのときは，申請により保険料の免除を受けること
ができる（申請免除）。申請免除には，全額免除，4分の3免除，半額免除，
4分の1免除の4種類がある。

本人，配偶者および世帯主それぞれの前年（1月～6月までは前々年）の
所得が一定の金額以下であれば，申請者本人が免除を受けることができる。

また，失業により保険料の納付が困難なとき，震災・風水害・火災その他
これらに類する災害により，住宅，家財その他の財産につき，被害金額がそ
の価格のおおむね2分の1以上の損害を受けたときなどの場合にも免除（申
請免除）を受けることができる。

保険料の免除承認期間は，原則として7月から翌年6月までとなっている
が，平成26年4月からは過去2年（2年1ヵ月前）まで遡って保険料免除
の申請をすることができる。ただし，すでに保険料を納付した期間（月）は
免除申請をすることができない。

第1号被保険者が出産する場合，出産予定月または出産日の属する月の前
月（多胎妊娠の場合は3ヵ月前）から出産予定月の翌々月までの4ヵ月間

（多胎妊娠の場合は6ヵ月間・産前産後期間という）の保険料の納付が免除される。

50歳未満の第1号被保険者の保険料納付猶予制度は，同居している世帯主の所得にかかわらず，本人および配偶者の所得要件によって申請により保険料の納付が猶予される制度である。この要件を満たしている者でも，保険料半額免除の申請をすることができる。

学生本人の所得が一定額以下の場合，申請により学生である期間中は保険料の納付を要しないとする学生納付特例制度の適用を受けることができる。この制度の対象となっている者は，保険料半額免除制度等の申請免除制度の対象とされない。

以上より，(1)の記述が誤っており，これが本問の正解である。

正　解：(1)　　　正解率：24.42％

公式テキスト・チェック　　　1編－7「国民年金の保険料」

公的年金の被保険者の資格取得・喪失・被保険者期間等

問－7　公的年金の被保険者資格の取得・喪失および被保険者期間等について，誤っているものは次のうちどれですか。

(1) 20歳未満で厚生年金保険の被保険者資格を取得した者は，資格を取得したときに国民年金の第2号被保険者となる。

(2) 20歳以上60歳未満の者は，国民年金の第2号被保険者の被扶養配偶者となったときに第3号被保険者の資格を取得する。

(3) 被保険者が死亡した場合，死亡した日に被保険者の資格を喪失する。

(4) 月の末日に厚生年金保険の適用事業所を退職した場合，退職した月まで厚生年金保険の被保険者期間に算入される。

(5) 国民年金の第3号被保険者が第1号被保険者へ種別変更するための届出は，マイナポータルを利用して電子申請で行うことができる。

■解答ポイント＆正解

国民年金の被保険者資格は，次に該当する日に取得する。

① 第1号被保険者は，日本国内に住所を有する者が20歳に達した日（国籍を問わず外国人留学生を含む），または20歳以上60歳未満の者が日本国内に住所を有するようになった日

② 第2号被保険者は，厚生年金保険の被保険者となった日（20歳未満の者を含む，原則として65歳未満の者）

③ 第3号被保険者は，20歳以上60歳未満の者で第2号被保険者の被扶養配偶者となった日

20歳未満で厚生年金保険の被保険者資格を取得した者は，資格を取得したときから国民年金の第2号被保険者となる（②に該当）。20歳以上60歳未満の者は，国民年金の第2号被保険者の被扶養配偶者となったときに，第3号被保険者の資格を取得する（③に該当）。

被保険者が死亡したときは，死亡した日の翌日に被保険者の資格を喪失する。

厚生年金保険の被保険者期間は，月を単位として計算し，被保険者の資格を取得した月から資格を喪失した月の前月までを算入する。月の末日に適用事業所に入社した場合，入社した月から被保険者期間に算入される。また，月の末日に退職した場合は，翌月1日が資格喪失日となりその前月である退職した月まで被保険者期間に算入される。

国民年金の第3号被保険者が第1号被保険者へ種別変更するための届出は，マイナポータルを利用して電子申請で行うことができる。

以上より，(3)の記述が誤っており，これが本問の正解である。

正 解：(3)　　正解率：82.87％

> 公式テキスト・チェック

1編－6「国民年金の資格取得・喪失等」，1編－8「厚生年金保険の被保険者」

公的年金の年金額改定の対象

問－8 物価等の変動による年金額等の改定の対象とならないものは，次のうちどれですか。

(1) 国民年金の寡婦年金の年金額

(2) 国民年金の死亡一時金の額

(3) 老齢基礎年金に加算される振替加算の額

(4) 老齢厚生年金の定額部分の単価（定額単価）

(5) 障害年金生活者支援給付金の給付基準額（月額）

▮解答ポイント＆正解

　物価等の変動による年金額等の改定の対象となる給付は，国民年金の老齢基礎年金・障害基礎年金・遺族基礎年金・寡婦年金，厚生年金保険の老齢厚生年金（定額部分の定額単価を含む）・障害厚生年金・障害手当金・遺族厚生年金などの基本部分，および基礎年金の子の加算額・振替加算，厚生年金保険の加給年金額（特別加算を含む）・中高齢寡婦加算（経過的寡婦加算）などである。

　国民年金の付加年金・死亡一時金は，年金額等の改定の対象となっていない。

　年金生活者支援給付金の給付基準額は，物価変動率によって改定され，障害年金生活者支援給付金についても年金額等の改定の対象となっている。

　以上より，(2)が年金額等の改定の対象とならないもので，これが本問の正解である。

<u>正　解：(2)　　正解率：38.34％</u>

厚生年金保険の被保険者

問-9 厚生年金保険の被保険者について，誤っているものは次のうちどれですか。

(1) 常時5人以上の従業員を使用する個人事業所の事業主は，原則として被保険者となる。

(2) 短時間労働者が被保険者となるには，1週の所定労働時間が20時間以上あることが必要である。

(3) 適用事業所に使用される70歳未満の者は，国籍にかかわらず原則として被保険者となる。

(4) 常時従業員を使用する法人事業所の代表者は，被保険者となる。

(5) 雇用契約の期間が2ヵ月以内であっても，実態としてその雇用契約の期間を超えて使用される見込みがあると判断できる場合は，当初から被保険者となる。

■解答ポイント＆正解

厚生年金保険の適用事業所に使用される70歳未満の者は，事業主・従業員の意思，国籍にかかわらず，原則として被保険者となる。しかし，適用事業所に使用される者（船員・短時間労働者を除く）であっても，①日々使用される者（1ヵ月以内），②短期間（2ヵ月以内）の臨時使用人，③季節的業務（4ヵ月以内）や臨時的事業（6ヵ月以内）に使用される者は被保険者とならない。ただし，所定の期間を超えて引き続き使用されることになったときは，その時から被保険者となる。②については，雇用期間が2ヵ月以内であっても，実態としてその雇用期間を超えて使用される見込みがあると判断できる場合は，当初から被保険者となる。また，③については当初より4ヵ月または6ヵ月を超えて使用される見込の者は，当初より被保険者となる。

常時従業員を使用する法人の代表者も，その法人に使用される者として被保険者となる。しかし，個人事業所の事業主は，本人が雇用主であり使用さ

れる者に該当しないため，従業員の人数にかかわらず被保険者とならない。

　平成28年10月から短時間労働者に対する社会保険への適用拡大が実施され，次の@～@すべてに該当する者は，厚生年金保険，健康保険の被保険者となる。@1週の所定労働時間が20時間以上あること，ⓑ2ヵ月を超えて使用されることが見込まれること，ⓒ賃金の月額が8.8万円以上であること，ⓓ学生でないこと，ⓔ特定適用事業所（厚生年金保険の被保険者数が常時100人超の企業），任意特定適用事業所（同100人以下で労使合意にもとづき申し出た企業），国・地方公共団体に属する事業所に勤めていること。

　なお，ⓔの100人は，令和6年10月より50人に改定される。

　以上より，⑴の記述が誤っており，これが本問の正解である。

正　解：⑴　　正解率：76.26％

> 公式テキスト・チェック　　1編－8「厚生年金保険の被保険者」

厚生年金保険等の保険料（率）

問－10　厚生年金保険等の保険料（率）について，誤っているものは次のうちどれですか。

⑴　第1号厚生年金被保険者の保険料は，事業主と被保険者が2分の1ずつを負担する。

⑵　令和4年10月の第4号厚生年金被保険者の被保険者負担分の保険料率は，9.15％である。

⑶　令和4年10月の国家公務員共済組合員の退職等年金給付（年金払い退職給付）の保険料率は，1.5％である。

⑷　育児休業期間が1ヵ月を超えない場合，育児休業期間中に支給される賞与は保険料免除の対象とされない。

⑸　標準報酬月額と標準賞与額に乗じる保険料率は，同じである。

■解答ポイント＆正解

　第1号厚生年金被保険者の保険料は，事業主と被保険者がそれぞれ2分の1ずつを負担する。

　令和4年10月の第2号厚生年金被保険者（国家公務員共済組合員）の保険料率は18.3％，退職等年金給付（年金払い退職給付）の保険料率は1.5％である。

　令和4年10月の第4号厚生年金被保険者の保険料率は16.035％（令和5年9月からは16.389％。折半負担）で，被保険者負担分は8.0175％である。令和9年4月以降は，18.3％（事業主・被保険者負担分各9.15％）に固定される。

　満3歳未満の子を養育するための育児休業期間中の保険料について，申出により健康保険，厚生年金保険の被保険者，事業主負担分とも免除される。賞与についても免除の対象となるが，育児休業期間が1ヵ月を超えないときは保険料免除の対象とされない。

　標準報酬月額と標準賞与額に乗じる保険料率は，同じである。

　以上より，(2)の記述が誤っており，これが本問の正解である。

正　解：(2)　　正解率：41.72％

> 公式テキスト・チェック　　　1編−9「厚生年金保険の保険料」

厚生年金保険の標準報酬月額・標準賞与額

問−11　　厚生年金保険の標準報酬月額および標準賞与額について，誤っているものは次のうちどれですか。

(1)　随時改定は，固定的賃金に変動があり，かつ従前の標準報酬月額に比べて原則として2等級以上の差が生じたときに行われる。

(2)　定時決定は，原則としてその年の4月から6月までの3ヵ月間に受けた報酬の月平均額を基準に標準報酬月額が決定される。

(3)　標準報酬月額は，第1級の88,000円から第32級の650,000円までの32等級に区分されている。

(4)　3ヵ月ごとに年4回支払われる賞与は，標準賞与額の対象とされる。

(5)　同一月に受けた賞与額を合計して150万円を超えるときは，標準賞与額は150万円とされる。

解答ポイント＆正解

　定時決定は，毎年7月1日現在の被保険者を対象に，原則として，4月，5月，6月の3ヵ月間に受けた報酬の月平均額を基準に標準報酬月額が決定され，その年の9月から翌年8月までの標準報酬月額とされる。

　随時改定は，昇給など固定的賃金に変動があり，変動月以後の引き続く3ヵ月間の報酬の月平均額に相当する報酬月額が，その者の従前の標準報酬月額に比べて原則として2等級以上の差が生じたときに行われる。

　標準報酬月額は，第1級の88,000円から第32級の650,000円までの32等級に区分されている。

　標準報酬月額の対象となる報酬は，金銭，現物（食事，通勤定期券など）を問わず，賃金，給料，俸給，手当，賞与その他いかなる名称であるかを問わず，被保険者が労働の対償として受けるすべてのものをいう。ただし，臨時に受けるもの（退職金，災害見舞金など），3ヵ月を超える期間ごとに受けるもの（4ヵ月ごとの賞与など），雇用保険の高年齢雇用継続給付（基本給付金）などは，標準報酬月額の対象となる報酬に含まれない。3ヵ月ごとに年4回支払われる賞与は標準報酬月額の対象とされる。

　標準賞与額は，被保険者が賞与等（賞与・期末手当など）を受けた月において，その月に受けた賞与額の1,000円未満の端数を切り捨てた額である。賞与を受けた月の賞与額が150万円を超えるときは，標準賞与額は150万円とされる。

　以上より，(4)の記述が誤っており，これが本問の正解である。

正　解：(4)　　正解率：61.06％

公式テキスト・チェック　1編－10「厚生年金保険の標準報酬」

老齢基礎年金

問－12 老齢基礎年金について，誤っているものは次のうちどれですか。

(1) 50歳未満の保険料の納付猶予制度の適用を受けた期間は，保険料の追納がなければ老齢基礎年金の年金額の基礎とされない。

(2) 保険料半額免除の承認を受けた期間の納付すべき保険料を納付しない場合，その期間は老齢基礎年金の年金額に反映されない。

(3) 保険料納付済期間と保険料4分の1免除期間を合算して480ヵ月を超える場合，超えた保険料4分の1免除期間の国庫負担分は老齢基礎年金の年金額の基礎とされない。

(4) 付加年金を受給できる者が老齢基礎年金を繰上げ受給した場合，付加年金は65歳から減額されない額が支給される。

(5) 厚生年金保険の被保険者期間のうち20歳前の期間は，老齢基礎年金の年金額の基礎とされない。

解答ポイント＆正解

50歳未満の国民年金保険料の納付猶予制度の適用を受けた期間は，保険料の追納がなければ，老齢基礎年金の年金額の基礎とされない。

保険料半額免除の承認を受けた期間の納付すべき保険料を納付しない場合，その期間は保険料未納期間となり，受給資格期間に算入されず老齢基礎年金の年金額にも反映されない。

保険料免除期間のある者が60歳以後国民年金に任意加入するなどして被保険者期間の合計が480ヵ月を超えた場合，480ヵ月を超えた期間の保険料免除期間は国庫負担分を控除した次表に相当する月数として年金額が計算される。これは本人が負担した保険料を年金額に反映させるものである。4分の1免除期間の480月を超えた期間は，次表のとおり2分の1または8分の3が原則として老齢基礎年金の年金額の基礎とされる。

免除区分	平成21年3月以前		平成21年4月以降	
	480ヵ月までの期間	480ヵ月を超える期間	480ヵ月までの期間	480ヵ月を超える期間
4分の1免除	6分の5	2分の1	8分の7	8分の3
半額免除	3分の2	3分の1	4分の3	4分の1
4分の3免除	2分の1	6分の1	8分の5	8分の1
全額免除	3分の1	―	2分の1	―

付加年金を受給できる者が老齢基礎年金を繰上げ受給した場合，老齢基礎年金と同じ支給開始月から同じ減額率で減額された付加年金が支給される。

厚生年金保険の被保険者期間のうち老齢基礎年金の年金額の基礎となる期間は，昭和36年4月以後の加入期間，かつ20歳以上60歳未満の期間である。20歳未満・60歳以降の期間は，老齢基礎年金の年金額の基礎とされない。

以上より，(4)の記述が誤っており，これが本問の正解である。

正解：(4)　正解率：56.69％

公式テキスト・チェック ▷ 2編－1「老齢基礎年金の仕組み」，2編－4「老齢基礎年金の支給の繰上げ・繰下げ」

老齢基礎年金の振替加算

問－13 配偶者（妻）の老齢基礎年金に加算される振替加算について，正しいものは次のうちどれですか。

(1) 振替加算の額は，受給権者（妻）の生年月日に応じて定められている。

(2) 老齢基礎年金を繰下げ受給した場合，振替加算も同じ増額率で増額して加算される。

(3) 満額の老齢基礎年金を受給できる場合，加算されない。

(4) 在職定時改定により夫の厚生年金保険の被保険者期間が240ヵ月以上になっても，65歳以上の妻が受給する老齢基礎年金には加算されない。

(5) 配偶者（妻）が，65歳から老齢基礎年金を受給し，被保険者期間240ヵ月以上の老齢厚生年金を繰下げ待機している場合，加算される。

■解答ポイント＆正解

　振替加算は，老齢厚生年金（加入期間が原則20年以上）または障害厚生年金の配偶者加給年金額の対象となっていた配偶者（妻）が65歳から受給する老齢基礎年金に加算して支給される。65歳以上の在職定時改定により，夫の厚生年金保険の被保険者期間が240ヵ月以上になった場合も，65歳以上の妻の老齢基礎年金に加算される。

　ただし，配偶者（妻）が老齢厚生年金（被保険者期間が原則20年以上）を受給できる間は，支給停止され加算されない。配偶者（妻）が老齢厚生年金（加入期間が原則20年以上）を繰下げ待機している場合も加算されない。

　老齢基礎年金を繰下げ受給した場合，老齢基礎年金は増額されるが，振替加算は増額されず，繰下げの申出をした日の属する月の翌月分から所定の金額が支給される。

　振替加算の額は，配偶者（受給権者・妻）の生年月日に応じて定められており，満額の老齢基礎年金を受給できる者であっても加算される。なお，昭和41年4月2日以後に生まれた者には，振替加算は加算されない。

　以上より，⑴の記述が正しく，これが本問の正解である。

正　解：⑴　　正解率：64.49％

公式テキスト・チェック　　　　　2編ー3「老齢基礎年金の振替加算」

特別支給の老齢厚生年金

問ー14 昭和37年10月2日生まれの民間会社のみに勤務した女子に支給される特別支給の老齢厚生年金について，正しいものは次のうちどれですか。

(1) 障害等級3級の状態にある在職者（被保険者）は，支給開始年齢についての障害者特例の対象とされる。

(2) 60歳から報酬比例部分のみを繰上げ受給し，老齢基礎年金は65歳から受給できる。

(3) 支給開始年齢到達月から65歳到達月の前月までの間，繰下げの申出をすることができる。

(4) 厚生年金保険の被保険者である間，定額部分が支給されることはない。

(5) 報酬比例部分の支給開始年齢は，62歳である。

2022年10月（第153回）

▰解答ポイント＆正解

　特別支給の老齢厚生年金は，次の要件（①～③）を満たしている者に支給される。なお，特別支給の老齢厚生年金は，繰下げ受給することはできない。

① 老齢基礎年金の受給資格期間を満たしていること

② 厚生年金保険の被保険者期間が1年（12ヵ月）以上あること

③ 報酬比例部分の支給開始年齢に達していること

　昭和37年10月2日生まれの民間会社のみに勤務した女子（第1号厚生年金被保険者）の場合，報酬比例部分の支給開始年齢は63歳で，定額部分は支給されず65歳から老齢基礎年金として支給される。

　経過的な繰上げ支給の老齢厚生年金は，60歳以降，報酬比例部分の支給開始年齢に達する前であれば請求することができる。この場合，老齢基礎年金と同時に繰上げ請求をしなければならない。

　障害等級3級以上の障害の状態にあり退職している者（被保険者でない者）は，支給開始年齢について障害者特例の対象とされ，報酬比例部分の支給開

95

始年齢以後の請求した月の翌月分から定額部分（加給年金額）も支給される。なお，すでに障害厚生年金等を受給している者が請求した場合，請求した月の翌月分からの支給でなく，報酬比例部分と同じ支給開始年齢に遡って定額部分（加給年金額）も支給される。

44年以上の長期加入者の特例，障害者の特例に該当する者でも，厚生年金保険の被保険者である間は，特例は適用されず定額部分が支給されることはない。

以上より，(4)の記述が正しく，これが本問の正解である。

正　解：(4)　　正解率：33.95％

公式テキスト・チェック　　　2編－6「60歳台前半の老齢厚生年金」

雇用保険からの給付・給付金と老齢厚生年金との併給調整等

問－15　雇用保険からの給付・給付金と老齢厚生年金との併給調整等について，誤っているものは次のうちどれですか。

(1)　失業給付（基本手当）を受けるには，65歳に達する日の前日までに離職していることが必要である。

(2)　失業給付（基本手当）と特別支給の老齢厚生年金を同時に受けられる場合，基本手当が優先して支給され，基本手当の額に応じて特別支給の老齢厚生年金は全部または一部が支給停止される。

(3)　65歳以後に失業給付（基本手当）を受けられる場合，65歳以後の老齢厚生年金と失業給付（基本手当）は併給される。

(4)　高年齢求職者給付金は，雇用保険の被保険者期間が1年以上の場合，基本手当日額の50日分が支給される。

(5)　高年齢求職者給付金は，一時金として支給される。

■解答ポイント＆正解

定年や自己都合，解雇等で勤務先を退職（離職）し，公共職業安定所（ハ

ローワーク）に新たな就職先を斡旋してもらうために申し込むことを「求職の申込」という。求職の申込を行い新たな就職先が見つかるまでの一定期間，失業給付（基本手当）が支給される。

失業給付（基本手当）は，雇用保険の一般被保険者が失業したときに支給される。したがって，65歳に達する日の前日までに離職していることが必要である。

基本手当と特別支給の老齢厚生年金を同時に受けられる場合，基本手当を優先して支給し，年金はその間，全額が支給停止される。

65歳以後に失業給付（基本手当）を受けられる場合，65歳以後の本来支給の老齢厚生年金は支給停止されず，失業給付（基本手当）と老齢厚生年金は併給される。

高年齢求職者給付金は，離職の日以前1年間に雇用保険の被保険者期間が通算して6ヵ月以上ある高年齢被保険者が離職した場合に支給される。給付金の額は，被保険者期間が1年以上のときは基本手当日額の50日分，1年未満のときは30日分が一時金として支給される。

以上より，(2)の記述が誤っており，これが本問の正解である。

正　解：(2)　　正解率：32.87％

公式テキスト・チェック　　　2編－11「雇用保険による失業給付（基本手当）との調整」

老齢厚生年金の加給年金額

問―16　老齢厚生年金に加算される配偶者加給年金額について，誤っているものは次のうちどれですか。

(1)　配偶者の前年の年収が850万円以上ある場合でも，4年後に定年退職することが明らかであれば加算される。

(2)　配偶者が障害等級3級の障害厚生年金を受給している場合は，支給停止される。

(3)　厚生年金保険の被保険者期間が原則として20年以上あることが加算の要件とされる。

(4)　加給年金額が加算される年齢に達したときに対象となる配偶者が65歳に達している場合，加算されない。

(5)　配偶者の生年月日に応じた特別加算がある。

■解答ポイント＆正解

　老齢厚生年金に加算される配偶者加給年金額は，被保険者期間が原則として20年以上ある者で，その権利を取得した当時，その者によって生計維持されている65歳未満の配偶者がいるときに支給される。したがって，加給年金額が加算される年齢に達したときに対象となる配偶者が65歳に達しているときは加算されない。

　配偶者が原則として20年以上の特別支給の老齢厚生年金または障害厚生年金（1級～3級）などを受給しているときは，支給停止され加算されない。

　生計を維持されている者とは，受給権者と生計を同じくしている者で，将来にわたって一定額（年収850万円・所得655.5万円）以上の収入を得られない者である。前年の収入が一定額を超える場合でも，近い将来（おおむね5年以内），定年等により一定額未満になることが明らかであれば加算される。

　配偶者加給年金額には，受給権者の生年月日（昭和9年4月2日以後生ま

98

れの者が対象）に応じた特別加算がある。

以上より，⑸の記述が誤っており，これが本問の正解である。

正 解：⑸　　正解率：38.51％

公式テキスト・チェック ＞ 2編－8「老齢厚生年金の加給年金額」

65歳以上の在職老齢年金

問－17 65歳以上の厚生年金保険の被保険者等の在職老齢年金制度について，誤っているものは次のうちどれですか。

(1) 基本月額は，加給年金額，経過的加算を含めないで算出する。

(2) 基本月額と総報酬月額相当額を合算して47万円を超える場合，超えた額の2分の1に相当する額が支給停止される。

(3) 在職老齢年金の仕組みにより報酬比例部分の年金が全額支給停止されている場合，老齢基礎年金も支給停止される。

(4) 在職老齢年金として年金が一部支給されている場合，加給年金額は全額支給される。

(5) 引き続き適用事業所に使用される70歳以上の被保険者であった者にも，適用される。

▰解答ポイント＆正解

65歳以上の在職老齢年金は，次の算式により支給停止額が計算される。

① 基本月額と総報酬月額相当額の合計額が47万円（支給停止調整額。令和5年度は48万円，以下同）以下のとき……支給停止はなく全額が支給される。

＊基本月額＝年金額（報酬比例部分の額。加給年金額・経過的加算は含めない）$\times \dfrac{1}{12}$

＊総報酬月額相当額＝その月の標準報酬月額＋その月以前1年間の標準賞与額$\times \dfrac{1}{12}$

99

② 基本月額と総報酬月額相当額の合計額が47万円を超えるとき……（基本月額＋総報酬月額相当額－47万円）×$\frac{1}{2}$で計算した額が支給停止される。

基本月額は，加給年金額，経過的加算を含めないで算出する。

基本月額と総報酬月額相当額の合計額が47万円を超えるときは，超えた額の2分の1相当額が支給停止される。

在職老齢年金として年金が一部でも支給されている間，加給年金額は減額されることはなく全額が支給される。

この在職老齢年金の仕組みは，適用事業所に引き続き使用される70歳以上の被保険者であった者にも，適用される。

なお，老齢基礎年金は，65歳以上の在職老齢年金の支給停止の有無にかかわらず，支給される。

以上より，(3)の記述が誤っており，これが本問の正解である。

正　解：(3)　　正解率：56.66％

公式テキスト・チェック　　2編－10「在職老齢年金」

障害基礎年金

問－18　　障害基礎年金について，誤っているものは次のうちどれですか。

(1) 初診日の前日において初診日の属する月の前々月までの全被保険者期間のうち3分の1を超える保険料未納期間がなければ，保険料納付要件を満たしたものとされる。

(2) 20歳前に初診日があり，20歳以後に障害認定日がある傷病により障害等級1級または2級に該当した場合，障害認定日の属する月の翌月分から支給される。

(3) 受給権者に配偶者がいても，配偶者加給年金額は加算されない。

(4) 受給権取得後に子が出生したときは，出生した日の属する月の翌月分から子の加算額が加算される。

100

(5) 障害認定日に障害等級に該当しなかった者が，その後65歳に達する日の前日までの間に症状が悪化して障害等級に該当するようになった場合，65歳以降でも請求することにより障害基礎年金が支給される。

解答ポイント＆正解

障害基礎年金は，次の要件を満たしている者に支給される。

① 初診日に国民年金の被保険者であること。または被保険者であった者で60歳以上65歳未満かつ国内居住中に初診日があること

② 障害認定日に障害等級1級または2級に該当していること

③ 一定の保険料納付要件を満たしていること

障害認定日は，障害の程度の認定を行うべき日をいい，原則として初診日から1年6ヵ月を経過した日または1年6ヵ月以内に治った場合は治った日（その症状が固定し治療の効果が期待できない状態に至った日を含む）である。

20歳前に初診日のある障害についても障害基礎年金の対象とされる。初診日が20歳前で障害認定日が20歳以後の場合，障害認定日の属する月の翌月分から支給される。

初診日の前日において，初診日の属する月の前々月までの全被保険者期間のうち，保険料納付済期間と保険料免除期間を合算して3分の2以上あれば，保険料納付要件を満たしたものとされる。つまり，3分の1を超える保険料未納期間がなければ，保険料納付要件を満たしたものとされる。

障害認定日に障害等級（1級または2級）に該当していなかった者が，その後，65歳に達する日の前日までの間に症状が悪化して障害等級に該当するようになったときは，その期間内（65歳に達する日の前日まで）に請求することにより，障害基礎年金が支給される。

受給権者に生計を維持されている子がいる場合，子の加算額が加算される。受給権取得後に子が出生したときは，出生した日の属する月の翌月分から子

の加算額が加算される。なお，配偶者加給年金額は，障害厚生年金に加算されるものであり，障害基礎年金には加算されない。

以上より，⑸の記述が誤っており，これが本問の正解である。

正 解：⑸　正解率：57.83％

公式テキスト・チェック ▷　3編－1「障害基礎年金の仕組み」，3編－3「障害基礎年金の年金額」

障害厚生年金

問－19　障害厚生年金について，誤っているものは次のうちどれですか。

⑴　厚生年金保険の被保険者期間中に初診日のある傷病による障害であれば，その障害認定日が国民年金の第1号被保険者期間中であっても対象とされる。

⑵　障害厚生年金の年金額は，初診日の属する月までの厚生年金保険の被保険者期間により計算される。

⑶　令和4年度の障害等級3級の障害厚生年金の最低保障額は，583,400円である。

⑷　障害厚生年金の年金額を計算する場合，20歳未満の厚生年金保険の被保険者期間も算入される。

⑸　障害の程度が増進した場合の請求による年金額の増額改定は，請求のあった月の翌月分から行われる。

■ 解答ポイント＆正解

障害厚生年金は，厚生年金保険の被保険者期間中に初診日のある傷病によって，障害認定日に障害等級1級，2級または3級の障害の状態にあるときに支給される。ただし，一定の保険料納付要件を満たしていることが必要である。初診日が厚生年金保険の被保険者期間中にあれば，障害認定日が国民年金の第1号被保険者期間中であっても障害厚生年金の対象とされる。

102

年金額は，障害認定日の属する月までの被保険者期間の月数を算入し，老齢厚生年金の報酬比例部分と同様の算式により計算する。20歳未満の被保険者期間も当然に算入する。この場合，被保険者期間の月数が300ヵ月に満たないときは300ヵ月みなしで計算する。

なお，障害等級3級の年金額には最低保障額が設けられており，その額は障害基礎年金（基本額）の4分の3相当額（50円未満は切捨て，50円以上100円未満は切上げ）の583,400円（令和4年度価格）である。

障害の程度が増進した場合，年金額の増額改定を請求することができる。この場合，請求があった月の翌月分から増額改定される。

以上より，(2)の記述が誤っており，これが本問の正解である。

正　解：(2)　正解率：56.10%

公式テキスト・チェック　3編−4「障害厚生年金の仕組み」，3編−6「障害厚生年金の年金額」

遺族基礎年金

問−20　遺族基礎年金について，誤っているものは次のうちどれですか。

(1) 子のある夫に対する遺族基礎年金は，夫が55歳に達するまでの期間，支給停止される。

(2) 50歳未満の国民年金保険料の納付猶予制度の適用を受けている期間中に死亡した場合も，支給対象とされる。

(3) 老齢基礎年金の受給資格期間が25年以上ある者が死亡した場合，その者の保険料納付状況にかかわらず支給される。

(4) 被保険者の死亡当時に健常者であった子が，18歳到達の年度末に達する前に障害等級2級の障害に該当した場合，20歳に達するまで支給される。

(5) 年金額は，死亡した者の保険料納付済期間や保険料免除期間にかかわらず定額である。

■解答ポイント＆正解

　遺族基礎年金は，次の①または②のいずれかに配偶者（夫または妻）が該当したときに，その者の子のある配偶者（妻または夫）または子に支給される。子のある配偶者（妻または夫）に支給される遺族基礎年金は，配偶者（妻または夫）の年齢を問わず支給される。

①　国民年金の被保険者が死亡したとき。または，被保険者であった者で60歳以上65歳未満の者が国内居住中に死亡したとき。ただし，一定の保険料納付要件を満たしていることが必要である。

②　老齢基礎年金の受給権者または受給資格期間を満たした者（いずれも保険料納付済期間，保険料免除期間および合算対象期間を合算した期間が25年以上の者）が死亡したとき。この場合，保険料納付要件は問われない。

　被保険者の死亡の当時に健常者であった子が18歳の年度末に達する前に障害等級１級または２級の障害に該当した場合，20歳に達するまで支給される。

　年金額は，死亡した者の国民年金の保険料納付済期間や保険料免除期間にかかわらず定額である。

　50歳未満の国民年金保険料の納付猶予制度の適用を受けている期間中に死亡した場合も，支給対象とされる。

　以上より，⑴の記述が誤っており，これが本問の正解である。

正　解：⑴　　正解率：60.66％

公式テキスト・チェック　　４編－１「遺族基礎年金の仕組み」，４編－２「遺族基礎年金の年金額」

遺族厚生年金

問－21　遺族厚生年金について，誤っているものは次のうちどれですか。

(1)　障害等級1級または2級の障害厚生年金の受給権者が死亡したときに，支給される。

(2)　退職した者が，被保険者期間中に初診日がある傷病により初診日から5年以内に死亡したときに支給される。

(3)　死亡した者の収入の2倍の収入がある遺族は，受給要件のひとつである「生計を維持されていた遺族」に該当しない。

(4)　夫が死亡した当時，30歳未満の子のない妻の場合，受給権を取得した日から5年を経過したときに失権する。

(5)　老齢厚生年金を繰下げ受給している者が死亡した場合，遺族厚生年金の額は繰下げしなかったと仮定した額から算出される。

■解答ポイント＆正解

　遺族厚生年金は，死亡した者が次の①～④のいずれかに該当するときに，その者の遺族に支給される。

①　厚生年金保険の被保険者が死亡したとき

②　厚生年金保険の被保険者期間中に初診日のある傷病により，初診日から5年以内に死亡したとき

③　障害等級1級または2級の障害厚生年金の受給権者が死亡したとき

④　老齢厚生年金の受給権者または受給資格期間を満たした者（いずれも保険料納付済期間，保険料免除期間および合算対象期間を合算した期間が25年以上の者）が死亡したとき

　ただし，①，②に該当するときは，一定の保険料納付要件を満たしていることが必要である。

　遺族の範囲は，死亡した者によって生計を維持されていた①配偶者（妻ま

たは夫），子，②父母，③孫，④祖父母である。この場合の「生計を維持さ
れていた遺族」とは，死亡の当時，死亡した者と生計を同じくし，年収850
万円（年間所得655.5万円）以上の収入を将来にわたって得られないと認め
られる者である。死亡した者の収入と遺族の収入を比べて「生計の維持」が
判断されるわけではない。

　夫の死亡の当時，子のない30歳未満の妻に対する遺族厚生年金は，受給
権を取得した日から5年を経過したときに失権する。

　老齢厚生年金を繰下げ受給している者が死亡した場合，遺族厚生年金の年
金額は繰下げ増額前の繰下げしなかったと仮定した額（65歳の時の額）か
ら算出される。

　以上より，(3)の記述が誤っており，これが本問の正解である。

正　解：(3)　　正解率：50.06％

> 公式テキスト・チェック　　　4編－3「遺族厚生年金の仕組み」

遺族厚生年金の中高齢寡婦加算

問－22　遺族厚生年金の中高齢寡婦加算について，正しいものは次のう
ちどれですか。

(1)　中高齢寡婦加算の額は，遺族基礎年金の年金額（基本額）の3分の2
に相当する額である。

(2)　夫が死亡した当時，子のない40歳以上65歳未満の妻に加算される。

(3)　遺族基礎年金と中高齢寡婦加算は，一定の要件を満たせば併給される。

(4)　遺族厚生年金の受給権者（妻）が厚生年金保険の被保険者の場合，支
給停止される。

(5)　老齢厚生年金の受給権者（夫）が死亡した場合，その被保険者期間に
かかわらず加算される。

▰解答ポイント＆正解

　中高齢寡婦加算は，次の①～④のいずれかに夫が該当したときに，その妻が受給する遺族厚生年金に加算して支給される。

① 　厚生年金保険の被保険者が死亡したとき

② 　厚生年金保険の被保険者期間中に初診日のある傷病により，初診日から5年以内に死亡したとき

③ 　障害等級1級または2級の障害厚生年金の受給権者が死亡したとき

④ 　老齢厚生年金の受給権者または受給資格期間を満たした者（いずれも保険料納付済期間，保険料免除期間および合算対象期間を合算した期間が25年以上で，厚生年金保険の被保険者期間が原則として20年以上）が死亡したとき

中高齢寡婦加算は，夫の死亡の当時（子がいるときは遺族基礎年金の失権当時），40歳以上の妻に対して65歳に達するまでの間支給される。子がいて遺族基礎年金を受給している間は，中高齢寡婦加算は支給停止される。

　遺族厚生年金の受給権者（妻）が厚生年金保険の被保険者であっても，中高齢寡婦加算は支給停止されることなく支給される。

　中高齢寡婦加算の額は，定額で遺族基礎年金の年金額（基本額）の4分の3に相当する額である。

　以上より，⑵の記述が正しく，これが本問の正解である。

正　解：⑵　　正解率：57.69％

公式テキスト・チェック >	4編ー4「遺族厚生年金の年金額」

107

公的年金と他の制度との支給調整

問－23 公的年金と他の制度等との支給調整について，誤っているものは次のうちどれですか。

(1) 児童扶養手当の額が，障害基礎年金の子の加算額より多い場合，児童扶養手当はその差額が支給される。

(2) 第三者の加害行為（交通事故等）を原因とする負傷で受給する障害基礎年金は，その負傷で損害賠償金を受けたときは，事故日の翌月から起算して最長36ヵ月の範囲内で支給停止される。

(3) 老齢厚生年金を受給している者が，在職中に健康保険の傷病手当金を受けられる場合，年金（在職老齢年金），傷病手当金とも全額が支給される。

(4) 同一の原因で障害厚生年金と労働者災害補償保険法の障害補償年金を受けることができる場合，障害厚生年金は減額支給され障害補償年金は全額支給される。

(5) 生活保護法による生活扶助（生活保護費）を受けていた者が老齢基礎年金を合わせて受給できるようになった場合，生活保護費は老齢基礎年金の額を差し引いた額が支給される。

■ 解答ポイント＆正解

児童扶養手当の額が障害基礎年金の子の加算額より多い場合，児童扶養手当はその差額が支給される。

第三者の加害行為（交通事故等）を原因とする負傷で受給する障害基礎年金は，その負傷で損害賠償金を受けたときは，事故日の翌月から起算して最長36ヵ月の範囲内で支給停止される。

老齢厚生年金を受給している者が，在職中に健康保険の傷病手当金を受給できる場合，年金（在職老齢年金），傷病手当金とも支給調整はなく全額が支給される。なお，退職後は，老齢厚生年金が優先して支給され傷病手当金

108

は支給停止される（ただし，老齢厚生年金の額が傷病手当金の額より低い場合は，その差額が支給される）。

同一の原因で障害厚生年金と労働者災害補償保険法による障害補償年金を受けることができる場合，障害厚生年金は全額支給され，障害補償年金が減額支給される。

生活保護法による生活扶助（生活保護費）を受けていた者が老齢基礎年金を合わせて受給できるようになった場合，生活保護費は老齢基礎年金の額を差し引いた額が支給される。

以上より，⑷の記述が誤っており，これが本問の正解である。

正 解：⑷　正解率：55.39％

寡婦年金と死亡一時金

問ー24　国民年金の寡婦年金と死亡一時金について，誤っているものは次のうちどれですか。

⑴　遺族基礎年金を受給したことのある妻は，寡婦年金を受給することができない。

⑵　寡婦年金は，死亡した夫の第1号被保険者としての保険料納付済期間と保険料免除期間等を合算した期間が10年以上あることが支給要件となっている。

⑶　死亡一時金は，遺族厚生年金を受給できる場合でも支給される。

⑷　死亡一時金の支給要件となる死亡した者の保険料納付済期間には，国民年金の第3号被保険者期間は含まれない。

⑸　寡婦年金と死亡一時金の両方を受給できるときは，いずれかを選択して受給する。

◾解答ポイント＆正解

寡婦年金は，国民年金の第1号被保険者としての保険料納付済期間と保険

料免除期間等を合算した期間が10年以上ある夫が死亡したときに，夫の死亡の当時，生計を維持されており，かつ婚姻期間が10年以上継続した65歳未満の妻に対して60歳から65歳に達するまでの間支給される。ただし，夫が老齢基礎年金または障害基礎年金を受給していたときは支給されない。

　寡婦年金の支給要件を満たした妻が，子がいて夫の死亡により遺族基礎年金を受給した場合でも，遺族基礎年金の失権が65歳前であれば遺族基礎年金の失権後かつ60歳以上65歳未満の間，寡婦年金を受給することができる。

　死亡一時金は，国民年金の第1号被保険者としての保険料納付済期間（第2号・第3号被保険者期間は含まない）の月数，保険料4分の1免除期間の月数の4分の3に相当する月数，保険料半額免除期間の月数の2分の1に相当する月数，保険料4分の3免除期間の月数の4分の1に相当する月数を合算した期間が36ヵ月以上ある者が，老齢基礎年金または障害基礎年金のいずれも受給しないで死亡したときに，生計を同じくしていた遺族に支給される。ただし，その者の死亡により遺族基礎年金を受けられる遺族がいるときは支給されない。なお，死亡一時金は国民年金の独自給付であり，遺族厚生年金を受給できる者にも支給される。

　寡婦年金と死亡一時金の両方を受給できるときは，受給権者の選択によりいずれか一方が支給される。

　以上より，(1)の記述が誤っており，これが本問の正解である。

正　解：(1)　　正解率：53.23％

公式テキスト・チェック

4編－6「国民年金の寡婦年金」，4編－7「国民年金の死亡一時金」

ねんきん定期便・ねんきんネット等

問-25　令和４年度に日本年金機構から送付されている「ねんきん定期便」および日本年金機構の取組みについて，誤っているものは次のうちどれですか。

(1) 50歳未満の者に通知される「ねんきん定期便」の年金額は，これまでの加入実績に応じた年金額が記載されている。

(2) 封書版の「ねんきん定期便」が送付されるいわゆる節目年齢は，35歳，45歳，59歳である。

(3) 厚生年金保険の被保険者で老齢厚生年金を受給している者には，「ねんきん定期便」は送付されない。

(4) マイナポータルから「ねんきんネット」に登録する場合，「ねんきんネット」のユーザＩＤ取得は不要である。

(5) 老齢給付を繰下げ待機中の者に，毎年「年金見込額のお知らせ」が送付される。

2022年10月
（第153回）

解答ポイント＆正解

　日本年金機構が送付する「ねんきん定期便」は，国民年金・厚生年金保険の被保険者に対して，年金加入記録や保険料の納付額，年金見込額などを通知して確認してもらい，年金制度への理解を深めてもらうことを目的として，毎年，誕生月（１日生まれの者は誕生月の前月）に送付される。35歳，45歳，59歳の節目年齢には封書の「ねんきん定期便」が送付され，節目年齢に該当しない年はハガキ形式の「ねんきん定期便」が送付される。厚生年金保険の被保険者であれば，老齢厚生年金を受給している者にも送付される。

　老齢年金の見込額は，50歳未満の者にはこれまでの加入実績に応じた年金見込額，50歳以上60歳未満の者には定期便作成時の加入制度に同じ加入条件で引き続き60歳まで継続して加入したものと仮定した将来の年金見込額が記載されている。

111

「ねんきんネット」の利用登録は，マイナポータルから「ねんきんネット」にアクセスすることでもできる。この場合，「ねんきんネット」のユーザIDの取得は不要である。

令和4年4月から繰下げ受給の上限年齢が70歳から75歳に引き上げられたことに伴い，66歳以降に繰下げ受給を希望し老齢年金を受給していない者に対し，希望する時期に適切に繰下げ受給できるよう，66歳から74歳までの間，毎年「年金見込額のお知らせ」が送付される。

以上より，(3)の記述が誤っており，これが本問の正解である。

正　解：(3)　正解率：47.36％

公式テキスト・チェック　　　5編-1「ねんきん定期便とねんきんネット」

年金の税制

問-26　公的年金等の税制について，誤っているものは次のうちどれですか。

(1) 生計を一にする子が負担すべき国民年金の保険料を親が支払った場合，支払った者の所得控除の対象になる。

(2) 被扶養配偶者である妻が拠出すべき個人型確定拠出年金の掛金を夫が支払った場合，夫の所得控除の対象にならない。

(3) 老齢年金生活者支援給付金は，課税対象となる。

(4) 夫の死亡により妻が未支給年金を受給した場合，未支給年金は一時所得として課税対象となる。

(5) 年金受給者を対象とした，公的年金等に係る確定申告不要制度がある。

■解答ポイント＆正解

社会保険料控除は，納税者が自己または自己と生計を一にする配偶者やその他の親族の負担すべき社会保険料を支払った場合などに受けられる所得控除である。生計を一にする子の国民年金保険料を親が支払った場合，支払っ

た者の社会保険料控除の対象となる。

個人型確定拠出年金の加入者掛金は，小規模企業共済等掛金控除の対象となる。被扶養者である妻が拠出すべき個人型確定拠出年金の掛金を夫が支払った場合，夫の所得控除の対象にならない。

夫の死亡により妻が受給する未支給年金は，一時所得として所得税の課税対象となる。

老齢年金生活者支援給付金は，課税対象とされていない（非課税）。

公的年金等のうち老齢を原因とする年金は，雑所得として課税の対象となっており，一定金額以上を受給するときは，確定申告を行って税金の過不足を精算する必要がある。しかし，年金受給者の確定申告手続に伴う負担を減らすため，公的年金等に係る確定申告不要制度が設けられている。その対象は，①公的年金等の収入金額の合計額が400万円以下であり，かつ，その公的年金等の全部が源泉徴収の対象となっていること，②公的年金等に係る雑所得以外の所得金額が20万円以下であることなどである。

以上より，(3)の記述が誤っており，これが本問の正解である。

正　解：(3)　　正解率：67.75％

公式テキスト・チェック　　5編-10「年金と税金」

個人型確定拠出年金

問-27 個人型確定拠出年金制度について，誤っているものは次のうちどれですか。

(1) 国民年金の被保険者資格を喪失したとき，加入者の資格を喪失する。

(2) 掛金は，月額5,000円以上1,000円単位で，拠出限度額の範囲内で加入者が任意に設定する。

(3) 掛金は，1年に1回以上定期的に拠出する必要がある。

(4) 老齢給付金の受給開始時期の上限は，75歳である。

(5) 給付の種類は，老齢給付金，障害給付金および遺族給付金である。

■ 解答ポイント＆正解

　個人型確定拠出年金の加入者は，①死亡したとき，②国民年金の被保険者の資格を喪失したとき，③運用指図者となったとき，④国民年金の保険料免除者（申請免除）等となったときなどに加入者資格を喪失する。

　掛金は，月額5,000円以上1,000円単位で，拠出限度額の範囲内で加入者が設定し，1年に1回以上定期的に拠出する必要がある。

　老齢給付金の支給開始時期は，令和4年4月1日より上限75歳とされている。

　個人型確定拠出年金の給付の種類は，老齢給付金，障害給付金，死亡一時金である。

　以上より，(5)の記述が誤っており，これが本問の正解である。

正　解：(5)　　正解率：48.44％

> 公式テキスト・チェック　　5編－9「確定拠出年金」

確定給付企業年金

問－28　確定給付企業年金について，誤っているものは次のうちどれですか。

(1)　確定給付企業年金と企業型確定拠出年金を同時に実施できる。

(2)　基金型企業年金は，事業主が主体となり生命保険会社や信託銀行等と契約を結び，母体企業の外で年金資産を管理・運用し，給付を行う。

(3)　加入者資格を喪失した日から起算して1年以内であれば，脱退一時金を個人型確定拠出年金に移換できる。

(4)　老齢給付金と脱退一時金の給付は必須であり，規約で定めれば障害給付金や遺族給付金を給付することもできる。

(5)　給付に要する費用の予想額の現価や掛金収入の予想額を計算して所定の額に満たない場合，事業主は追加で掛金を拠出しなければならない。

▋解答ポイント＆正解

　確定給付企業年金は，すべての厚生年金適用事業所が単独または共同で実施することができる。なお，同一の事業所で，確定給付企業年金と企業型確定拠出年金を同時に実施できる。

　確定給付企業年金には，規約型企業年金と基金型企業年金の2つのタイプがある。規約型企業年金は，労使の合意にもとづいて生命保険会社や信託銀行等と契約を締結し，母体企業の外で年金資産を管理・運用し給付を行う。基金型企業年金は，母体企業とは別法人として設立された企業年金基金が運営主体となる。

　退職等で確定給付企業年金の加入者資格を喪失した場合，確定給付企業年金の脱退一時金を個人型確定拠出年金に移換できる。ただし，加入者資格を喪失した日から起算して1年以内に行うことが必要である。

　確定給付企業年金は将来の給付額（の計算方法等）をあらかじめ決定しておき，それに見合う掛金を拠出する制度である。給付に要する費用の予想額の現価や掛金収入の予想額を計算して所定の額に満たない場合，事業主は追加で掛金を拠出しなければならない。

　給付には，法律上必ず実施しなければならない必須給付と実施することができる任意給付がある。老齢給付金と脱退一時金の給付は必須であり，規約に定めれば障害給付金や遺族給付金を給付することもできる。

　以上より，(2)の記述が誤っており，これが本問の正解である。

正　解：(2)　　正解率：49.04％

> 公式テキスト・チェック　　5編−7「企業年金制度」

年金生活者支援給付金

問-29 年金生活者支援給付金（以下「給付金」という）について，誤っているものは次のうちどれですか。

(1) 老齢給付金は，同一世帯の全員が市町村民税非課税である者が支給対象とされる。

(2) 老齢厚生年金を受給している者は，老齢給付金の支給対象者とされない。

(3) 国民年金の保険料納付済期間480ヵ月の場合と保険料全額免除期間480ヵ月の場合の老齢給付金の額は，後者のほうが高額である。

(4) 障害給付金の額は，受給者の保険料納付済期間や保険料免除期間の月数にかかわらず定額である。

(5) 遺族給付金を受給するための所得要件は，障害給付金を受給するための所得要件と同じである。

■解答ポイント＆正解

年金生活者支援給付金（以下「給付金」という）は，公的年金等の収入や所得額が一定基準額以下の年金受給者の生活を支援するために支給されるもので，令和元年10月より実施されている。給付金には，老齢給付金，補足的老齢給付金，障害給付金，遺族給付金があり，すべての給付金は非課税扱いとなっている（金額は，いずれも令和5年度価格）。

老齢給付金は，次のいずれにも該当する者に支給される。

① 老齢基礎年金の受給者であって，所得額（公的年金等の収入額と前年（または前々年）の所得の合計額）が所得基準額以下であること

② 世帯全員が地方税の市町村民税を課されていないこと

③ 65歳以上であること

老齢給付金の月額は次の@と⑥を合算した額で，国民年金の保険料納付済期間，保険料免除期間の月数に応じて計算される。保険料納付済期間480ヵ月の場合と保険料全額免除期間480ヵ月の場合とでは，後者が高額となる。

116

ⓐ 5,140円×$\frac{保険料納付済期間}{480ヵ月}$

ⓑ 11,041円（保険料4分の1免除期間は5,520円）×$\frac{保険料免除期間}{480ヵ月}$

＊上記ⓑの金額は昭和31年4月2日以後生まれの者の場合（昭和31年4月1日以前生まれの者は，それぞれ11,008円，5,504円）

　障害給付金は，障害基礎年金の受給者のうち，前年または前々年の所得が政令で定める額（扶養親族の数に応じて増額）以下である者に支給される。障害給付金の額は受給者の保険料納付済期間や保険料免除期間にかかわらず定額で障害等級1級は月額6,425円，障害等級2級は月額5,140円である。

　遺族給付金は，遺族基礎年金の受給者のうち，障害給付金と同様の所得基準を満たす者に支給される。

　なお，老齢厚生年金を受給している者であっても，上記要件を満たしていれば老齢給付金は支給される。

　以上より，(2)の記述が誤っており，これが本問の正解である。

正　解：(2)　　**正解率：**26.97％

> 公式テキスト・チェック　　5編－2「年金請求と諸手続き」

社会保障協定と脱退一時金

問－30　社会保障協定と公的年金の脱退一時金について，誤っているものは次のうちどれですか。

(1)　わが国と社会保障協定を締結（発効）している国は，25ヵ国より少ない。

(2)　社会保障協定締結の相手国の年金制度に加入しながら，同時に日本の国民年金に任意加入することはできない。

(3)　社会保障協定締結の相手国への派遣の期間が5年を超えない見込みの場合，わが国の年金制度に加入する。

(4)　短期滞在の外国人に対する脱退一時金は，わが国に住所を有しなくなった日から2年以内に請求しなければ，受給できない。

(5)　短期滞在の外国人に対する脱退一時金の支給上限月数は，60ヵ月である。

■解答ポイント＆正解

　社会保障協定の目的のひとつは，日本から海外に派遣される者について，年金制度をはじめとする日本の社会保障制度と就労地である相手国の制度にそれぞれ加入し，双方の国の制度の保険料を負担するという年金制度を含む社会保障制度への二重加入を防止することにある。

　事業所から海外に派遣される者の社会保障制度の取扱いは，相手国のみの制度に加入することを原則としているが，一時的（5年を超えない見込みの者）な派遣者については，日本の制度に加入することになっている。

　試験日現在，日本と社会保障協定を締結（発効）している国は，ドイツ，イギリス，韓国，アメリカ，ベルギー，フランス，カナダ，オーストラリア，オランダ，チェコ，スペイン，アイルランド，ブラジル，スイス，ハンガリー，インド，ルクセンブルク，フィリピン，スロバキア，中国，フィンランド，スウェーデンの22ヵ国である（令和5年5月現在も同じ）。

　社会保障協定締結の相手国の年金制度に加入しながら，同時にわが国の国民年金に任意加入することができる。

　短期滞在の外国人に対する公的年金の脱退一時金は，保険料の掛け捨て防止策として平成7年4月から実施されている。この脱退一時金は，日本に住所を有しなくなった日から2年以内に請求しなければ，支給されない。

　脱退一時金の額は国民年金の場合，第1号被保険者としての保険料納付済期間等の対象月数に応じて定められている。厚生年金保険は，被保険者期間の月数に応じて定められた支給率に平均標準報酬額を乗じて算出される。対象月数・被保険者期間の月数の上限月数はいずれも60ヵ月（5年）である。

　以上より，(2)の記述が誤っており，これが本問の正解である。

正　解：(2)　　正解率：62.54％

公式テキスト・チェック▷　5編-3「社会保障協定」，5編-5「短期在留外国人の脱退一時金」

技能・応用

［Ⅰ］ 次の事例にもとづいて，〔問－31〕および〔問－32〕に答えてください。

《事 例》

　Ａさん夫婦（平成元年10月結婚）から，2人の年金について相談があった。夫婦それぞれの年金加入歴（予定を含む）は次のとおりで，妻は結婚後はずっと専業主婦で加給年金額の対象となる要件を満たしている。

○夫（昭和34年4月1日生まれ）

・昭和56年4月～平成25年3月：㈱Ｚ社（厚生年金保険）

・平成25年4月～平成25年9月：国民年金（保険料納付）

・平成25年10月～64歳到達月まで：㈱Ｙ社（厚生年金保険）

○妻（昭和38年3月22日生まれ）

・昭和56年4月～昭和61年3月：厚生省（現在の厚生労働省。国家公務員共済）

・昭和61年4月～昭和63年3月：国民年金（保険料未納）

・昭和63年4月～昭和63年12月：㈱Ｘ社（厚生年金保険）

・平成元年1月～60歳に達するまで：国民年金

老齢基礎年金の受給資格期間

問－31　Ａさん夫婦の老齢基礎年金の受給資格期間等について，誤っているものは次のうちどれですか。

(1) 夫：昭和56年4月～平成25年3月の期間は，すべて保険料納付済期間となる。

(2) 夫：平成25年10月～64歳到達月までの期間のうち，保険料納付済期間は65ヵ月である。

(3) 妻：昭和56年4月～昭和61年3月の期間のうち，合算対象期間は24

ヵ月である。

(4) 妻：昭和61年4月〜昭和63年3月の期間は，受給資格期間に算入されない。

(5) 妻：平成元年1月〜60歳に達するまでの期間のうち，第3号被保険者期間は395ヵ月である。

老齢給付

問－32 Ａさん夫婦の老齢給付について，誤っているものは次のうちどれですか。

(1) 夫：報酬比例部分の支給開始年齢は，63歳である。

(2) 夫：令和6年4月分から加給年金額が加算される。

(3) 妻：㈱Ｘ社にかかる報酬比例部分の支給開始年齢は，65歳である。

(4) 妻：令和10年4月分から老齢基礎年金に振替加算が加算される。

(5) 妻：老齢厚生年金に経過的加算が加算されるのは，老齢基礎年金に振替加算が加算されるのと同じ月分からである。

◢ 解答ポイント＆正解

問－31 老齢基礎年金の受給資格期間には，保険料納付済期間，保険料免除期間および合算対象期間が算入される。

保険料納付済期間は，①第1号被保険者期間および昭和61年3月以前の国民年金の加入期間のうち保険料を納付した期間，②厚生年金保険，共済組合等の加入期間のうち昭和36年4月以後かつ20歳以上60歳未満の期間，③第3号被保険者期間等である。

合算対象期間は，④厚生年金保険，共済組合等の被保険者・加入者の配偶者で国民年金に任意加入できた者が任意加入しなかった昭和61年3月以前の期間，⑤国民年金に任意加入して保険料を納付しなかった20歳以上60歳未満の期間，⑥厚生年金保険，共済組合等の加入期間のうち昭和36年3月

以前の期間および20歳前と60歳以後の期間等がある。

　Aさん夫婦の場合，次のとおりである。

⑴　夫：昭和56年4月～平成25年3月：②に該当しすべて保険料納付済期間となる。

⑵　夫：平成25年10月～64歳到達月まで：60歳到達月の前月までの期間（平成25年10月～平成31年2月）が保険料納付済期間となり，その月数は65ヵ月である。60歳到達日は平成31年3月31日でありその前月である平成31年2月までが保険料納付済期間となる。

⑶　妻：昭和56年4月～昭和61年3月：20歳前の期間が合算対象期間となり，その月数は昭和56年4月～昭和58年2月の23ヵ月である。20歳到達日は昭和58年3月21日でありその前月の昭和58年2月までが合算対象期間となる。

⑷　妻：昭和61年4月～昭和63年3月：保険料未納期間なので，受給資格期間に算入されない。

⑸　妻：平成元年1月～60歳に達するまで：平成元年10月（婚姻した月）～平成25年3月（夫の㈱Z社での被保険者最終月）の期間（282ヵ月）と平成25年10月～60歳到達月の前月（令和5年2月）の期間（113ヵ月），計395ヵ月が第3号被保険者期間となる。

以上より，⑶の記述が誤っており，これが本問の正解である。

　　　　　　　　　　　　　　　　正　解：⑶　　正解率：42.06％

公式テキスト・チェック　　　2編－1「老齢基礎年金の仕組み」

問－32　第1号厚生年金被保険者（男子）の老齢厚生年金（報酬比例部分）の支給開始年齢の引上げは，昭和28年4月2日以降生まれの者から実施されている。女子（第2号～第4号厚生年金被保険者）の老齢厚生年金の支給開始年齢の引上げは男子と同じスケジュールで実施されている。

　夫の場合，報酬比例部分の支給開始年齢は63歳，定額部分は支給されず

121

65歳から老齢基礎年金として支給される。加給年金額は65歳到達月の翌月（令和6年4月）分から支給される。

2つ以上の種別期間を有する者の特別支給の老齢厚生年金の受給要件である1年以上の被保険者期間については，2つ以上の種別の被保険者期間を合算して1年以上あれば，その種別の支給開始年齢から支給される。

妻の㈱X社の厚生年金保険（第1号厚生年金被保険者）の被保険者期間は，9ヵ月で1年に満たないが，厚生省（国家公務員共済）の加入期間と合算すると1年以上となり，報酬比例部分の支給開始年齢は63歳となる。

妻は夫の老齢厚生年金の加給年金額の対象者であり，65歳に達した月の翌月（令和10年4月）分から老齢基礎年金に振替加算が加算される。

妻の老齢厚生年金に経過的加算が加算されるのは65歳到達の翌月分からであり，老齢基礎年金に振替加算が加算されるのと同じ令和10年4月分からである。

以上より，⑶の記述が誤っており，これが本問の正解である。

正　解：⑶　　正解率：44.92％

公式テキスト・チェック　2編－3「老齢基礎年金の振替加算」，2編－6「60歳台前半の老齢厚生年金」

[Ⅱ] 次の事例にもとづいて，〔問－33〕および〔問－34〕に答えてください。

《事 例》

B夫さん（昭和38年1月20日生まれ）は，妻と古書店を営んでいる。B夫さんの年金加入歴（予定を含む）は，次のとおりである。

・昭和56年4月～平成4年3月：厚生年金保険（132ヵ月）

・平成4年4月～平成15年6月：国民年金（135ヵ月・保険料納付済期間）

・平成15年7月～平成18年6月：国民年金（36ヵ月・保険料全額免除期間）

・平成18年7月～平成25年6月：国民年金（84ヵ月・保険料半額免除期間）

・平成25年7月～60歳に達するまで：国民年金（114ヵ月・保険料4分の1免除期間）

123

老齢基礎年金の年金額

問-33 B夫さんが65歳から受給できる老齢基礎年金の年金額の計算式について，正しいものは次のうちどれですか（年金額は令和4年度価格）。

(1) $777,800$円$\times \dfrac{267\,\text{ヵ月}+84\,\text{ヵ月}\times\frac{1}{2}+114\,\text{ヵ月}\times\frac{5}{8}}{480\,\text{ヵ月}}$

(2) $777,800$円$\times \dfrac{267\,\text{ヵ月}+36\,\text{ヵ月}\times\frac{1}{3}+33\,\text{ヵ月}\times\frac{2}{3}+51\,\text{ヵ月}\times\frac{3}{4}+114\,\text{ヵ月}\times\frac{7}{8}}{480\,\text{ヵ月}}$

(3) $777,800$円$\times \dfrac{246\,\text{ヵ月}+84\,\text{ヵ月}\times\frac{1}{2}+114\,\text{ヵ月}\times\frac{7}{8}}{480\,\text{ヵ月}}$

(4) $777,800$円$\times \dfrac{246\,\text{ヵ月}+36\,\text{ヵ月}\times\frac{1}{3}+33\,\text{ヵ月}\times\frac{2}{3}+51\,\text{ヵ月}\times\frac{3}{4}+114\,\text{ヵ月}\times\frac{7}{8}}{480\,\text{ヵ月}}$

(5) $777,800$円$\times \dfrac{246\,\text{ヵ月}+36\,\text{ヵ月}\times\frac{1}{3}+33\,\text{ヵ月}\times\frac{2}{3}+51\,\text{ヵ月}\times\frac{3}{4}+114\,\text{ヵ月}\times\frac{5}{8}}{480\,\text{ヵ月}}$

老齢給付の繰下げ

問-34 B夫さんの老齢給付の繰下げ受給について，誤っているものは次のうちどれですか。

(1) 老齢基礎年金を65歳から受給し，老齢厚生年金を70歳から繰り下げて受給できる。

(2) 老齢厚生年金を66歳6ヵ月，老齢基礎年金を70歳から繰り下げて受給できる。

(3) 72歳到達月に繰下げの申出をした場合，70歳到達月に遡って申出があったものとして支給される。

(4) 67歳に達した日に繰下げの申出をした場合，令和12年2月分から支給される。

(5) 令和13年1月に繰下げの申出をした場合，年金額は25.2％増額される。

解答ポイント＆正解

問-33　老齢基礎年金の年金額は，777,800円（令和4年度価格）である。

この年金額は20歳から60歳になるまでの40年間（加入可能年数）すべて保険料納付済期間のときに支給される。40年に満たないときはその不足する期間に応じて減額される。

保険料免除期間は，次に相当する月数として計算する。

免除区分	平成21年3月以前		平成21年4月以降	
	480ヵ月までの期間	480ヵ月を超える期間	480ヵ月までの期間	480ヵ月を超える期間
4分の1免除	6分の5	2分の1	8分の7	8分の3
半額免除	3分の2	3分の1	4分の3	4分の1
4分の3免除	2分の1	6分の1	8分の5	8分の1
全額免除	3分の1	―	2分の1	―

B夫さんの場合，昭和56年4月～平成4年3月の厚生年金保険に加入した期間のうち，20歳前の期間（昭和56年4月～昭和57年12月：21ヵ月）は合算対象期間となり老齢基礎年金の年金額に反映されない。20歳以後の期間（昭和58年1月～平成4年3月：111ヵ月）が保険料納付済期間となる。

平成15年7月～平成18年6月の保険料全額免除期間36ヵ月は3分の1，平成18年7月からの半額免除期間のうち，平成21年3月までの33ヵ月は3分の2，平成21年4月～平成25年6月の51ヵ月は4分の3，平成25年7月から60歳に達するまで（令和4年12月）の4分の1免除期間は8分の7として計算する。

以上より，(4)の計算式が正しく，これが本問の正解である。

正　解：(4)　　正解率：70.42％

公式テキスト・チェック　　2編-2「老齢基礎年金の年金額」

問－34 65歳に達するまでに老齢基礎年金の受給資格期間を満たした者が，66歳に達する前に年金請求をしなかった場合，66歳に達した日以後の希望するときから，老齢基礎年金・老齢厚生年金の支給の繰下げを申し出ることができる。最長で10年（75歳）繰り下げることができ，繰下げ受給をした場合，年金は1ヵ月あたり0.7％増額される。老齢基礎年金・老齢厚生年金の一方を65歳から受給し，もう一方を繰り下げて受給，またそれぞれ異なる時期から繰下げ受給することもできる。

B夫さんの場合，

老齢基礎年金を65歳から受給し，老齢厚生年金を70歳から繰り下げて受給できる。また，老齢厚生年金を66歳6ヵ月，老齢基礎年金を70歳から繰り下げて受給できる。

72歳到達月に繰下げ受給の申出をした場合，72歳到達月の翌月分から58.8％（0.7％×84ヵ月）増額した年金が支給される。

繰下げの申出は，66歳到達日の令和11年1月19日から行うことができる。67歳に達した日（令和12年1月19日）に繰下げの申出をした場合，年金は令和12年2月分から支給される。

令和13年1月に繰下げの申出を行った場合，年金額は0.7％×36ヵ月（＝令和10年1月～令和12年12月）＝25.2％増額される。

以上より，(3)の記述が誤っており，これが本問の正解である。

正　解：(3)　　正解率：41.49％

公式テキスト・チェック ▷ 2編－4「老齢基礎年金の支給の繰上げ・繰下げ」

[Ⅲ] 次の事例にもとづいて，〔問－35〕および〔問－36〕に答えてください。

《事 例》

C夫さん（昭和32年12月1日生まれ）は，昭和55年4月に㈱W社に就職し，65歳に達した日に退職する予定である。C夫さんの令和4年度基準（本来水準）の平均標準報酬月額は380,000円，平均標準報酬額は480,000円とする。子2人は成人して独立し，妻（62歳・パート年収約90万円）と2人暮らしである。

生年月日	総報酬制・実施前		総報酬制・実施後	
	旧乗率	新乗率	旧乗率	新乗率
昭和21.4.2～	7.50／1,000	7.125／1,000	5.769／1,000	5.481／1,000

老齢厚生年金の年金額の計算

問－35　C夫さんが退職後受給できる老齢厚生年金（報酬比例部分の額。経過的加算は含めない）の年金額について，正しいものは次のうちどれですか（年金額は令和4年度価格）。

(1) 1,365,527円

(2) 1,368,158円

(3) 1,370,789円

(4) 1,440,112円

(5) 1,441,083円

老齢厚生年金に加算される経過的加算

問－36　C夫さんが65歳から受給する老齢厚生年金に加算される経過的加算の計算式について，正しいものは次のうちどれですか（年金額は令和4年度価格）。

(1) $1,621円 \times 480 _{カ月} - 777,800円 \times \dfrac{451 _{カ月}}{480 _{カ月}}$

127

(2)　$1{,}621\text{円}\times480\,\text{ヵ月}-777{,}800\text{円}\times\dfrac{452\,\text{ヵ月}}{480\,\text{ヵ月}}$

(3)　$1{,}621\text{円}\times480\,\text{ヵ月}-777{,}800\text{円}\times\dfrac{453\,\text{ヵ月}}{480\,\text{ヵ月}}$

(4)　$1{,}621\text{円}\times512\,\text{ヵ月}-777{,}800\text{円}\times\dfrac{452\,\text{ヵ月}}{480\,\text{ヵ月}}$

(5)　$1{,}621\text{円}\times512\,\text{ヵ月}-777{,}800\text{円}\times\dfrac{453\,\text{ヵ月}}{480\,\text{ヵ月}}$

◢ 解答ポイント＆正解

問－35　令和4年度の老齢厚生年金（報酬比例部分）の年金額は，原則として次の「本来水準」の算式で計算される。

＜本来水準の算式＞

平均標準報酬月額$\times\dfrac{9.5\sim7.125}{1{,}000}\times$平成15年3月までの被保険者月数＋平均標準報酬額$\times\dfrac{7.308\sim5.481}{1{,}000}\times$平成15年4月以降の被保険者月数

＊平均標準報酬月額，平均標準報酬額は令和4年度（本来水準）の再評価率により算出する。

＊乗率は，生年月日に応じた新乗率を使用する。

C夫さんの場合，総報酬制実施前の被保険者期間の月数は昭和55年4月〜平成15年3月の276ヵ月，総報酬制実施後の被保険者期間の月数は平成15年4月〜令和4年11月の236ヵ月となり，年金額は，

$380{,}000\text{円}\times\dfrac{7.125}{1{,}000}\times276\,\text{ヵ月}+480{,}000\text{円}\times\dfrac{5.481}{1{,}000}\times236\,\text{ヵ月}≒$
$1{,}368{,}158\text{円}$

となる。

なお，C夫さんの65歳到達日（退職日）は令和4年11月30日，資格喪失日は退職日の翌日である令和4年12月1日となり，その前月である令和4年11月までが被保険者期間に算入される。

以上より，(2)の年金額が正しく，これが本問の正解である。

正　解：(2)　正解率：39.82 %

公式テキスト・チェック ＞ 2編－7「60歳台前半の老齢厚生年金の年金額」

問－36　65歳前の定額部分に相当する額が原則として65歳からの老齢基礎年金の額となるが，厚生年金保険の加入期間のうち20歳前と60歳以後の期間および定額単価1,621円（令和4年度，以下同）と老齢基礎年金の月額相当額（777,800円／480ヵ月＝1,620.416円＜1,621円）との差額等は老齢基礎年金の額に算入されず，定額部分の額が老齢基礎年金の額を上回ることになる。そこで，これを補うため，その差額分を経過的加算として老齢厚生年金に加算して支給される。65歳前の定額部分の額を保障する措置である。

　経過的加算の額は，定額部分の額から厚生年金保険の加入期間にかかる老齢基礎年金の額を差し引いた額であり，算式で示すと次のとおりである。

　経過的加算の額＝定額部分の額（A）－老齢基礎年金の額（B）

　定額部分の額（A）：1,621円×被保険者期間の月数（上限480ヵ月）

　老齢基礎年金の額（B）：777,800円×20歳以上60歳未満の厚生年金保険の被保険者期間の月数／480ヵ月

　C夫さんの場合，被保険者期間の月数は昭和55年4月～令和4年11月の512ヵ月であるが，定額部分は上限月数480ヵ月で計算する。

　60歳到達月の前月までの厚生年金保険の被保険者期間の月数は，昭和55年4月～平成29年10月の451ヵ月であり，算式で示すと(1)のとおりである。

　以上より，(1)の計算式が正しく，これが本問の正解である。

正　解：(1)　正解率：32.93 %

公式テキスト・チェック ＞ 2編－9「60歳台後半の老齢厚生年金」

2022年10月（第153回）

[Ⅳ]　次の事例にもとづいて，〔問－37〕および〔問－38〕に答えてください。

《事　例》

　D夫さん（昭和33年10月31日生まれ）は，64歳に達した日に43年6ヵ月勤務した㈱V社を退職し，その後，令和5年1月から㈱U商事に70歳になるまで勤務する予定である。

　㈱V社での給与は月額480,000円（標準報酬月額470,000円），賞与は7月と12月にそれぞれ900,000円ずつ支給されており，最近5年間は同額である。㈱U商事での給与は月額315,000円（標準報酬月額320,000円），賞与は7月と12月に480,000円ずつ支給される条件である。

　なお，㈱V社退職後の年金額は，報酬比例部分1,380,000円，65歳からの老齢厚生年金は1,398,280円（経過的加算280円を含む）とする。

在職老齢年金

問－37　D夫さんが㈱U商事に勤務したときの在職老齢年金に関する下記（①～④）の記述について，正しいものの数は次のうちどれですか（在職時定時改定は考慮しないものとします）。

　①　令和5年2月の基本月額は，115,000円である。
　②　令和5年3月の総報酬月額相当額は，395,000円である。
　③　令和5年7月の支給停止額は，2,500円である。
　④　令和5年12月の老齢厚生年金の月額（経過的加算は除く）は，92,500円である。

(1)　なし　　　(2)　1つ　　　(3)　2つ
(4)　3つ　　　(5)　4つ

高年齢雇用継続給付および在職老齢年金との併給調整

問−38 D夫さんが㈱U商事に勤務し雇用保険の高年齢雇用継続給付（基本給付金）を受給する場合のアドバイスについて，正しいものは次のうちどれですか。なお，60歳到達時の賃金月額の上限額は478,500円です。

(1) 基本給付金の月額は，47,250円である。

(2) 基本給付金は，60歳到達時の賃金に比べて61％未満の賃金で勤務した月でなければ支給されない。

(3) 基本給付金は，70歳到達月まで支給される。

(4) 年金は在職老齢年金の仕組みによる支給停止に加えて，さらに標準報酬月額の6％相当額が支給停止される。

(5) 基本給付金と賃金の合計の上限額は，400,000円より少ない。

解答ポイント＆正解

問−37 在職老齢年金の年金額は，基本月額と総報酬月額相当額により支給停止額が計算される。

基本月額＝年金額（報酬比例部分の額。加給年金額・経過的加算を含まない）$\times \frac{1}{12}$

総報酬月額相当額＝その月の標準報酬月額＋その月以前1年間の標準賞与額$\times \frac{1}{12}$

・基本月額と総報酬月額相当額の合計額が47万円（支給停止調整額。令和5年度は48万円，以下同）以下のとき……支給停止はなく全額が支給される。

・基本月額と総報酬月額相当額の合計額が47万円を超えるとき……（基本月額＋総報酬月額相当額−47万円）$\times \frac{1}{2}$で計算した額が支給停止される。

D夫さんの場合，

① 令和 5 年 2 月の基本月額は，1,380,000円×$\frac{1}{12}$＝115,000円である（○）。

② 令和 5 年 3 月の総報酬月額相当額は，320,000円＋（900,000円＋0円）×$\frac{1}{12}$＝395,000円である（○）。

③ 令和 5 年 7 月の支給停止額は，総報酬月額相当額が320,000円＋（0円＋480,000円）×$\frac{1}{12}$＝360,000円となり，支給停止額は（115,000円＋360,000円－470,000円）×$\frac{1}{2}$＝2,500円である（○）。

④ 令和 5 年12月の基本月額は，(1,398,280円－280円)×$\frac{1}{12}$＝116,500円である。経過的加算を除く老齢厚生年金の支給月額は，総報酬月額相当額が320,000円＋（480,000円＋480,000円）×$\frac{1}{12}$＝400,000円，支給停止額は（116,500円＋400,000円－470,000円）×$\frac{1}{2}$＝23,250円となり，116,500円－23,250円＝93,250円となる（×）。

以上より，①～③の 3 つが正しく，(4)が本問の正解である。

正　解：(4)　正解率：31.28 %

公式テキスト・チェック ⟩　2編－10「在職老齢年金」

問－38　雇用保険の高年齢雇用継続給付（基本給付金）は，雇用保険の被保険者期間が 5 年以上ある者が60歳から65歳到達月までの間に，60歳到達時の賃金（みなし賃金月額／上限あり）に比べて75％未満に低下した賃金で勤務した月について支給される。この場合，61％未満に低下したときは，賃金（賞与は含まない）の15％相当額が支給される。賃金低下率が61％～75％の月の支給額は，次の式により計算する。なお，賃金と基本給付金の合計額には上限額が設けられており，令和 4 年 8 月からの上限額は364,595円である。

$-\frac{183}{280}$×支給対象月の賃金（月）額＋$\frac{137.25}{280}$×60歳到達時の賃金月額（上限あり）

基本給付金と在職老齢年金を同時に受けられる場合，年金は在職老齢年金の仕組みによる支給停止に加えて，さらに標準報酬月額の 6 ％相当額を限度

として支給停止される。標準報酬月額が60歳到達時の賃金に比べて61％未満に低下したときは，上限の6％相当額が支給停止される。低下率が61％〜75％の月は，6％から逓減した率に標準報酬月額を乗じた額がさらに支給停止される。賃金低下率が61％〜75％の月の減額率は，次の式により計算する。

$$[60歳到達時の賃金月額×\frac{75}{100}- \{標準報酬月額+（60歳到達時の賃金月額×\frac{75}{100}-標準報酬月額）×\frac{485}{1,400}\}]÷標準報酬月額×\frac{6}{15}$$

＊60歳到達時の賃金月額が上限額を超える場合は，上限額を使用する。

D夫さんの場合，

賃金が65.8％（315,000円÷478,500円（上限額。以下同）＞61％）に低下するので，基本給付金の月額は28,675円（$=-\frac{183}{280}×315,000円+\frac{137.25}{280}×478,500円$）となる。

なお，47,250円（315,000円×15％）は，賃金が61％未満に低下した場合の金額である。

標準報酬月額は60歳到達時の賃金に比べて66.9％（320,000円÷478,500円＞61％）に低下するので，在職老齢年金による支給停止に加えてさらに支給停止される。支給停止額は，標準報酬月額に6％より逓減した率を乗じて算出される。具体的には，次の率となる。

$$[478,500円×\frac{75}{100}- \{320,000円+（478,500円×\frac{75}{100}-320,000円）×\frac{485}{1,400}\}]÷320,000円×\frac{6}{15}≒3.1759％$$

基本給付金は，65歳到達月の末日まで勤務すれば（末日まで被保険者であれば），65歳到達月分まで支給される。

以上より，(5)のアドバイスが正しく，これが本問の正解である。

正　解：(5)　　正解率：17.04％

┌─────────────────┐
│ 公式テキスト・チェック │　2編−12「雇用保険による高年齢雇用継続給付との調整」
└─────────────────┘

［Ⅴ］　次の事例にもとづいて，〔問－39〕および〔問－40〕に答えてください。

《事　例》

　　E夫さん（昭和36年2月12日生まれ）は，62歳に達した日に36年間勤務した㈱T社を退職する。E夫さんの年金加入歴は，厚生年金保険に通算して38年5ヵ月，国民年金に3年7ヵ月である。

　　E夫さんの年金見込額は，報酬比例部分が1,256,000円，65歳からの老齢厚生年金は1,295,159円（うち経過的加算39,159円），老齢基礎年金は777,800円とのことである。

　　なお，妻（昭和40年1月6日生まれ）は，加給年金額の対象となる要件を満たしている。

経過的な繰上げ支給の老齢厚生年金

問－39　　E夫さんが経過的な繰上げ支給の老齢厚生年金を請求する場合のアドバイスについて，誤っているものは次のうちどれですか。

(1)　令和5年8月中に繰上げ請求した場合，老齢基礎年金は15％減額される。

(2)　加給年金額は，令和8年3月分から老齢厚生年金に加算される。

(3)　繰上げ請求後に初診日のある傷病によって障害等級に該当しても，障害基礎年金は請求できない。

(4)　65歳に達するまでの間，いつでも繰上げ請求できる。

(5)　老齢厚生年金と老齢基礎年金は，同時に繰上げ請求しなければならない。

経過的な繰上げ支給の老齢厚生年金の年金額計算

問－40　　E夫さんが令和5年4月中に経過的な繰上げ支給の老齢厚生年金を請求した場合の老齢厚生年金の年金額の計算式について，正しいものは次のうちどれですか（年金額は令和4年度価格）。

(1)　1,256,000円－（1,256,000円×0.5％×22ヵ月＋39,159円×0.5％×34ヵ月）

(2)　1,256,000円－（1,256,000円×0.4％×22ヵ月＋39,159円×0.4％×34ヵ月）＋39,159円

(3)　1,256,000円－（1,256,000円×0.5％×22ヵ月＋39,159円×0.5％×34ヵ月）＋39,159円

(4)　1,256,000円－（1,256,000円×0.4％×22ヵ月＋39,159円×0.4％×22ヵ月）＋39,159円

(5)　1,256,000円－（1,256,000円×0.5％×22ヵ月＋39,159円×0.5％×22ヵ月）

解答ポイント＆正解

問－39　経過的な繰上げ支給の老齢厚生年金は，60歳から報酬比例部分の支給開始年齢に達する前に請求することができる。この場合，老齢基礎年金と同時に繰上げ請求しなければならない。

E夫さんの場合，

報酬比例部分の支給開始年齢は64歳であり，60歳到達後64歳に達する前までの間に繰上げ請求することができる。

令和5年8月中に繰上げ請求した場合，老齢基礎年金は15％（令和5年8月～令和8年1月＝30ヵ月：0.5％×30ヵ月）減額される。

加給年金額は，65歳到達月の翌月分からの支給となり，令和8年3月分から支給される。

繰上げ請求後に初診日のある傷病によって障害等級に該当しても，障害基礎年金は請求できない。

以上より，(4)の記述が誤っており，これが本問の正解である。

正　解：(4)　　正解率：35.37％

公式テキスト・チェック　2編－7「60歳台前半の老齢厚生年金の年金額」

問－40 経過的な繰上げ支給の老齢厚生年金は，60歳から報酬比例部分の支給開始年齢に達する前に請求することができる。

経過的な繰上げ支給の老齢厚生年金の年金額は，次の算式で計算する。

年金額＝報酬比例部分の額－（A報酬比例部分の減額分＋B経過的加算の減額分）＋経過的加算の額

A＝報酬比例部分の額×0.5％×①

B＝経過的加算の額×0.5％×②

① 繰上げ請求月から報酬比例部分の支給開始月の前月までの月数

② 繰上げ請求月から65歳到達月の前月までの月数

E夫さんの場合，

報酬比例部分の支給開始年齢は64歳であり，①は22ヵ月（＝令和5年4月～令和7年1月），②は34ヵ月（＝令和5年4月～令和8年1月）となり，年金額は(3)の計算式で算出される。

なお，減額率0.4％が適用になるのは，昭和37年4月2日以後生まれの者である。

以上より，(3)の計算式が正しく，これが本問の正解である。

正　解：(3)　　正解率：43.48％

公式テキスト・チェック　　　2編－7「60歳台前半の老齢厚生年金の年金額」

［Ⅵ］ 次の事例にもとづいて，〔問－41〕および〔問－42〕に答えてくださ
い。

《事 例》

　Ｆ夫さん（昭和47年11月20日生まれ）は，令和３年４月26日（初
診日）に体の不調を訴え最寄りのクリニックを受診，大学病院を紹介
してもらい精密検査を受けたところ，難病であることを告げられ現在
も治療中である。

　Ｆ夫さんの年金加入歴は次のとおりで，家族は妻（昭和52年３月
15日生まれ・年収約90万円），長男（平成17年５月10日生まれ，健
常者），長女（平成18年８月15日生まれ，障害等級２級相当の障害が
ある），次男（平成20年３月20日生まれ，健常者）の５人暮らしであ
る。

・平成４年11月～平成13年３月：国民年金（保険料納付）
・平成13年４月～令和３年６月：厚生年金保険
・令和３年７月～現在：国民年金（保険料未納）

　なお，令和４年度の障害基礎年金の子の加算額は，１人につき
223,800円または74,600円である。

障害基礎年金の年金額

問－41　　　Ｆ夫さんが障害認定日（原則）に障害等級１級と認定された
場合，受給できる障害基礎年金の年金額について，正しいも
のは次のうちどれですか（年金額は令和４年度価格）。

(1) 1,419,850円

(2) 1,494,450円

(3) 1,531,750円

(4) 1,614,300円

(5) 1,688,900円

障害給付

問-42 F夫さんが障害認定日（原則）に障害等級2級と認定された場合の障害給付について，正しいものは次のうちどれですか（年金額は令和4年度価格）。

(1) 障害認定日は，原則として令和4年10月25日である。

(2) 次男が18歳の年度末を経過すると，障害基礎年金の子の加算額はなくなる。

(3) 障害厚生年金には，配偶者加給年金額388,900円が加算される。

(4) 障害厚生年金の年金額は，300ヵ月みなしで計算される。

(5) 厚生年金保険の被保険者となった場合，障害厚生年金は支給停止される。

解答ポイント＆正解

問-41 障害基礎年金の年金額は定額で，障害等級2級の年金額は満額の老齢基礎年金と同じ777,800円（令和4年度価格・以下同）で，障害等級1級の年金額は2級の1.25倍に相当する972,250円である。

障害基礎年金の受給権者に生計を維持されている18歳の年度末までにある子，または20歳未満で1級または2級の障害の状態にある子（いずれも現に婚姻していない子）がいるときには，子の加算額が加算される。子の加算額は1人目，2人目については1人について223,800円，3人目からは1人について74,600円である。

F夫さんの場合，

障害認定日は令和4年10月26日となり，年金は令和4年11月分から支給される。長男の18歳の年度末は令和6年3月，長女の20歳到達月は令和8年8月，次男の18歳の年度末は令和8年3月につき，長男，長女，次男の3人が子の加算額の対象となり，年金額は次のとおりである。

777,800円×1.25＋223,800円×2人＋74,600円＝1,494,450円

以上より，(2)の年金額が正しく，これが本問の正解である。

正　解：(2)　　正解率：61.00 %

公式テキスト・チェック　　3編－3「障害基礎年金の年金額」

問－42　　障害認定日は，初診日から1年6ヵ月を経過した日（原則），またはそれまでに治ったとき（症状が固定し治療の効果が期待できない状態に至った日を含む）はその日をいう。F夫さんの障害認定日（原則）は，令和4年10月26日である。

障害基礎年金の受給権者に生計を維持されている18歳の年度末までにある子，または20歳未満で1級または2級の障害のある子（いずれも現に婚姻していない子）がいるときには，子の加算額が加算される。長男の18歳の年度末は令和6年3月，長女の20歳到達月は令和8年8月，次男の18歳の年度末は令和8年3月で，長女が20歳に達すると子の加算額はなくなる。

障害厚生年金（1級または2級に限る）の受給権者に生計を維持されている65歳未満の配偶者がいるときは，配偶者加給年金額が加算される。妻は，生計を維持されている65歳未満の配偶者であり，配偶者加給年金額223,800円が加算される。

障害厚生年金の年金額は，原則として障害認定日の属する月までの被保険者期間により老齢厚生年金の報酬比例部分と同様に計算される。なお，F夫さんは障害認定日前に退職しているので令和3年6月までの被保険者月数で計算する。その月数は243ヵ月（平成13年4月～令和3年6月）で300ヵ月に満たないので，300ヵ月みなしで計算する。

なお，厚生年金保険の被保険者となっても，障害厚生年金は支給停止されない。

以上より，(4)の記述が正しく，これが本問の正解である。

正　解：(4)　　正解率：55.98 %

公式テキスト・チェック　　3編－1「障害基礎年金の仕組み」，3編－4「障害厚生年金の仕組み」

[Ⅶ] 次の事例にもとづいて，〔問－43〕および〔問－44〕に答えてください。

《事 例》

　G子さん（昭和48年2月1日生まれ，平成12年4月結婚，年収約95万円）から，病気療養中の夫（昭和44年11月22日生まれ，初診日は平成31年3月1日）が，万一，亡くなった場合の遺族給付について相談があった。

　夫は，大学卒業後，㈱Sシステムに勤務し，その後，平成28年4月から税理士事務所を開業している。年金加入歴は，次のとおりである。

・平成元年11月～平成4年3月：国民年金（保険料納付）
・平成4年4月～平成28年3月：厚生年金保険
・平成28年4月～現在：国民年金（保険料納付）

　子は，長男（平成14年5月15日生まれ，障害等級2級相当の障害がある），次男（平成17年5月8日生まれ，健常者），長女（平成20年6月9日生まれ，健常者）の3人である。

国民年金の遺族給付

問－43

　万一，夫が令和4年度中に亡くなった場合，G子さんおよび子が受給できる遺族給付について，誤っているものは次のうちどれですか。

(1) 寡婦年金が支給されることはない。

(2) 死亡一時金は支給されない。

(3) 遺族基礎年金は，子の加算額を含めて，G子さんに全額支給される。

(4) 遺族基礎年金には，3人分の子の加算額が加算される。

(5) G子さんが再婚しても，子の遺族基礎年金の受給権は消滅しない。

遺族厚生年金

問－44 万一，夫が令和４年度中に亡くなった場合，Ｇ子さんが受給できる遺族厚生年金について，正しいものは次のうちどれですか。

(1) 遺族厚生年金と遺族基礎年金は，選択によりいずれかが支給される。

(2) 中高齢寡婦加算は，加算されない。

(3) 年金額は，実被保険者期間（288ヵ月）で計算される。

(4) 年金額は，報酬比例部分の年金額の５分の４相当額である。

(5) 長女が18歳の年度末を経過すると受給権は消滅する。

▚解答ポイント＆正解

問－43 遺族基礎年金は，夫または妻が死亡した当時，生計を維持されていた子のある配偶者（妻または夫）または子に支給される。子は18歳の年度末までにある子または20歳未満で障害等級１級または２級の障害の状態にある子で，いずれも現に婚姻していない子である。

寡婦年金は，国民年金の第１号被保険者としての保険料納付済期間と保険料免除期間等を合算した期間が10年以上ある夫が死亡したときに，10年以上の継続した婚姻関係のある妻に対して60歳から65歳に達するまでの間，支給される。

死亡一時金は，国民年金の第１号被保険者としての保険料納付済期間等の月数が36ヵ月以上ある者が死亡したときに，生計を同じくしていた遺族に支給される。ただし，遺族基礎年金を受けられる遺族がいるときは，支給されない。

Ｇ子さんの場合，

長男は試験日（令和４年10月）には20歳に達しているので，遺族基礎年金には次男と長女２人分の子の加算額が加算され，子の加算額を含めてＧ子さんに全額支給される。子に対する遺族基礎年金は全額が支給停止される。

死亡一時金は，遺族基礎年金を受給できるので支給されない。

寡婦年金は夫の国民年金の第1号被保険者としての保険料納付済期間が10年に満たないので支給されない。

G子さんが再婚した場合，G子さんの遺族基礎年金の受給権は消滅するが，子の受給権は消滅しない。

以上より，(4)の記述が誤っており，これが本問の正解である。

正　解：(4)　　正解率：34.83%

公式テキスト・チェック　4編－1「遺族基礎年金の仕組み」，4編－2「遺族基礎年金の年金額」

問－44　遺族厚生年金は，次の①～④のいずれかに該当したときに，その遺族に支給される。

①　厚生年金保険の被保険者が死亡したとき

②　厚生年金保険の被保険者期間中に初診日のある傷病により，初診日から5年以内に死亡したとき

③　障害等級1級または2級の障害厚生年金の受給権者が死亡したとき

④　老齢厚生年金の受給権者または受給資格期間を満たした者（いずれも保険料納付済期間，保険料免除期間および合算対象期間を合算した期間が25年以上の者）が死亡したとき

遺族厚生年金の年金額は，報酬比例部分の年金額の4分の3に相当する額であるが，短期要件（①～③）に該当し被保険者期間が300ヵ月に満たないときは300ヵ月みなしで計算する。長期要件（④）に該当するときは実被保険者期間で計算する。

中高齢寡婦加算は，上記①～③のいずれかに該当するときに，または④に該当し被保険者期間が原則として20年以上あるときに，夫の死亡の当時（子がいるときは遺族基礎年金の失権当時），40歳以上の妻に対して65歳に達するまでの間，加算される。

G子さんおよび子の場合，

夫の死亡は，長期要件（④）に該当するので年金額は実被保険者期間

（288ヵ月）で計算され，厚生年金保険の被保険者期間が20年以上あるので，遺族基礎年金の失権後，G子さんが65歳に達するまでの間，中高齢寡婦加算が加算される。

遺族厚生年金と遺族基礎年金は併給され，長女が18歳の年度末を経過すると遺族基礎年金の受給権は消滅するが，遺族厚生年金の受給権は消滅しない。

以上より，⑶の記述が正しく，これが本問の正解である。

正　解：⑶　　正解率：15.97％

公式テキスト・チェック　　4編－3「遺族厚生年金の仕組み」，4編－4「遺族厚生年金の年金額」

[Ⅷ] 次の事例にもとづいて，〔問－45〕および〔問－46〕に答えてください。

《事 例》

H夫さん（昭和33年3月1日生まれ）がR銀行公園通り支店に来店され，最近転居してきたことから，住所変更と年金受取口座の変更および65歳になるときの手続について相談があった。

H夫さんは39年間加入した特別支給の老齢厚生年金を，妻（昭和34年1月10日生まれ）は13年間加入した特別支給の老齢厚生年金を受給している。

なお，転入届は市役所に提出済みで，個人番号（マイナンバー）は日本年金機構に収録済みである。

年金受給権者　受取機関変更届

問－45　H夫さんの住所変更および年金受取口座の変更手続に関するアドバイスについて，適切でないものは次のうちどれですか。

(1) 住所のみの変更であれば，原則届出は不要である。

(2) 「年金受給権者　受取機関変更届（兼　年金生活者支援給付金　受取機関変更届）」（以下「変更届」という）の金融機関証明欄への金融機関の証明は，預貯金通帳のコピー（口座番号，口座名義人フリガナ，金融機関名，支店名が確認できる部分）を添付することで省略できる。

(3) ねんきんネットを利用すると，短期間で受取口座の変更手続が完了できる。

(4) 変更後の受取口座への入金が確認できるまでの間は，旧口座は解約しない。

(5) 変更届の変更後の預貯金の口座名義は，カタカナで記入する。

65歳到達時の年金請求書

問－46 H夫さんに65歳到達時に送付される「年金請求書（ハガキ形式）」に関するアドバイスについて，適切でないものは次のうちどれですか。

(1) 誕生月の末日である令和5年3月末日までに提出（郵送）しなければならない。

(2) 提出が遅れると，年金の支払が一時保留されることがある。

(3) 老齢基礎年金のみを繰り下げて受給希望の場合，繰下げ希望欄の「老齢基礎年金のみ繰下げ希望」を○で囲んで提出する。

(4) 老齢基礎年金・老齢厚生年金の両方を繰下げ希望の時は，提出しない。

(5) 「加給年金額対象者の欄」のある「年金請求書（ハガキ形式）」が送付されるので，この欄に妻の氏名を記入する。

解答ポイント＆正解

問－45 年金の受給権者が受取金融機関を変更するときは「年金受給権者　受取機関変更届（兼　年金生活者支援給付金　受取機関変更届）」（以下「変更届」という）に必要事項を記入して提出する。変更届の用紙は，日本年金機構のWebサイトからダウンロードすることができる。

市区役所または町村役場に転入届を提出済みで，日本年金機構に個人番号（マイナンバー）が収録済のときは，住所のみの変更であれば，原則住所変更の届出は不要である。

変更届の金融機関証明欄への金融機関の証明は，預貯金通帳のコピー（口座番号，口座名義人フリガナ，金融機関名，支店名が確認できる部分）を添付することで省略できる。

変更後の預貯金の口座名義は，カタカナで記入する。

変更後の受取口座への入金が確認できるまでの間は，旧口座は解約しないようアドバイスする。ねんきんネットを利用して受取口座の変更手続はでき

ない。

　以上より，⑶のアドバイスが適切でなく，これが本問の正解である。

正　解：⑶　　正解率：67.47％

> 公式テキスト・チェック　　　5編－2「年金請求と諸手続き」

問－46　　特別支給の老齢厚生年金の受給権は，受給権者が65歳に達する
　と消滅する。そこで65歳到達時に送付される「年金請求書（ハガキ形式）」を提出することで，65歳から老齢基礎年金と老齢厚生年金が支給される。

　この年金請求書は，65歳の誕生月（1日生まれの者は前月）の初め頃に送付されるので，誕生月（1日生まれの者は誕生月の前月）の末日までにハガキ宛名面に記載されている日本年金機構（本部）宛て提出（郵送）する（第1号厚生年金被保険者）。提出が遅れると，年金の支払が一時保留されることがある。

　H夫さんの場合，年金請求書（ハガキ形式）は令和5年2月初め頃に送付され，提出期限は65歳到達月の末日である令和5年2月末日である。

　老齢基礎年金のみを繰下げ受給するときは，繰下げ希望欄の「老齢基礎年金のみ繰下げ希望」を○で囲んで提出する。老齢基礎年金と老齢厚生年金の両方を繰下げ受給するときは，この年金請求書は提出しない取扱いとなっている。

　「加給年金額対象者の欄」のある「年金請求書（ハガキ形式）」が送付されるので，この欄に妻の氏名を記入する。

　以上より，⑴のアドバイスが適切でなく，これが本問の正解である。

正　解：⑴　　正解率：59.05％

> 公式テキスト・チェック　　　5編－2「年金請求と諸手続き」

[Ⅸ] 次の事例にもとづいて，〔問－47〕および〔問－48〕に答えてください。

《事 例》

Ⅰ夫さん（昭和34年1月26日生まれ）は，令和4年10月末日をもって㈱Q社を退職する予定である。Ⅰ夫さんの年金加入歴は，次のとおりである。

・昭和56年4月〜平成6年3月：厚生省（現在の厚生労働省。国家公務員共済）

・平成6年4月〜平成13年3月：㈱P社（厚生年金基金にも加入）

・平成13年4月〜令和4年10月：㈱Q社（退職時の標準報酬月額28万円）

　家族は，妻（昭和38年9月9日生まれ・年収約120万円），長女（平成14年7月17日生まれ・大学生）の3人暮らしである。

　なお，㈱Q社は全国健康保険協会管掌健康保険（協会けんぽ）に加入，Ⅰ夫さんは引き続き任意継続被保険者として協会けんぽに加入する予定である。

年金請求手続

問－47　Ⅰ夫さんの年金請求手続等に関するアドバイスについて，適切でないものは次のうちどれですか。

(1) 年金請求手続は，厚生省の期間分および㈱P社・㈱Q社の期間分すべてについて，最寄りの年金事務所または街角の年金相談センター・オフィスで行うことができる。

(2) 厚生年金基金の年金請求手続は，企業年金連合会に対して行う。

(3) 年金請求手続は，㈱Q社退職前でも行うことができる。

(4) 送付された年金請求書を紛失した場合，再発行はされないが年金請求書の用紙は日本年金機構のWebサイトからダウンロードして取得できる。

(5) 戸籍謄本・住民票および妻の課税証明書は，マイナンバー制度の情報連携システムにより添付を省略できる。

健康保険の任意継続被保険者

問ー48 Ｉ夫さんが退職後加入を予定している健康保険の任意継続被保険者に関するアドバイスについて，適切なものは次のうちどれですか。

(1) 保険料を前納納付しても，保険料は割引されない。

(2) 任意継続被保険者となれる期間は，令和6年9月末日までである。

(3) 令和4年11月末日までに申請することで，任意継続被保険者となることができる。

(4) 妻は被扶養者として，自己負担割合2割で療養の給付を受けることができる。

(5) 保険料は，退職時の標準報酬月額280,000円と300,000円を比較して低いほうの額に保険料率を乗じて計算する。

解答ポイント＆正解

問ー47 特別支給の老齢厚生年金の受給権を取得する者には，支給開始年齢に到達する3ヵ月前に日本年金機構から，基礎年金番号，氏名，生年月日，年金加入記録などをあらかじめ印字した「年金請求書（国民年金・厚生年金保険老齢給付）」が送付される（第1号厚生年金被保険者）。この年金請求書は再発行されないが，万一紛失したときは年金請求書の用紙は日本年金機構のWebサイトからダウンロードして取得できる。

Ｉ夫さんの場合，

年金請求手続は，令和4年1月25日（63歳に達した日）から行うことができるので，㈱Q社の退職前に行うことができる。年金請求手続は，厚生省の期間分，㈱P社・㈱Q社の期間分すべてについて，最寄りの年金事務所のほか街角の年金相談センター・オフィスでも行うことができる。

妻は，加給年金額の対象となるので生計維持証明欄を記入し，戸籍謄本は必ず添付する。住民票および妻の（非）課税証明書は，マイナンバー制度の

148

情報連携システムにより確認が可能なので，原則として添付を省略できる。

厚生年金基金への年金請求は，加入期間が7年につき，企業年金連合会に対して行う。

以上より，(5)のアドバイスが適切でなく，これが本問の正解である。

正　解：(5)　　正解率：53.26 %

公式テキスト・チェック　　5編-2「年金請求と諸手続き」

問-48　健康保険の被保険者期間が継続して2ヵ月以上ある者は，退職日の翌日から20日以内に申請することによって，在職時に加入していた健康保険の任意継続被保険者となることができる。

任意継続被保険者となれる期間は退職日の翌日から2年間で，保険料は全額を本人が負担する。医療費の自己負担割合は，本人・家族とも3割である。

保険料を前納納付した場合，毎月納付した場合と比べて，保険料が割引される。任意継続被保険者の保険料は，全国健康保険協会管掌健康保険（協会けんぽ）の場合，退職時の標準報酬月額と30万円を比較して，いずれか低い額を基準に保険料率を乗じて計算する。

Ⅰ夫さんの場合，

退職日の翌日から20日以内（令和4年11月20日まで）に申請することで任意継続被保険者になることができる。

退職日の翌日から2年後の令和6年10月末日まで任意継続被保険者となることができる。Ⅰ夫さんが任意継続被保険者である間，妻は引き続き被扶養者として自己負担割合3割で療養の給付を受けることができる。

Ⅰ夫さんの保険料額は，28万円に保険料率を乗じた額である。

以上より，(5)の記述が適切であり，これが本問の正解である。

正　解：(5)　　正解率：40.24 %

公式テキスト・チェック　　1編-4「医療保険制度等」

[Ｘ] 次の事例にもとづいて，〔問－49〕および〔問－50〕に答えてください。

《事　例》

　Ｊ夫さん（昭和31年1月1日生まれ）は，令和4年12月31日付で35年6ヵ月勤務した㈱Ｎ社を退職する。退職一時金は2,000万円，退職後の年金見込み額は次のとおりである。

・老齢厚生年金：1,622,200円（経過的加算・加給年金額を含む）

・老齢基礎年金：777,800円

・企業年金基金：840,000円

　家族は，妻（昭和37年6月6日生まれ，年収約80万円）と2人暮らしである。なお，日本年金機構には「公的年金等の受給者の扶養親族等申告書」を提出済である。

控除の種類	控除額（1ヵ月あたり）
公的年金等控除及び基礎控除相当	【65歳未満の者】 　年金月額×25％＋65,000円 または90,000円のいずれか高い額 【65歳以上の者】 　年金月額×25％＋65,000円 または135,000円のいずれか高い額
配偶者控除相当	32,500円

課税対象となる退職所得金額

問－49　Ｊ夫さんの退職一時金に係る課税対象となる退職所得金額について，正しいものは次のうちどれですか。

(1)　225,000円

(2)　400,000円

(3)　575,000円

(4)　750,000円

(5)　800,000円

年金から源泉徴収される所得税額

問―50 J夫さんが事例の年金を受給した場合，令和5年4月に日本年金機構より支給される年金（2ヵ月分）から源泉徴収される所得税額（復興特別所得税を含む）について，正しいものは次のうちどれですか（社会保険料等は考慮しないものとします）。

(1) 3,318円   (2) 5,360円   (3) 6,636円

(4) 7,912円   (5) 10,720円

解答ポイント＆正解

問―49 退職一時金は，退職所得として所得税の課税対象となる。退職一時金は，永年勤続に対する報酬の後払い，あるいは老後の生活保障などの性質を有しており，他の所得と総合課税にしないで分離課税とし，さらに退職所得控除後の金額の2分の1を課税対象とするなど，税負担が軽減されるよう優遇された課税方式が採られている。

課税対象となる退職所得金額は，次の算式により計算する。

・（退職一時金の額－退職所得控除額）$\times \dfrac{1}{2}$＝退職所得金額

退職所得控除額は，勤続20年以下のときは「40万円×勤続年数」（勤続年数が2年以下のときは80万円）で計算し，勤続年数が20年を超えるときは，「800万円＋70万円×（勤続年数－20年）」で計算する。なお，勤続年数の1年未満の端数の月は1年に切り上げて計算する。

J夫さんの場合，

退職所得控除額：800万円＋70万円×（36年－20年）＝1,920万円

課税対象となる退職所得金額：（2,000万円－1,920万円）$\times \dfrac{1}{2}$＝40万円

以上より，(2)の金額が正しく，これが本問の正解である。

正　解：(2)　　正解率：56.35％

公式テキスト・チェック 〉 5編―10「年金と税金」

問-50　老齢・退職を支給事由とする公的年金等は，雑所得として他の所得と合算して所得税の課税対象となる。

　年金の支払者である日本年金機構は，年金を支払うときに所得税を徴収する義務を負う。所得税には各種の控除額が設けられているが，源泉徴収の際にこの所得控除を受けるには「公的年金等の受給者の扶養親族等申告書」を提出する必要がある。この申告書を提出した場合の源泉徴収税額（2ヵ月分）は，次の算式で求める。

　源泉徴収税額＝（年金支給月額－社会保険料等－各種控除額）×2ヵ月×5.105％（復興特別所得税を含む）

　社会保険料等は，介護保険料，個人住民税（市民税・県民税）などで，年間18万円以上の年金を受給している場合には，基本的に特別徴収（天引き）での支払になる。

　各種控除額は，公的年金等控除・基礎控除相当，配偶者控除の額などである。

　J夫さんの場合，

　日本年金機構より支給される年金から源泉徴収される所得税額は，次のとおりである。控除額は設問の算式を使用し，社会保険料は考慮しないものとして計算する（税額の1円未満の端数は切捨て）。

　年金月額＝（1,622,200円＋777,800円）×$\frac{1}{12}$＝200,000円

　控除額（1ヵ月あたり）＝200,000円×25％＋65,000円＝115,000円＜135,000円

　源泉税額＝（200,000円－135,000円－32,500円）×5.105％×2ヵ月≒3,318円

以上より，(1)の金額が正しく，これが本問の正解である。

正　解：(1)　　正解率：8.11％

公式テキスト・チェック　　　5編-10「年金と税金」

2022年3月(第151回)試験問題・解答ポイント・正解

基本知識
技能・応用

※ 問題および各問題についての
正解・解説は，原則として試験
実施日におけるものです。

基本知識

わが国の最近の人口動向等

問－1　わが国の最近の人口動向等について，正しいものは次のうちどれですか。

(1)　令和2年の簡易生命表によると，日本人の平均寿命は，男女ともに85歳を上回っている。

(2)　令和2年の合計特殊出生率は，1.50を上回っている。

(3)　「国民生活基礎調査」による平成30年の高齢者世帯の所得を種類別にみると，「公的年金・恩給」の割合は60％を下回っている。

(4)　「高齢社会白書」による令和2年の総人口に占める65歳以上の人の割合は，30％を下回っている。

(5)　令和元年度の社会保障給付費の総額は，130兆円を超えている。

■解答ポイント＆正解

令和2年の簡易生命表によると，日本人の平均寿命は男子が81.56歳，女子が87.71歳となっている（令和3年は，それぞれ81.47歳，87.57歳）。

令和2年の合計特殊出生率（15歳から49歳までの1人の女性が産む子供の平均数）は，1.33である（令和3年は1.30）。

「国民生活基礎調査」による平成30年の高齢者世帯の平均所得金額の総額は312.6万円で，種類別では「公的年金・恩給」が199.0万円（63.6％），「稼働所得」が72.1万円（23.0％），「財産所得」が20.4万円（6.5％）である（令和2年の総額は332.9万円，種類別はそれぞれ207.4万円（62.3％），71.7万円（21.5％），22.9万円（6.9％））。

「高齢社会白書」による令和2年の総人口に占める65歳以上の人の割合（高齢化率）は，28.8％である（令和3年は28.9％）。

令和元年度の社会保障給付費の総額は，123.9兆円である（令和2年度は

132.2兆円)。

　以上より，(4)の記述が正しく，これが本問の正解である。

正　解：(4)　　正解率：69.52％

公式テキスト・チェック　　1編－1「日本の人口動向と人口構造の変化」

わが国の公的年金制度の現況

問－2　わが国の公的年金制度の現況について，正しいものは次のうちどれですか。

(1)　令和2年度末の公的年金の加入者数は，7,000万人を上回っている。

(2)　令和元年度末の第1号厚生年金被保険者における短時間労働者の被保険者数は，女子より男子のほうが多い。

(3)　令和2年度末の国民年金の第3号被保険者数の割合は，公的年金の全加入者数の10％を上回っている。

(4)　令和元年度末の公的年金の受給者数（実受給権者数）は，4,500万人を上回っている。

(5)　令和2年度（現年度分）の国民年金保険料の納付率は，65％を下回っている。

解答ポイント＆正解

　令和2年度末の公的年金の加入者数は6,756万人で，その内訳は任意加入を含む第1号被保険者が1,449万人，第2号被保険者等が4,513万人，第3号被保険者が793万人となっている。第3号被保険者数の割合は，全加入者数の11.7％となっている（令和3年度末は6,729万人，内訳はそれぞれ1,431万人，4,535万人，763万人）。

　令和元年度末の第1号厚生年金被保険者における短時間労働者の被保険者数は47万人で，その内訳は男子13万人，女子34万人となっている（令和3年度末は57万人，それぞれ14万人，42万人）。

令和元年度末の公的年金の受給者数（実受給権者数）は，4,040万人である（令和3年度末は4,023万人）。

令和2年度（現年度分）の国民年金保険料の納付率は，71.5％である（令和3年度（同）は73.9％）。

以上より，(3)の記述が正しく，これが本問の正解である。

正　解：(3)　　正解率：52.71％

> 公式テキスト・チェック　　　1編－2「公的年金制度の仕組みと現況」

医療保険制度等

問－3　健康保険制度等について，誤っているものは次のうちどれですか。

(1)　健康保険の標準賞与額は，4月から翌年3月までの累計額で573万円が上限となっている。

(2)　75歳に達した者は，何らの手続をしなくても後期高齢者医療の被保険者になる。

(3)　介護保険の第2号被保険者とは，市区町村の区域内に住所がある65歳以上の者をいう。

(4)　70歳から75歳に到達するまでの者（現役並み所得者）の医療費の自己負担割合は，3割である。

(5)　世帯主が国民健康保険の加入者でない場合でも，同一世帯に国民健康保険の加入者がいれば，世帯主が保険料（保険税）の納付（納税）義務者となる。

■解答ポイント＆正解

健康保険の標準報酬月額は，第1級の58,000円から第50級の1,390,000円までの50等級に区分され，標準賞与額の上限額は年度（4月から翌年3月まで）の累計額で573万円である。

156

健康保険に加入している者が75歳に達したときは，自動的に何ら手続を
しなくても後期高齢者医療の被保険者になる。

介護保険の第1号被保険者とは，市区町村の区域内に住所がある65歳以
上の者をいい，第2号被保険者とは市区町村の区域内に住所がある40歳以
上65歳未満の医療保険加入者をいう。

医師等にかかったときの窓口で支払う医療費の自己負担割合は，義務教育
就学前（満6歳到達の年度末までの乳幼児）の者は2割，満6歳到達の年度
末経過後から70歳に達するまでの者は3割である。また，70歳以上75歳未
満で現役並み所得者は3割，現役並み所得者に該当しない者は2割である。

国民健康保険の保険料（保険税）は，同一世帯の被保険者（加入者）ごと
に計算され，納付（納税）義務者は世帯主である。世帯主が国民健康保険の
加入者でない場合でも，家族に国民健康保険の加入者がいれば，世帯主が納
付義務者となる（擬制世帯主）。

以上より，(3)の記述が誤っており，これが本問の正解である。

正　解：(3)　　正解率：69.52％

公式テキスト・チェック	1編－4「医療保険制度等」

国民年金の被保険者

問－4　国民年金の被保険者について，誤っているものは次のうちどれ
ですか。

(1)　60歳以上65歳未満の厚生年金保険の被保険者は，任意加入被保険者
になることができない。

(2)　外国に赴任する第2号被保険者に同行している20歳以上60歳未満の
被扶養配偶者は，第3号被保険者になることができる。

(3)　日本国籍を有し日本国内に住所を有しない60歳以上65歳未満の者は，
任意加入被保険者になることができない。

(4)　第3号被保険者は，配偶者が厚生年金保険の被保険者でなくなった場
合，第1号被保険者への種別変更の届出をしなければならない。

(5) 受給資格期間を満たしている65歳以上の厚生年金保険の被保険者の被扶養配偶者で20歳以上60歳未満の者は，第3号被保険者に該当しない。

解答ポイント＆正解

令和2年4月以降，第3号被保険者の認定にあたっては，これまでの生計維持の要件に加え日本国内に住所を有する（住民票がある）ことが要件として追加された。第2号被保険者の被扶養配偶者であっても，外国に住所を有する者は，原則として第3号被保険者に該当しないとされている。ただし，留学生や海外に赴任している第2号被保険者に同行している20歳以上60歳未満の被扶養配偶者は例外（海外特例要件）として，第3号被保険者になることができる。

日本国内に住所を有する60歳以上65歳未満の者は，老齢基礎年金が満額に達するまでの間，国民年金の任意加入被保険者となることができる。日本国籍を有し日本国内に住所を有しない60歳以上65歳未満の者も，任意加入被保険者となることができる。ただし，厚生年金保険の被保険者，老齢基礎年金を繰上げ受給している者は，任意加入被保険者となることはできない。

第3号被保険者は，配偶者が厚生年金保険の被保険者でなくなった場合，第3号被保険者から第1号被保険者への種別変更の届出をしなければならない。

受給資格期間を満たしている65歳以上の厚生年金保険の被保険者は第2号被保険者に該当しないので，その被扶養配偶者は60歳未満であっても第3号被保険者に該当しない。

以上より，(3)の記述が誤っており，これが本問の正解である。

正　解：(3)　　正解率：46.96％

公式テキスト・チェック ▷ 1編－5「国民年金の被保険者」，1編－6「国民年金の資格取得・喪失等」

国民年金の第1号被保険者の保険料

問-5 国民年金の第1号被保険者の保険料等について，誤っているものは次のうちどれですか。

(1) 保険料の納期限から2年を経過すると，保険料を納付することができない。

(2) 口座振替で当月分の保険料を当月末引落しで納付した場合，月額50円割引される。

(3) クレジットカードを利用して保険料を納付するための手続は，インターネット経由で完結できる。

(4) 市・区役所，町村役場の窓口で，保険料を納付することはできない。

(5) 60歳以上65歳未満の任意加入被保険者は，付加保険料を納付することができる。

2022年3月（第151回）

■解答ポイント＆正解

毎月の保険料は翌月の末日までに納付しなければならない。また，保険料は納期限から2年を経過すると時効により納付することができない。

保険料は，将来の一定期間分を前納することができる。前納した場合，その期間に応じて保険料が割引される。口座振替により当月分の保険料を当月引落しで納付した場合，月額50円割引される。

保険料は，クレジットカードを利用して納付することができる。クレジットカードで納付するときは，「国民年金保険料クレジットカード納付（変更）申出書」に必要事項を記入のうえ，年金事務所に提出（郵送可）することになっており，インターネット経由で手続は完結できない。

保険料は「領収（納付受託）済通知書（納付書）」によって，銀行などの金融機関，郵便局，コンビニエンスストアなどで納付できる。市・区役所や町村役場の窓口では，納付できない。

国民年金の第1号被保険者は，国民年金保険料に加えて付加保険料を納付

159

することができる。60歳以上65歳未満の任意加入被保険者も，付加保険料を納付することができる。

　以上より，(3)の記述が誤っており，これが本問の正解である。

正　解：(3)　　正解率：45.66％

公式テキスト・チェック　　1編－7「国民年金の保険料」

国民年金の保険料免除制度

問－6　　国民年金の第1号被保険者に対する保険料免除制度等について，誤っているものは次のうちどれですか。

(1)　遺族基礎年金を受給している者は，法定免除者に該当する。

(2)　天災で被災し一定の被害を被ったときは，申請により保険料の免除を受けることができる制度がある。

(3)　産前産後の保険料免除期間は，単胎妊娠の場合，出産予定日または出産日の属する月の前月から4ヵ月間である。

(4)　過去2年（2年1ヵ月前）まで遡って保険料免除の申請をすることができる。

(5)　学生納付特例制度の対象となっている者は，保険料半額免除制度の対象とされない。

解答ポイント＆正解

　第1号被保険者が障害基礎年金または被用者年金制度の障害年金（1級または2級に限る）を受けているとき，生活保護法による生活扶助を受けている等のときは，届け出ることで保険料の納付が免除される（法定免除）。遺族基礎年金の受給者は，法定免除者に該当しない。

　震災・風水害・火災その他これらに類する災害により，住宅，家財その他の財産につき，被害金額がその価格のおおむね2分の1以上の損害を受けたときは，申請により国民年金保険料の免除を受けることができる制度がある。

国民年金の第1号被保険者が出産する場合，出産予定日または出産日の属する月の前月から出産予定月の翌々月までの各月（4ヵ月間）の保険料の納付が全額免除される（単胎妊娠の場合）。

　国民年金保険料の免除承認期間は，原則として7月から翌年6月までとなっているが，平成26年4月からは過去2年（2年1ヵ月前）まで遡って保険料免除の申請をすることができる。

　学生本人の所得が一定額以下の場合，申請により学生である期間中は保険料の納付を要しないとする学生納付特例制度の適用を受けることができる。この制度の対象となっている者は，保険料半額免除制度等の申請免除制度の適用を受けることができない。

　以上より，(1)の記述が誤っており，これが本問の正解である。

正　解：(1)　　正解率：56.72％

公式テキスト・チェック　　1編－7「国民年金の保険料」

公的年金の被保険者の資格取得・喪失・被保険者期間

問－7　公的年金の被保険者資格の取得・喪失および被保険者期間について，誤っているものは次のうちどれですか。

(1)　20歳未満で厚生年金保険の被保険者資格を取得した者は，資格を取得したときに国民年金の第2号被保険者となる。

(2)　日本国内に住所を有し，国民年金の第2号・第3号被保険者に該当しない20歳以上60歳未満の者は，所定の手続を行い保険料を納付した日に国民年金の第1号被保険者の資格を取得する。

(3)　国民年金の第1号被保険者は，60歳の誕生日の前日に被保険者の資格を喪失する。

(4)　月の末日に厚生年金保険の適用事業所を退職した場合，退職した月まで厚生年金保険の被保険者期間に算入される。

(5)　被保険者が死亡したときは，死亡した日の翌日に被保険者の資格を喪失する。

2022年3月（第151回）

◢ 解答ポイント＆正解

国民年金の被保険者資格は，次に該当する日に取得する。

① 第1号被保険者は，日本国内に住所を有する者が20歳に達した日（国籍を問わず外国人留学生を含む），または20歳以上60歳未満の者が日本国内に住所を有するようになった日

② 第2号被保険者は，厚生年金保険の被保険者となった日（20歳未満の者を含む，原則として65歳未満の者）

③ 第3号被保険者は，20歳以上60歳未満の者で第2号被保険者の被扶養配偶者となった日

20歳未満で厚生年金保険の被保険者資格を取得した者は，資格を取得したときから国民年金の第2号被保険者となる（②に該当）。日本国内に住所を有する者（第2号・3号被保険者に該当しない者）は，20歳に達したときに第1号被保険者の資格を取得する（①に該当）。第2号または3号被保険者資格を喪失し第1号被保険者となった場合，保険料の納付日にかかわらず第2号・3号被保険者の資格喪失日に第1号被保険者資格を取得する。

国民年金の第1号被保険者は，60歳に達した日にその資格を喪失する。

厚生年金保険の被保険者期間は，月を単位として計算し，被保険者の資格を取得した月から資格を喪失した月の前月までを算入する。月の末日に適用事業所に入社した場合，入社した月から被保険者期間に算入される。また，月の末日に退職した場合は，翌月1日が資格喪失日となりその前月である退職した月まで被保険者期間に算入される。

被保険者が死亡したときは，死亡した日の翌日に被保険者の資格を喪失する。

以上より，⑵の記述が誤っており，これが本問の正解である。

正　解：⑵　　正解率：66.75％

公式テキスト・チェック　　1編－6「国民年金の資格取得・喪失等」，1編－8「厚生年金保険の被保険者」

厚生年金保険の被保険者

問-8 厚生年金保険の被保険者について，誤っているものは次のうちどれですか。

(1) 常時 5 人以上の従業員を使用する個人事業所の事業主は，被保険者とならない。

(2) 日々雇い入れられる者が，1ヵ月を超えて引き続き使用されることとなった場合は，そのときから原則として被保険者となる。

(3) 臨時的事業の事業所に継続して 4ヵ月使用される見込みの者は，被保険者とならない。

(4) 常時従業員を使用する法人事業所の代表者は，被保険者となる。

(5) 適用事業所に使用される 65 歳以上の者は，被保険者とならない。

2022年3月（第151回）

◢解答ポイント＆正解

適用事業所に使用される者（船員・短時間労働者を除く）であっても，①日々使用される者（1ヵ月以内），②短期間（2ヵ月以内）の臨時使用人，③季節的業務（4ヵ月以内）や臨時的事業（6ヵ月以内）に使用される者は被保険者とならない。ただし，所定の期間を超えて引き続き使用されることになったときは，その時から被保険者となる。また，③については当初より 4ヵ月または 6ヵ月を超えて使用される見込の者は，当初より被保険者となる。

日々雇い入れられる者が，1ヵ月を超えて引き続き使用されることとなった場合は，そのときから原則として被保険者となる。

臨時的事業の事業所に継続して 4ヵ月使用される見込みの者は，被保険者とならない。

令和 4 年10月からは，雇用期間が 2ヵ月以内であっても，実態としてその雇用期間を超えて使用される見込みがあると判断できる場合は，当初から被保険者とされる。

163

厚生年金保険の適用事業所に使用される70歳未満の者は，事業主・従業員の意思，国籍にかかわらず，原則として被保険者となる。常時従業員を使用する法人の代表者も，その法人に使用される者として被保険者となる。しかし，個人事業所の事業主は，本人が雇用主であり使用される者に該当しないため，従業員の人数にかかわらず被保険者とならない。

以上より，(5)の記述が誤っており，これが本問の正解である。

正　解：(5)　　正解率：59.59％

公式テキスト・チェック　　1編－8「厚生年金保険の被保険者」

厚生年金保険の保険料（率）

問－9　厚生年金保険の保険料（率）について，誤っているものは次のうちどれですか。

(1)　第1号厚生年金被保険者の産前産後休業期間中の保険料は，被保険者負担分・事業主負担分とも免除される。

(2)　標準報酬月額と標準賞与額に乗じる保険料率は，同じである。

(3)　第1号厚生年金被保険者の保険料は，事業主と被保険者が2分の1ずつ負担する。

(4)　第2号厚生年金被保険者の保険料（標準報酬月額・標準賞与額×18.3％）には，退職等年金給付（年金払い退職給付）の支払原資が含まれている。

(5)　第3号厚生年金被保険者と第4号厚生年金被保険者の令和4年3月分の保険料率は，異なっている。

◢解答ポイント＆正解

第1号厚生年金被保険者の保険料は，事業主と被保険者がそれぞれ2分の1ずつ負担する。

第1号厚生年金被保険者の産前産後休業期間中（産前6週間（多胎妊娠の

164

場合は14週間）および産後8週間のうち労務に従事しなかった期間）の保険料は，被保険者負担分・事業主負担分とも免除される。

標準報酬月額と標準賞与額に乗じる保険料率は，同じである。

第2号厚生年金被保険者の保険料率は18.3％，退職等年金給付（年金払い退職給付）の保険料率は1.5％である。第2号厚生年金被保険者の保険料（標準報酬月額（標準賞与額）×18.3％）には，退職等年金給付の支払原資は含まれていない。

令和4年3月分の第3号厚生年金被保険者の保険料率は18.3％，第4号厚生年金被保険者の保険料率は15.681％（令和5年9月からは16.389％）となっており，異なっている。

以上より，(4)の記述が誤っており，これが本問の正解である。

正　解：(4)　　正解率：67.84％

公式テキスト・チェック　　　1編－9「厚生年金保険の保険料」

厚生年金保険の標準報酬月額・標準賞与額

問－10　　厚生年金保険の標準報酬月額および標準賞与額について，誤っているものは次のうちどれですか。

(1)　標準報酬月額は，第1級の88,000円から第31級の620,000円までの31等級に区分されている。

(2)　定時決定は，原則としてその年の4月から6月までの3ヵ月間に受けた報酬の月平均額を基準に標準報酬月額が決定される。

(3)　昇給により令和3年10月から報酬月額が従前より2等級以上上がった場合，随時改定により標準報酬月額は令和4年1月から改定される。

(4)　賞与を受けた月の賞与額が150万円を超えるときは，標準賞与額は150万円とされる。

(5)　3ヵ月ごとに年4回支払われる賞与は，標準報酬月額の対象とされる。

▰ 解答ポイント＆正解

　標準報酬月額は，第１級の88,000円から第32級の650,000円までの32等級に区分されている。

　定時決定は，毎年７月１日現在の被保険者を対象に，原則として，４月，５月，６月の３ヵ月間に受けた報酬の月平均額を基準に標準報酬月額が決定され，その年の９月から翌年８月までの標準報酬月額とされる。

　随時改定は，昇給など固定的賃金に変動があり，変動月以後の引き続く３ヵ月間の報酬の月平均額に相当する報酬月額が，その者の従前の標準報酬月額に比べて原則として２等級以上の差が生じたときに行われる。昇給により令和３年10月から報酬月額が２等級以上上がった場合，標準報酬月額は令和４年１月から改定される。

　標準報酬月額の対象となる報酬は，金銭，現物（食事，通勤定期券など）を問わず，賃金，給料，俸給，手当，賞与その他いかなる名称であるかを問わず，被保険者が労働の対償として受けるすべてのものをいう。ただし，臨時に受けるもの（退職金，災害見舞金など），３ヵ月を超える期間ごとに受けるもの（４ヵ月ごとの賞与など）などは，標準報酬月額の対象となる報酬に含まれない。３ヵ月ごとに年４回支払われる賞与は，標準報酬月額の対象とされる。

　標準賞与額は，被保険者が賞与等（賞与・期末手当など）を受けた月において，その月に受けた賞与額の1,000円未満の端数を切り捨てた額である。賞与を受けた月の賞与額が150万円を超えるときは，標準賞与額は150万円とされる。

　以上より，(1)の記述が誤っており，これが本問の正解である。

正　解：(1)　　正解率：62.74％

公式テキスト・チェック　▷　　１編−10「厚生年金保険の標準報酬」

老齢基礎年金

問－11 老齢基礎年金について，誤っているものは次のうちどれですか。

(1) 遺族厚生年金を受給している者は，老齢基礎年金の繰下げの申出をすることができない。

(2) 保険料半額免除の承認を受けた期間の納付すべき保険料を納付しない場合，その期間は老齢基礎年金の年金額に保険料納付済期間の2分の1相当額が反映される。

(3) 保険料納付済期間と保険料4分の3免除期間を合算して480ヵ月を超える場合，超えた保険料4分の3免除期間は原則として老齢基礎年金の年金額の基礎とされる。

(4) 厚生年金保険の被保険者期間のうち20歳前の期間は，老齢基礎年金の年金額の基礎とされない。

(5) 付加年金を受給できる者が老齢基礎年金を繰下げ受給した場合，老齢基礎年金と同じ率で増額された付加年金を受給できる。

2022年3月（第151回）

■解答ポイント＆正解

老齢基礎年金の支給開始年齢は65歳であるが，受給資格期間を満たし66歳に達するまでに年金請求していなかった者は，66歳以後の希望するときから繰り下げて増額した年金を受給することができる。ただし，付加年金を除く他の年金給付（障害基礎年金・遺族基礎年金など），老齢・退職給付を除く被用者年金の年金給付（障害厚生年金・遺族厚生年金など）の受給権者は繰下げの申出をすることができない。

保険料半額免除の承認を受けた期間の納付すべき保険料を納付しない場合，その期間は保険料未納期間となり，受給資格期間に算入されず老齢基礎年金の年金額にも反映されない。

保険料の免除期間がある者が60歳以後国民年金に任意加入するなどして

167

被保険者期間の合計が480ヵ月を超えた場合，超えた期間の免除期間は国庫負担分を控除した次表に相当する月数として年金額は計算される。これは本人が負担した保険料を年金額に反映させるものである。保険料4分の3免除期間の480ヵ月を超えた期間は，次表のとおり6分の1または8分の1が原則として老齢基礎年金の年金額の基礎とされる。

免除区分	平成21年3月以前		平成21年4月以降	
	480ヵ月までの期間	480ヵ月を超える期間	480ヵ月までの期間	480ヵ月を超える期間
4分の1免除	6分の5	2分の1	8分の7	8分の3
半額免除	3分の2	3分の1	4分の3	4分の1
4分の3免除	2分の1	6分の1	8分の5	8分の1
全額免除	3分の1	－	2分の1	－

厚生年金保険の被保険者期間のうち老齢基礎年金の年金額の基礎となる期間は，昭和36年4月以後の加入期間，かつ20歳以上60歳未満の期間である。20歳未満・60歳以降の期間は，老齢基礎年金の年金額の基礎とされない。

付加年金を受給できる者が老齢基礎年金を繰下げ受給した場合，老齢基礎年金と同じ増額率で増額された付加年金を受給することができる。

以上より，(2)の記述が誤っており，これが本問の正解である。

正　解：(2)　　正解率：55.30%

公式テキスト・チェック　　　2編－1「老齢基礎年金の仕組み」，2編－4「老齢基礎年金の支給の繰上げ・繰下げ」

老齢基礎年金の合算対象期間

問－12 老齢基礎年金の受給資格期間に関する下記の文章の空欄（①～③）の中に入る最も適切な語句の組合せは次のうちどれですか。

老齢基礎年金の受給資格期間には算入されるが，年金額には反映されない期間として次のようなものがある。

・昭和36年4月から（ ① ）までの学生であった期間のうち，国民年金に任意加入できた者が任意加入しなかった20歳以上60歳未満の期間

・昭和36年4月から昭和61年3月までの国民年金に任意加入できなかった（ ② ）の20歳以上60歳未満の期間

・国民年金保険料の（ ③ ）の適用を受けた期間のうち保険料を追納しなかった期間

(1) ①昭和61年3月　　②日本国内に居住している外国籍の者　　③50歳未満の保険料納付猶予制度

(2) ①昭和61年3月　　②日本国籍を有している海外居住者　　③全額免除

(3) ①昭和61年3月　　②日本国内に居住している外国籍の者　　③全額免除

(4) ①平成3年3月　　②日本国籍を有している海外居住者　　③50歳未満の保険料納付猶予制度

(5) ①平成3年3月　　②日本国内に居住している外国籍の者　　③50歳未満の保険料納付猶予制度

2022年3月
（第151回）

解答ポイント＆正解

老齢基礎年金の受給資格期間には算入されるが，年金額には反映しない合算対象期間等には，次のような期間がある。

- ・昭和36年4月から平成3年3月までの学生であった期間のうち，国民年金に任意加入できた者が任意加入しなかった20歳以上60歳未満の期間

- ・昭和36年4月から昭和61年3月までの国民年金に任意加入できなかった日本国籍を有している海外居住者の20歳以上60歳未満の期間

- ・国民年金保険料の50歳未満の保険料納付猶予制度の適用を受けた期間のうち保険料を納付しなかった期間

以上より，(4)の組合せが最も適切であり，これが本問の正解である。

正　解：(4)　正解率：33.49％

公式テキスト・チェック　　　2編－1「老齢基礎年金の仕組み」

老齢基礎年金の振替加算

問－13 配偶者（妻）の老齢基礎年金に加算される振替加算について，正しいものは次のうちどれですか。

(1) 昭和32年4月2日生まれの者より昭和37年4月2日生まれの者のほうが，振替加算の額は少ない。

(2) 配偶者（妻）が，65歳から老齢基礎年金を受給し，被保険者期間240ヵ月以上の老齢厚生年金を繰下げ待機している場合，加算される。

(3) 老齢基礎年金を繰下げ受給した場合，振替加算も同じ増額率で増額して加算される。

(4) 障害厚生年金の配偶者加給年金額の対象者には，加算されない。

(5) 昭和40年4月2日以後生まれの者には加算されない。

■ 解答ポイント＆正解

　振替加算は，老齢厚生年金（被保険者期間が原則20年以上）または障害厚生年金の配偶者加給年金額の対象となっていた配偶者（妻）が65歳から受給する老齢基礎年金に加算して支給される。ただし，配偶者（妻）が老齢厚生年金（被保険者期間が原則20年以上）を受給できる間は，支給停止され加算されない。配偶者（妻）が老齢厚生年金（被保険者期間が原則20年以上）を繰下げ待機している場合も，加算されない。

　老齢基礎年金を繰下げ受給した場合，老齢基礎年金は増額されるが，振替加算は増額されず，繰下げの申出をした日の属する月の翌月分から所定の金額が支給される。

　振替加算の額は，配偶者（受給権者・妻）の生年月日に応じて定められており，昭和32年4月2日〜昭和33年4月1日生まれの者は38,873円（令和3年度価格・以下同じ），昭和36年4月2日〜昭和41年4月1日生まれの者は15,055円となっている。なお，昭和41年4月2日以後に生まれた者には，振替加算は加算されない。

　以上より，(1)の記述が正しく，これが本問の正解である。

正　解：(1)　正解率：43.83％

| 公式テキスト・チェック | ＞ | 2編−3「老齢基礎年金の振替加算」 |

特別支給の老齢厚生年金

問−14 昭和37年3月2日生まれの民間会社のみに勤務した女子に支給される特別支給の老齢厚生年金について，正しいものは次のうちどれですか。

(1) 報酬比例部分の支給開始年齢は63歳である。

(2) 60歳から報酬比例部分のみを繰上げ受給し，老齢基礎年金は65歳から受給できる。

(3) 老齢基礎年金の受給資格期間を満たし，厚生年金保険の被保険者期間が1ヵ月以上ある場合，支給される。

(4) 厚生年金保険の被保険者期間が44年以上ある在職者（被保険者）は，報酬比例部分の支給開始と同じ年齢から定額部分も支給される。

(5) 障害等級3級の状態にあり退職している者は，支給開始年齢についての障害者特例の対象とされる。

▌解答ポイント＆正解

特別支給の老齢厚生年金は，次の要件（①〜③）を満たしている者に支給される。

① 老齢基礎年金の受給資格期間を満たしていること

② 厚生年金保険の被保険者期間が1年（12ヵ月）以上あること

③ 報酬比例部分の支給開始年齢に達していること

昭和37年3月2日生まれの民間会社のみに勤務した女子（第1号厚生年金被保険者）の場合，報酬比例部分の支給開始年齢は62歳で，定額部分は支給されず65歳から老齢基礎年金として支給される。加給年金額は，対象者がいれば65歳から支給される。

経過的な繰上げ支給の老齢厚生年金は，60歳以降，報酬比例部分の支給開始年齢に達する前であれば請求することができる。この場合，老齢基礎年金と同時に繰上げ請求をしなければならない。

172

第1号厚生年金被保険者期間が44年以上あり退職している者（被保険者でない者）は，報酬比例部分の支給開始年齢と同じ年齢から定額部分・加給年金額（対象者がいれば）も支給される。ただし，在職者（被保険者）には適用されない。

障害等級3級以上の障害の状態にあり退職している者（被保険者でない者）は，支給開始年齢について障害者特例の対象とされ，報酬比例部分の支給開始年齢以後の請求した月の翌月分から定額部分（加給年金額）も支給される。なお，すでに障害厚生年金等を受給している者が請求した場合，請求した月の翌月分からの支給でなく，報酬比例部分と同じ支給開始年齢に遡って定額部分（加給年金額）も支給される。

以上より，(5)の記述が正しく，これが本問の正解である。

正　解：(5)　　正解率：48.04％

公式テキスト・チェック　　2編－6「60歳台前半の老齢厚生年金」

老齢厚生年金の加給年金額

問－15　老齢厚生年金に加算される配偶者加給年金額について，誤っているものは次のうちどれですか。

(1)　2以上の種別期間（第1号・第2号厚生年金被保険者期間など）を有する場合，加算要件である被保険者期間（240ヵ月以上）は，すべての種別期間を合算して判定する。

(2)　2以上の種別期間を有する場合，おのおのの被保険者期間の月数に応じて按分した額が加算される。

(3)　配偶者が障害等級3級の障害厚生年金を受給している場合は，支給停止される。

(4)　加給年金額が加算される年齢に達したときに対象となる配偶者が65歳に達している場合，加算されない。

(5)　配偶者の前年の年収が原則として850万円未満であることが，加算の要件とされる。

■解答ポイント＆正解

　老齢厚生年金に加算される配偶者加給年金額は，被保険者期間が原則20年以上ある者で，その権利を取得した当時，その者によって生計維持されている65歳未満の配偶者がいるときに支給される。したがって，加給年金額が加算される年齢に達したときに対象となる配偶者が65歳に達しているときは加算されない。

　配偶者が原則として20年以上の特別支給の老齢厚生年金または障害厚生年金（１級〜３級）などを受給しているときは，支給停止され加算されない。

　生計を維持されている者とは，受給権者と生計を同じくしており，前年の収入が一定額（年収850万円・所得655.5万円）未満である者である。なお，前年の収入が一定額以上となる場合でも，近い将来（おおむね５年以内）に定年等により一定額未満になることが明らかであれば加算される。

　第１号厚生年金被保険者期間と第２号厚生年金被保険者期間など２以上の種別期間を有する者の場合，すべての種別の被保険者期間を合算して240ヵ月以上あるときに加算される。

　２以上の種別期間を有する者の加給年金額は，いずれかの種別の年金に全額が加算して支給される。その順序は，①最も早い日に受給権を取得した種別の年金，②受給権の発生日が同時のときは被保険者期間が長い種別の年金，③受給権発生日，被保険者期間とも同じときは第１号厚生年金被保険者期間，第２号厚生年金被保険者期間，第３号厚生年金被保険者期間，第４号厚生年金被保険者期間の順で加算される。

　以上より，⑵の記述が誤っており，これが本問の正解である。

正　解：⑵　　正解率：37.29％

| 公式テキスト・チェック | ２編－８「老齢厚生年金の加給年金額」 |

174

65歳未満の在職老齢年金

問−16 65歳未満の第1号厚生年金被保険者（坑内員・船員を除く）の在職老齢年金について，誤っているものは次のうちどれですか。

(1) 基本月額は，報酬比例部分の年金額を12で除した金額である。

(2) 総報酬月額相当額は，その月の標準報酬月額とその月以前1年間の標準賞与額の総額を12で除した額の合算額である。

(3) 在職老齢年金を受給中は，雇用保険の高年齢雇用継続給付（基本給付金）を受給できない。

(4) 在職老齢年金に，配偶者加給年金額が加算されることはない。

(5) 老齢基礎年金を繰上げ受給している場合，老齢基礎年金は支給停止されない。

解答ポイント＆正解

　65歳未満（60歳台前半）の第1号厚生年金被保険者の在職老齢年金は，次の算式により支給停止額が計算される（出題当時）。

　① 基本月額と総報酬月額相当額の合計額が28万円（支給停止調整開始額・令和3年度価格）以下のとき……支給停止はなく全額が支給される。

　＊基本月額＝年金額（加給年金額を除く。本問では報酬比例部分の年金額）$\times \dfrac{1}{12}$

　＊総報酬月額相当額＝その月の標準報酬月額＋その月以前1年間の標準賞与額$\times \dfrac{1}{12}$

　② 基本月額と総報酬月額相当額の合計額が28万円を超えるとき……次で計算した額が支給停止される。

　ア 基本月額が28万円以下で，総報酬月額相当額が47万円（支給停止調整変更額・令和3年度価格）以下のとき

　　・（基本月額＋総報酬月額相当額−28万円）$\times \dfrac{1}{2}$

　イ 基本月額が28万円以下で，総報酬月額相当額が47万円を超えるとき

・（基本月額＋47万円－28万円）$\times\dfrac{1}{2}$＋（総報酬月額相当額－47万円）

ウ　基本月額が28万円を超え，総報酬月額相当額が47万円以下のとき

・総報酬月額相当額$\times\dfrac{1}{2}$

エ　基本月額が28万円を超え，総報酬月額相当額が47万円を超えるとき

・47万円$\times\dfrac{1}{2}$＋（総報酬月額相当額－47万円）

なお，令和4年4月より，28万円（支給停止調整開始額）は47万円（支給停止調整額）に改定されている（令和5年度は48万円）。

配偶者加給年金額（対象者がいるとき）は，支給開始年齢が男子より5年遅れの女子（昭和29年4月2日以降生まれ）も65歳からの支給である。また，長期加入者または障害者の特例に該当する者でも，被保険者期間中（在職中）は特例は適用されないので，定額部分・加給年金額は支給停止される。したがって，65歳未満の第1号厚生年金被保険者（坑内員，船員を除く）の在職老齢年金に配偶者加給年金額が加算されることはない。

老齢基礎年金を繰上げ受給している場合，老齢基礎年金は在職老齢年金の支給停止の対象とならない。

雇用保険の高年齢雇用継続給付（基本給付金）は，雇用保険の被保険者期間が5年以上ある者が60歳から65歳到達月までの間に，60歳到達時の賃金（みなし賃金月額／上限あり）に比べて75％未満に低下した賃金で勤務した月について支給される。この場合，61％未満に低下したときは賃金（賞与は含まない）の15％相当額が支給される。

基本給付金と在職老齢年金は同時に受給できる。この場合，年金は在職老齢年金の仕組みによる支給停止に加えて，さらに標準報酬月額の6％相当額を限度として支給停止される。標準報酬月額が60歳到達時の賃金に比べて61％未満に低下したときは，上限の6％相当額が支給停止される。

以上より，(3)の記述が誤っており，これが本問の正解である。

正　解：(3)　　正解率：46.02％

公式テキスト・チェック　　2編－10「在職老齢年金」

障害基礎年金

問-17　障害基礎年金について，誤っているものは次のうちどれですか。

(1)　令和8年4月1日前に初診日（65歳未満に限る）がある場合，初診日の属する月の前月までの直近1年間に保険料未納期間がなければ，保険料納付要件を満たしたものとされる。

(2)　障害認定日は，原則として初診日から起算して1年6ヵ月を経過した日またはそれまでに治った日（症状が固定した日を含む）である。

(3)　初診日が20歳前にある障害についても，対象とされる。

(4)　受給権取得後に子が出生したときは，出生した日の属する月の翌月分から子の加算額が加算される。

(5)　障害認定日に障害等級に該当しなかった者が，その後65歳に達する日の前日までの間に症状が悪化して障害等級に該当するようになった場合，その期間内に請求することにより障害基礎年金が支給される。

2022年3月（第151回）

■解答ポイント＆正解

障害基礎年金は，次の要件を満たしている者に支給される。

①　初診日に国民年金の被保険者であること。または被保険者であった者で60歳以上65歳未満かつ国内居住中に初診日があること

②　障害認定日に障害等級1級または2級に該当していること

③　一定の保険料納付要件を満たしていること

障害認定日は，障害の程度の認定を行うべき日をいい，原則として初診日から1年6ヵ月を経過した日または1年6ヵ月以内に治った場合は治った日（症状が固定し治療の効果が期待できない状態に至った日を含む）である。

20歳前に初診日のある障害についても，障害基礎年金の対象とされる。

保険料納付要件は，初診日の前日において，初診日の属する月の前々月までの全被保険者期間のうち，保険料納付済期間と保険料免除期間を合算して

177

３分の２以上あれば，保険料納付要件を満たしたものとされる。また，令和
８年４月１日前に初診日（65歳未満に限る）のある障害については，前述
の３分の２の要件を満たしていなくても，初診日の属する月の前々月までの
直近の１年間に保険料未納期間がないことでも保険料納付要件を満たすとい
う特例措置が設けられている。

　障害認定日に障害等級（１級または２級）に該当していなかった者が，そ
の後，65歳に達する日の前日までの間に症状が悪化して障害等級に該当す
るようになったときは，その期間内に請求することにより，障害基礎年金が
支給される。

　受給権者に生計を維持されている子がいる場合，子の加算額が加算される。
受給権取得後に子が出生したときは，出生した日の属する月の翌月分から子
の加算額が加算される。

　以上より，(1)の記述が誤っており，これが本問の正解である。

正　解：(1)　　正解率：44.74％

> 公式テキスト・チェック

　３編－１「障害基礎年金の仕組み」，３編－３「障害
基礎年金の年金額」

障害厚生年金

> 問－18

障害厚生年金について，誤っているものは次のうちどれですか。

(1)　障害厚生年金の年金額を計算する場合，20歳未満の厚生年金保険の
　　被保険者期間も算入される。

(2)　障害厚生年金の年金額は，障害認定日の属する月までの厚生年金保険
　　の被保険者期間により計算される。

(3)　令和３年度の障害等級３級の障害厚生年金の最低保障額は，585,700
　　円である。

(4)　厚生年金保険の被保険者期間中に初診日のある傷病による障害であれ
　　ば，その障害認定日が国民年金の第１号被保険者期間中であっても対象
　　とされる。

178

(5) 65歳に達した日において，障害等級に該当する程度の障害の状態に該当しなくなった日から5年を経過していない場合は5年を経過したときに失権する。

▰ 解答ポイント＆正解

　障害厚生年金は，厚生年金保険の被保険者期間中に初診日のある傷病によって，障害認定日に障害等級1級，2級または3級の障害の状態にあるときに支給される。ただし，一定の保険料納付要件を満たしていることが必要である。初診日が厚生年金保険の被保険者期間中にあれば，障害認定日が国民年金の第1号被保険者期間中であっても障害厚生年金の対象とされる。

　年金額は，障害認定日の属する月までの被保険者期間の月数を算入し，老齢厚生年金の報酬比例部分と同様に計算する。20歳未満の被保険者期間も当然に算入する。この場合，被保険者期間の月数が300ヵ月に満たないときは，300ヵ月みなしで計算する。

　障害等級3級の障害厚生年金には最低保障額が設けられており，その額は障害基礎年金（基本額）の4分の3相当額（50円未満は切捨て，50円以上100円未満は切上げ）の，585,700円（令和3年度価格）である。

　障害厚生年金の受給権は，次のいずれかに該当したときに失権する。

① 死亡したとき

② 障害の状態が軽快し，3級の状態に該当しなくなって65歳に達したとき（ただし，65歳に達した日において3級程度の障害の状態に該当しなくなった日から起算して3年を経過していないときは，3年が経過したときに失権する）

以上より，(5)の記述が誤っており，これが本問の正解である。

<u>正　解：(5)　　正解率：45.27％</u>

> 公式テキスト・チェック

3編−4「障害厚生年金の仕組み」，3編−6「障害厚生年金の年金額」

2022年3月（第151回）

179

遺族基礎年金

問-19　遺族基礎年金について，誤っているものは次のうちどれですか。

(1)　被保険者の死亡当時に健常者であった子が，18歳到達の年度末に達する前に障害等級2級の障害に該当した場合，20歳に達するまで支給される。

(2)　被保険者であった夫が死亡した場合，55歳以上の子のない妻に支給される。

(3)　被保険者が死亡した当時胎児であった子が生まれたときは，出生した日の属する月の翌月分から支給される。

(4)　年金額は，死亡した者の保険料納付済期間や保険料免除期間にかかわらず定額である。

(5)　50歳未満の国民年金保険料の納付猶予制度の適用を受けている期間中に死亡した場合も，支給対象とされる。

◢解答ポイント＆正解

　遺族基礎年金は，次の①または②のいずれかに配偶者（夫または妻）が該当したときに，その者の子のある配偶者（妻または夫）または子に支給される。子のある配偶者（妻または夫）に支給される遺族基礎年金は，配偶者（妻または夫）の年齢を問わず支給される。

　①　国民年金の被保険者が死亡したとき。または，被保険者であった者で60歳以上65歳未満の者が国内居住中に死亡したとき。ただし，一定の保険料納付要件を満たしていることが必要である。

　②　老齢基礎年金の受給権者または受給資格期間を満たした者（いずれも保険料納付済期間，保険料免除期間および合算対象期間を合算した期間が25年以上の者）が死亡したとき。この場合，保険料納付要件は問われない。

　被保険者の死亡の当時に健常者であった子が18歳の年度末に達する前に

障害等級1級または2級の障害に該当した場合，20歳に達するまで支給される。

被保険者等の死亡の当時胎児であった子が出生したときは，将来に向かってその子は死亡の当時，その者によって生計を維持されていた子とみなされ，出生した日の属する月の翌月分から支給される。

年金額は，死亡した者の国民年金の保険料納付済期間や保険料免除期間にかかわらず定額である。

50歳未満の国民年金保険料の納付猶予制度の適用を受けている期間中に死亡した場合も，支給対象とされる。

以上より，(2)の記述が誤っており，これが本問の正解である。

正　解：(2)　　正解率：75.78％

公式テキスト・チェック　4編－1「遺族基礎年金の仕組み」，4編－2「遺族基礎年金の年金額」

遺族厚生年金

問－20　遺族厚生年金について，誤っているものは次のうちどれですか。

(1) 受給資格期間が25年以上ある老齢厚生年金の受給権者が死亡したときに，支給される。

(2) 厚生年金保険の被保険者が死亡した場合，保険料納付要件は問われない。

(3) 障害等級1級または2級の障害厚生年金の受給権者が死亡したときに，支給される。

(4) 老齢厚生年金を繰上げ受給している者が死亡した場合，遺族厚生年金の額は繰上げしなかったと仮定した額から算出される。

(5) 妻が死亡した当時，55歳以上の夫に対する遺族厚生年金は，夫が遺族基礎年金を受給できるときは，その間あわせて受給することができる。

▰ 解答ポイント＆正解

遺族厚生年金は，死亡した者が次の①〜④のいずれかに該当するときに，その者の遺族に支給される。

① 厚生年金保険の被保険者が死亡したとき

② 厚生年金保険の被保険者期間中に初診日のある傷病により，初診日から5年以内に死亡したとき

③ 障害等級1級または2級の障害厚生年金の受給権者が死亡したとき

④ 老齢厚生年金の受給権者または受給資格期間を満たした者（いずれも保険料納付済期間，保険料免除期間および合算対象期間を合算した期間が25年以上ある者）が死亡したとき

ただし，①，②に該当するときは，一定の保険料納付要件を満たしていることが必要である。

遺族の範囲は，死亡した者によって生計を維持されていた①配偶者（妻または夫），子，②父母，③孫，④祖父母である。この場合，夫，父母，祖父母については，死亡の当時，55歳以上の者が受給できる遺族となり，60歳に達するまでの間支給停止される。

ただし，妻の死亡の当時，55歳以上の夫に対する遺族厚生年金は，夫が遺族基礎年金を受給できるときは，その間合わせて受給することができる。

老齢厚生年金を繰上げ受給している者が死亡した場合，遺族厚生年金の年金額は，繰上げしなかったと仮定した減額前の額から算出される。

以上より，(2)の記述が誤っており，これが本問の正解である。

正　解：(2)　　正解率：31.92％

公式テキスト・チェック ▷　　4編−3「遺族厚生年金の仕組み」

遺族厚生年金の中高齢寡婦加算

問－21 遺族厚生年金の中高齢寡婦加算について，正しいものは次のうちどれですか。

(1) 遺族厚生年金の受給権者（妻）が厚生年金保険の被保険者の場合，支給停止される。

(2) 遺族基礎年金と中高齢寡婦加算は，一定の要件を満たせば併給される。

(3) 厚生年金保険の被保険者期間中に初診日のある傷病により初診日から5年以内に夫が死亡した場合，その被保険者期間にかかわらず加算される。

(4) 中高齢寡婦加算の額は，遺族基礎年金の年金額（基本額）の3分の2に相当する額である。

(5) 夫が死亡した当時，子のない40歳以上の妻には，加算されない。

2022年3月
（第151回）

■解答ポイント＆正解

　中高齢寡婦加算は，次の①〜④のいずれかに夫が該当したときに，その妻が受給する遺族厚生年金に加算して支給される。

① 厚生年金保険の被保険者が死亡したとき

② 厚生年金保険の被保険者期間中に初診日のある傷病により，初診日から5年以内に死亡したとき

③ 障害等級1級または2級の障害厚生年金の受給権者が死亡したとき

④ 老齢厚生年金の受給権者または受給資格期間を満たした者（いずれも保険料納付済期間，保険料免除期間および合算対象期間を合算した期間が25年以上で，厚生年金保険の被保険者期間が原則として20年以上）が死亡したとき

　中高齢寡婦加算は，夫の死亡の当時（子がいるときは遺族基礎年金の失権当時），40歳以上の妻に対して65歳に達するまでの間支給される。子がいて遺族基礎年金を受給している間は，中高齢寡婦加算は支給停止される。

遺族厚生年金の受給権者（妻）が厚生年金保険の被保険者であっても，中高齢寡婦加算は支給停止されることなく支給される。

中高齢寡婦加算の額は，定額で遺族基礎年金の年金額（基本額（子の加算を含まない額））の4分の3相当額である。

以上より，(3)の記述が正しく，これが本問の正解である。

正　解：(3)　　**正解率**：41.38％

$\boxed{\text{公式テキスト・チェック}}$　　4編－4「遺族厚生年金の年金額」

公的年金と他の制度との支給調整

$\boxed{\text{問－22}}$　　公的年金と他の制度等との支給調整について，誤っているものは次のうちどれですか。

(1)　第三者の加害行為（交通事故等）を原因とする負傷で受給する障害基礎年金は，その負傷で損害賠償金を受けたときは，事故日の翌月から起算して最長24ヵ月の範囲内で支給停止される。

(2)　生活保護法による生活扶助（生活保護費）を受けていた者が老齢基礎年金を合わせて受給できるようになった場合，生活保護費は老齢基礎年金の額を差し引いた額が支給される。

(3)　同一の原因で障害厚生年金と労働者災害補償保険法の障害補償年金を受けることができる場合，障害厚生年金は全額支給され，障害補償年金は減額支給される。

(4)　老齢厚生年金を受給している者が，在職中に健康保険の傷病手当金を受けられる場合，年金（在職老齢年金），傷病手当金とも全額が支給される。

(5)　児童扶養手当の額が，障害基礎年金の子の加算額より多い場合，児童扶養手当はその差額が支給される。

解答ポイント＆正解

　第三者の加害行為（交通事故等）を原因とする負傷で受給する障害基礎年金は，その負傷で損害賠償金を受けたときは，事故日の翌月から起算して最長36ヵ月の範囲内で支給停止される。

　老齢基礎年金と生活保護法による生活扶助（生活保護費）を受けられる場合，生活保護費は老齢基礎年金の額を差し引いた額が支給される。

　同一の原因で障害厚生年金と労働者災害補償保険法による障害補償年金を受けることができる場合，障害厚生年金は全額支給され，障害補償年金（労災の年金）が減額支給される。

　老齢厚生年金を受給している者が，在職中に健康保険の傷病手当金を受給できる場合，年金（在職老齢年金），傷病手当金とも支給調整はなく全額が支給される。なお，退職後は，老齢厚生年金が優先して支給され傷病手当金は支給停止される（ただし，老齢厚生年金の額が傷病手当金の額より低い場合は，その差額が支給される）。

　令和3年3月分より，児童扶養手当の額が障害基礎年金の子の加算額より多い場合，児童扶養手当はその差額が支給される。

　以上より，(1)の記述が誤っており，これが本問の正解である。

正　解：(1)　　正解率：31.73％

寡婦年金と死亡一時金

問－23　国民年金の寡婦年金と死亡一時金について，誤っているものは次のうちどれですか。

(1)　寡婦年金は，死亡した夫の第1号被保険者としての保険料納付済期間と保険料免除期間等を合算した期間が10年以上あることが支給要件となっている。

(2)　遺族基礎年金を受給したことのある妻も，寡婦年金を受給することができる。

(3) 寡婦年金と死亡一時金の両方を受給できるときは，いずれかを選択して受給する。

(4) 老齢基礎年金を受給している者が死亡した場合，一定の要件を満たしていれば死亡一時金が支給される。

(5) 死亡一時金は，遺族厚生年金を受給できる場合でも支給される。

◢ 解答ポイント＆正解

　寡婦年金は，国民年金の第1号被保険者としての保険料納付済期間と保険料免除期間等を合算した期間が10年以上ある夫が死亡したときに，夫の死亡の当時，生計を維持されており，かつ婚姻期間が10年以上継続した65歳未満の妻に対して60歳から65歳に達するまでの間支給される。ただし，夫が老齢基礎年金または障害基礎年金を受給していたときは支給されない。

　寡婦年金の支給要件を満たした妻が，子がいて夫の死亡により遺族基礎年金を受給した場合でも，遺族基礎年金の失権が65歳前であれば遺族基礎年金の失権後かつ60歳以上65歳未満の間，寡婦年金を受給することができる。

　死亡一時金は，国民年金の第1号被保険者としての保険料納付済期間（第2号・第3号被保険者期間は含まない）の月数，保険料4分の1免除期間の月数の4分の3に相当する月数，保険料半額免除期間の月数の2分の1に相当する月数，保険料4分の3免除期間の月数の4分の1に相当する月数を合算した期間が36ヵ月以上ある者が，老齢基礎年金または障害基礎年金のいずれも受給しないで死亡したときに，生計を同じくしていた遺族に支給される。ただし，その者の死亡により遺族基礎年金を受けられる遺族がいるときは支給されない。なお，死亡一時金は，国民年金の独自給付であり遺族厚生年金を受給できる者にも支給される。

　寡婦年金と死亡一時金の両方を受給できるときは，受給権者の選択によりいずれか一方が支給される。

　以上より，(4)の記述が誤っており，これが本問の正解である。

正　解：(4)　　正解率：40.73％

公式テキスト・チェック　　4編－6「国民年金の寡婦年金」，4編－7「国民年金の死亡一時金」

ねんきん定期便・ねんきんネット

問－24　　令和3年度に日本年金機構から送付されている「ねんきん定期便」および日本年金機構のサービスについて，誤っているものは次のうちどれですか。

(1)　50歳未満の者に通知される「ねんきん定期便」の年金額は，これまでの加入実績に応じた年金額が記載されている。

(2)　50歳以上の者に通知される「ねんきん定期便」の老齢年金の見込額には，厚生年金基金の年金額（代行部分）は含まれていない。

(3)　「ねんきん定期便」は，誕生月の2ヵ月前（1日生まれの者は3ヵ月前）に作成している。

(4)　「ねんきんネット」を利用して「ねんきん定期便」の「ペーパーレス化する」を選択しても，いわゆる節目年齢には封書の「ねんきん定期便」が送付される。

(5)　「ねんきんネット」のユーザIDを取得する際に使用するアクセスキーの有効期限は，「ねんきん定期便」到着後3ヵ月である。

2022年3月（第151回）

▰解答ポイント＆正解

日本年金機構から送付される「ねんきん定期便」は，国民年金・厚生年金保険の被保険者に対して，年金加入記録や保険料の納付額，年金見込額などを通知して確認してもらい，年金制度への理解を深めてもらうことを目的として，毎年，誕生月（1日生まれの者は誕生月の前月）に送付される。35歳，45歳，59歳の節目年齢には，封書の「ねんきん定期便」が送付され，節目年齢に該当しない年は，ハガキ形式の「ねんきん定期便」が送付される。

「ねんきん定期便」は，誕生月の2ヵ月前（1日生まれの者は3ヵ月前）

に作成されている。

老齢年金の見込額は，50歳未満の者にはこれまでの加入実績に応じた年金見込額，50歳以上60歳未満の者には定期便作成時の加入制度に同じ加入条件で引き続き60歳まで継続して加入したものと仮定した将来の年金見込額が記載されている。厚生年金基金の加入期間がある者の年金見込額は，50歳未満の者・50歳以上の者とも，厚生年金基金の年金額（代行部分）を含んだ見込額が記載されている。

ねんきん定期便には，「ねんきんネット」のユーザＩＤを取得する際に使用するアクセスキー（17桁の番号）が記載されている。このアクセスキーを使用してユーザＩＤの発行を申し込むと，即時にユーザＩＤが取得できる。このアクセスキーの有効期限は「ねんきん定期便」到着後3ヵ月である。

「ねんきんネット」を利用して「ねんきん定期便」の「ペーパーレス化する」を選択しても，節目年齢（35歳，45歳，59歳）には封書の「ねんきん定期便」が送付される。

以上より，⑵の記述が誤っており，これが本問の正解である。

正　解：⑵　　正解率：64.30％

公式テキスト・チェック　　5編－1「ねんきん定期便とねんきんネット」

年金の税制

問－25　　公的年金等の税制について，誤っているものは次のうちどれですか。

⑴　国民年金法・厚生年金保険法による老齢給付は課税対象となり，同法による障害給付と遺族給付は課税対象とならない。

⑵　生計を一にする子が負担すべき国民年金の保険料を親が支払った場合，支払った者の所得控除の対象になる。

⑶　被扶養配偶者である妻が拠出すべき個人型確定拠出年金の掛金を夫が支払った場合，夫の所得控除の対象にならない。

⑷　夫の死亡により妻が未支給年金を受給した場合，未支給年金は相続税

の課税対象となる。

(5)　確定給付企業年金の加入者の掛金は，生命保険料控除の対象となる。

解答ポイント＆正解

　国民年金法・厚生年金保険法によるの老齢給付（老齢基礎年金・老齢厚生年金等）は所得税法により雑所得として課税対象となり，障害給付と遺族給付は非課税である。

　個人型確定拠出年金の加入者掛金は，小規模企業共済等掛金控除の対象となる。被扶養者である妻が拠出すべき個人型確定拠出年金の掛金を夫が支払った場合，夫の所得控除の対象にならない。

　夫の死亡により妻が受給する未支給年金は，一時所得として所得税の課税対象となる。

　被保険者・加入員等本人が負担する国民年金・厚生年金保険・厚生年金基金・国民年金基金の保険料・掛金は，支払った全額が社会保険料控除の対象となる。社会保険料控除は，納税者が自己または自己と生計を一にする配偶者やその他の親族の負担すべき社会保険料を支払った場合などに受けられる所得控除である。生計を一にする子の国民年金保険料を親が支払った場合，支払った者の社会保険料控除の対象となる。

　確定給付企業年金の加入者掛金は，生命保険料控除の対象となる。

　以上より，(4)の記述が誤っており，これが本問の正解である。

正　解：(4)　　正解率：56.70％

公式テキスト・チェック　　　5編－10「年金と税金」

個人型確定拠出年金

問-26 個人型確定拠出年金制度について，誤っているものは次のうちどれですか。

(1) 中小事業主掛金納付制度（iDeCo⁺）とは，中小事業主が従業員の掛金の全額を納付する制度である。

(2) 第1号厚生年金被保険者が加入者である場合の掛金の払込方法には，事業主の預金口座からの口座振替と本人名義の預金口座からの口座振替の2つがある。

(3) 被保険者種別等に変更がない場合，1年に1回にかぎり掛金額を変更できる。

(4) 運営管理機関を変更するには，すべての運用商品を売却（解約）しなければならない。

(5) 老齢給付金は，「年金」「一時金」または「年金と一時金」のいずれか任意の方法で受給できる。

◢解答ポイント＆正解

中小事業主掛金納付制度（iDeCo⁺・イデコプラス）とは，企業年金（企業型確定拠出年金，確定給付企業年金，厚生年金基金）を実施していない中小企業の事業主が，従業員の老後の所得確保に向けた支援を行うことができるよう，個人型確定拠出年金に加入している従業員が拠出する加入者掛金に上乗せして，掛金を拠出できる制度である。iDeCo⁺の掛金は，月額5,000円以上23,000円以下の範囲で，加入者と事業主がそれぞれ1,000円単位で決定する。ただし，加入者掛金を零（0円）とすることはできない（事業主掛金が加入者掛金を上回ることは可能）。

第1号厚生年金被保険者が加入者である場合の掛金の払込み方法には，事業主払込（事業主の預金口座からの口座振替）と，個人払込（加入者名義の預金口座からの口座振替）の2つがある。なお，事業主払込に対応していな

い事業主もある。

　加入者掛金の額および拠出区分期間の変更は，個人型掛金拠出単位期間（12月分から翌年11月分の１年）につき１回のみ行うことができる。なお，被保険者種別の変更（たとえば，国民年金の第１号被保険者が就職した場合）などによる掛金額の変更は，この変更回数に含まれない。

　運営管理機関を変更する場合，変更前のプランで運用していた商品を一旦すべて売却（解約）して現金化し，現金化した資産を移換する。

　老齢給付金の受取方法は，「年金」「一時金」「年金と一時金の組合せ」のいずれかを選択できる。

　以上より，(1)の記述が誤っており，これが本問の正解である。

正　解：(1)　　正解率：39.84％

公式テキスト・チェック　　　5編－9「確定拠出年金」

確定給付企業年金

問－27　確定給付企業年金について，誤っているものは次のうちどれですか。

(1)　規模の制限はなく，すべての厚生年金適用事業所が実施できる。

(2)　確定給付企業年金と企業型確定拠出年金を同時に実施することはできない。

(3)　規約型企業年金は，生命保険会社や信託銀行等と契約を結び，母体企業の外で年金資産を管理・運用し，給付を行う。

(4)　給付に要する費用の予想額の現価や掛金収入の予想額を計算して所定の額に満たない場合，事業主は追加で掛金を拠出しなければならない。

(5)　老齢給付金と脱退一時金の給付は必須であり，規約で定めれば障害給付金や遺族給付金を給付することもできる。

解答ポイント＆正解

　確定給付企業年金は，すべての厚生年金適用事業所が単独または共同で実施することができる。厚生年金適用事業所の規模に制限はない。

　確定給付企業年金には，規約型企業年金と基金型企業年金の2つのタイプがある。規約型企業年金は，労使の合意にもとづいて生命保険会社や信託銀行等と契約を締結し，母体企業の外で年金資産を管理・運用し給付を行う。基金型企業年金は，母体企業とは別法人として設立された企業年金基金が運営主体となる。

　同一の事業所で，確定給付企業年金と企業型確定拠出年金を同時に実施することは可能である。

　確定給付企業年金は，将来の給付額（の計算方法等）をあらかじめ決定しておき，それに見合う掛金を拠出する制度である。給付に要する費用の予想額の現価や掛金収入の予想額を計算して所定の額に満たない場合，事業主は追加で掛金を拠出しなければならない。

　給付には，法律上必ず実施しなければならない必須給付と実施することができる任意給付がある。老齢給付金と脱退一時金の給付は必須であり，規約に定めれば障害給付金や遺族給付金を給付することもできる。

　以上より，(2)の記述が誤っており，これが本問の正解である。

正　解：(2)　　正解率：31.01％

> 公式テキスト・チェック　　5編－7「企業年金制度」

年金生活者支援給付金

> 問－28

　年金生活者支援給付金（以下「給付金」という）について，誤っているものは次のうちどれですか。

(1)　給付金には，老齢給付金，補足的老齢給付金，障害給付金，遺族給付金の4つがある。

(2)　老齢給付金は，同一世帯の全員が市町村民税非課税である者が支給対

象とされる。

(3) 老齢厚生年金を繰下げ待機中の場合，老齢基礎年金を受給していても老齢給付金は支給されない。

(4) 障害給付金の受給要件である前年または前々年の所得の額は，扶養親族の有無および数に応じて定められている。

(5) 遺族給付金を子が受給する場合，給付基準額を子の数で除した額がそれぞれの子に給付される。

▋解答ポイント＆正解

年金生活者支援給付金（以下「給付金」という）は，消費税率の引上げ分を活用し，公的年金等の収入や所得額が一定基準額以下の年金受給者の生活を支援するために支給されるもので，令和元年10月より実施されている。

給付金には，老齢給付金，補足的老齢給付金，障害給付金，遺族給付金があり，すべての給付金は非課税扱いとなっている。

老齢給付金は，次のいずれにも該当する者に支給される。

① 老齢基礎年金の受給者であって，所得額（公的年金等の収入額と前年（または前々年）の所得の合計額）が所得基準額以下であること

② 世帯全員が市町村民税を課されていないこと

③ 65歳以上であること

老齢厚生年金を繰下げ待機中の場合でも，要件を満たしていれば老齢給付金は支給される。

障害給付金は，障害基礎年金の受給者のうち，前年または前々年の所得が政令で定める額（扶養親族の数に応じて増額）以下である者に支給される。

遺族給付金は，遺族基礎年金の受給者のうち，障害給付金と同様の所得基準を満たす者に支給される。

遺族給付金を2人以上の子が受ける場合，給付基準額を子の数で除した額がそれぞれの子に給付される。

以上より，(3)の記述が誤っており，これが本問の正解である。

正　解：(3)　　正解率：32.02％

公式テキスト・チェック ＞ 　　5編－2「年金請求と諸手続き」

年金制度改正法

問－29　令和4年4月1日施行の年金制度改正について，誤っているものは次のうちどれですか。

(1)　新たに国民年金の被保険者になった者に対する「年金手帳」の交付を廃止し，「基礎年金番号通知書」に切り替える。

(2)　繰上げ支給の減額率を，受給権者の生年月日にかかわらず1ヵ月あたり0.5％から0.4％に引き下げる。

(3)　65歳以上で在職老齢年金を受給しながら働いている者の年金額を，毎年定時に改定する。

(4)　65歳未満の在職老齢年金の支給停止の基準額を，28万円から47万円（令和3年度の額）に引き上げる。

(5)　原則，昭和27年4月2日以後生まれの者の繰下げ支給の上限年齢を70歳から75歳に引き上げる。

◢ 解答ポイント＆正解

令和2年6月5日に公布された「年金制度の機能強化のための国民年金法等の一部を改正する法律」（年金制度改正法）の主な改正内容は，次のとおりである。

①　新たに国民年金の被保険者となった者に対する資格取得のお知らせとして，（国民）年金手帳の交付を廃止し，基礎年金番号通知書の送付に切り替える。

②　繰下げ支給の上限年齢を70歳から75歳に引き上げる（原則，昭和27年4月2日以降生まれの者が対象）。

③　繰上げ支給の減額率を1ヵ月あたり0.5％から0.4％に引き下げる（昭和37年4月2日以降生まれの者が対象）。

④　老齢厚生年金の受給権を取得した後に就労している65歳以上の在職老齢年金受給者の年金額を毎年定時に改定する。

⑤　65歳未満の在職老齢年金の支給停止の基準額を，28万円から47万円（令和3・4年度の額）に引き上げる。

⑥　短時間労働者を被用者保険の適用対象とすべき企業規模要件を令和4年10月より100人超，令和6年10月より50人超に引き下げる。

以上より，(2)の記述が誤っており，これが本問の正解である。

正　解：(2)　　正解率：35.70％

社会保障協定と脱退一時金

問-30　社会保障協定と公的年金の脱退一時金について，誤っているものは次のうちどれですか。

(1)　社会保障協定締結の相手国への派遣の期間が5年を超えない見込みの場合，わが国の年金制度に加入する。

(2)　社会保障協定締結の相手国の年金制度に加入しながら，同時に日本の国民年金に任意加入することができる。

(3)　わが国と社会保障協定を締結（発効）している国は，25ヵ国より少ない。

(4)　短期滞在の外国人に対する脱退一時金の支給上限月数は，36ヵ月である。

(5)　短期滞在の外国人に対する脱退一時金は，わが国に住所を有しなくなった日から2年以内に請求しなければ，受給できない。

▰解答ポイント＆正解

社会保障協定の目的のひとつは，日本から海外に派遣される者について，

年金制度をはじめとする日本の社会保障制度と就労地である相手国の制度にそれぞれ加入し，双方の国の制度の保険料を負担するという年金制度を含む社会保障制度への二重加入を防止することにある。

　事業所から海外に派遣される者の社会保障制度の取扱いは，相手国のみの制度に加入することを原則としているが，一時的（5年を超えない見込みの者）な派遣者については，日本の制度に加入することになっている。

　試験日現在，日本と社会保障協定を締結（発効）している国は，ドイツ，イギリス，韓国，アメリカ，ベルギー，フランス，カナダ，オーストラリア，オランダ，チェコ，スペイン，アイルランド，ブラジル，スイス，ハンガリー，インド，ルクセンブルク，フィリピン，スロバキア，中国，フィンランドの21ヵ国である（令和4年6月にスウェーデンが発効）。

　社会保障協定締結の相手国の年金制度に加入しながら，同時にわが国の国民年金に任意加入することができる。

　短期滞在の外国人に対する公的年金の脱退一時金は，保険料の掛け捨て防止策として平成7年4月から実施されている。この脱退一時金は，日本に住所を有しなくなった日から2年以内に請求しなければ，支給されない。

　脱退一時金の額は，国民年金の場合，第1号被保険者としての保険料納付済期間等の対象月数に応じて定められている。厚生年金保険については，被保険者期間の月数に応じて定められた支給率に平均標準報酬額を乗じて算出される。対象月数・被保険者期間の月数の上限月数はいずれも60ヵ月（5年）である。

　以上より，(4)の記述が誤っており，これが本問の正解である。

正　解：(4)　　正解率：29.08％

公式テキスト・チェック

5編－3「社会保障協定」，5編－5「短期在留外国人の脱退一時金」

技能・応用

［Ⅰ］　次の事例にもとづいて，〔問―31〕および〔問―32〕に答えてくださ
い。

《事　例》

　年金相談会に参加されたＡさん夫婦（平成元年4月結婚）の年金加
入歴（予定を含む）は，次のとおりである。なお，妻は配偶者加給年
金額の対象となる要件を満たしている。

○夫（昭和36年4月1日生まれ）
　・昭和58年4月～平成27年10月：厚生省・厚生労働省（国家公務
　　員共済）
　・平成27年11月～平成28年3月：国民年金（保険料納付）
　・平成28年4月～65歳に達するまで：㈱Ｚ社（厚生年金保険）

○妻（昭和39年3月20日生まれ）
　・昭和57年4月～昭和63年10月：Ｙ市役所（地方公務員共済）
　・昭和63年11月～平成元年3月：国民年金（保険料未納）
　・平成元年4月～60歳に達するまで：国民年金

老齢基礎年金の受給資格期間

問―31　　　Ａさん夫婦の老齢基礎年金の受給資格期間等について，誤っ
ているものは次のうちどれですか。

(1)　夫：昭和58年4月～平成27年10月の期間は，すべて保険料納付済期
間となる。

(2)　夫：平成28年4月～65歳に達するまでの期間のうち，保険料納付済
期間は59ヵ月である。

(3)　妻：昭和57年4月～昭和63年10月の期間のうち，合算対象期間は23
ヵ月である。

(4)　妻：昭和63年11月～平成元年3月の期間は，受給資格期間に算入さ

れない。

(5) 妻：平成元年4月～60歳に達するまでの期間のうち，第3号被保険者期間は419ヵ月である。

老齢給付

問-32 Aさん夫婦の老齢給付について，誤っているものは次のうちどれですか。

(1) 夫：特別支給の老齢厚生年金の支給開始年齢は，64歳である。

(2) 夫：定額部分は支給されない。

(3) 夫：令和8年4月分から加給年金額が加算される。

(4) 妻：報酬比例部分の支給開始年齢は，63歳である。

(5) 妻：令和11年4月分から，老齢基礎年金に振替加算が加算される。

▓ 解答ポイント＆正解

問-31 老齢基礎年金の受給資格期間には，保険料納付済期間，保険料免除期間および合算対象期間が算入される。

保険料納付済期間は，①第1号被保険者期間および昭和61年3月以前の国民年金の加入期間のうち保険料を納付した期間，②厚生年金保険，共済組合等の加入期間のうち昭和36年4月以後かつ20歳以上60歳未満の期間，③第3号被保険者期間等である。

合算対象期間は，④厚生年金保険，共済組合等の被保険者・加入者の配偶者で国民年金に任意加入できた者が任意加入しなかった昭和61年3月以前の期間，⑤国民年金に任意加入して保険料を納付しなかった20歳以上60歳未満の期間，⑥厚生年金保険，共済組合等の加入期間のうち昭和36年3月以前の期間および20歳前と60歳以後の期間等がある。

Aさん夫婦の場合，次のとおりである。

(1) 夫：昭和58年4月～平成27年10月：②に該当しすべて保険料納付済

期間となる。

(2) 夫：平成28年4月～65歳に達するまで：60歳到達月の前月までの期間（平成28年4月～令和3年2月）が保険料納付済期間となり，その月数は59ヵ月である。

(3) 妻：昭和57年4月～昭和63年10月：20歳前の期間（昭和57年4月～昭和59年2月）が⑥に該当し合算対象期間となり，その月数は23ヵ月である。

(4) 妻：昭和63年11月～平成元年3月：保険料未納期間であり，合算対象期間にも該当しないので，受給資格期間に算入されない。

(5) 妻：平成元年4月～60歳に達するまでの期間：平成元年4月～平成27年10月（319ヵ月）と平成28年4月～60歳到達月の前月（令和6年2月・95ヵ月）の計414ヵ月が③の第3号被保険者期間となる。

以上より，(5)の記述が誤っており，これが本問の正解である。

正　解：(5)　　正解率：43.83％

公式テキスト・チェック 〉　2編－1「老齢基礎年金の仕組み」

問－32　第1号厚生年金被保険者（男子）の老齢厚生年金（報酬比例部分）の支給開始年齢の引上げは，昭和28年4月2日以降生まれの者から実施されている。

女子（第2号～第4号厚生年金被保険者）の老齢厚生年金の支給開始年齢の引上げは男子と同じスケジュールで実施されている。

夫の場合，報酬比例部分の支給開始年齢は64歳，定額部分は支給されず65歳から老齢基礎年金として支給される。加給年金額は65歳到達月の翌月（令和8年4月）分から支給される。

妻（第3号厚生年金被保険者）の場合，特別支給の老齢厚生年金の支給はなく，65歳から老齢厚生年金と老齢基礎年金が支給される。妻は夫の老齢厚生年金の加給年金額の対象者であり，65歳に達した月の翌月（令和11年4月）分から老齢基礎年金に振替加算が加算される。

199

以上より，(4)の記述が誤っており，これが本問の正解である。

正　解：(4)　　正解率：44.26％

公式テキスト・チェック

2編－3「老齢基礎年金の振替加算」，2編－6「60歳台前半の老齢厚生年金」

[Ⅱ]　次の事例にもとづいて，〔問－33〕および〔問－34〕に答えてください。

《事　例》

　B夫さん（昭和36年10月5日生まれ）は，妻（58歳，専業主婦）と2人暮らしである。B夫さんの年金加入歴は，次のとおりである。

・昭和55年4月～平成元年3月：厚生年金保険（108ヵ月）

・平成元年4月～平成14年6月：国民年金，保険料納付（159ヵ月）

・平成14年7月～平成18年6月：国民年金，保険料全額免除期間（48ヵ月）

・平成18年7月～平成28年6月：国民年金，保険料半額免除期間（120ヵ月）

・平成28年7月～60歳に達するまで：国民年金，保険料4分の1免除期間（63ヵ月）

老齢基礎年金の年金額

問-33　B夫さんが65歳から受給できる老齢基礎年金の年金額の計算式について，正しいものは次のうちどれですか（年金額は令和3年度価格）。

(1) $780{,}900円 \times \dfrac{267ヵ月 + 48ヵ月 \times \frac{1}{2} + 120ヵ月 \times \frac{2}{3} + 63ヵ月 \times \frac{5}{8}}{480ヵ月}$

(2) $780{,}900円 \times \dfrac{267ヵ月 + 48ヵ月 \times \frac{1}{3} + 33ヵ月 \times \frac{3}{4} + 87ヵ月 \times \frac{5}{8} + 63ヵ月 \times \frac{7}{8}}{480ヵ月}$

(3) $780{,}900円 \times \dfrac{249ヵ月 + 48ヵ月 \times \frac{1}{2} + 33ヵ月 \times \frac{3}{4} + 87ヵ月 \times \frac{5}{8} + 63ヵ月 \times \frac{3}{4}}{480ヵ月}$

(4) $780{,}900円 \times \dfrac{249ヵ月 + 48ヵ月 \times \frac{1}{3} + 33ヵ月 \times \frac{2}{3} + 87ヵ月 \times \frac{3}{4} + 63ヵ月 \times \frac{7}{8}}{480ヵ月}$

(5) $780{,}900円 \times \dfrac{249ヵ月 + 48ヵ月 \times \frac{1}{3} + 33ヵ月 \times \frac{2}{3} + 87ヵ月 \times \frac{3}{4} + 63ヵ月 \times \frac{5}{8}}{480ヵ月}$

国民年金保険料の追納および老齢給付

問-34　B夫さんの国民年金保険料の追納および老齢給付について，誤っているものは次のうちどれですか。

(1) 保険料半額免除期間の一部は，免除された保険料を今から追納することができる。

(2) 保険料4分の1免除期間の免除された保険料は，今からすべて追納することができる。

(3) 令和4年6月に繰上げ請求すると，老齢基礎年金の年金額は26.0％減額される。

(4) 令和5年4月に繰上げ請求をした場合，令和8年11月分から老齢厚生年金に加給年金額が加算される。

(5) 令和11年1月に繰下げの申出をすると，年金額は18.9％増額される。

解答ポイント＆正解

問－33
　　老齢基礎年金の年金額は，780,900円（令和3年度価格）である。
　　この年金額は20歳から60歳になるまでの40年間（加入可能年数）すべて保険料納付済期間のときに支給される。40年に満たないときはその不足する期間に応じて減額される。
　　保険料免除期間は，次に相当する月数として計算する。

免除区分	平成21年3月以前		平成21年4月以降	
	480ヵ月までの期間	480ヵ月を超える期間	480ヵ月までの期間	480ヵ月を超える期間
4分の1免除	6分の5	2分の1	8分の7	8分の3
半額免除	3分の2	3分の1	4分の3	4分の1
4分の3免除	2分の1	6分の1	8分の5	8分の1
全額免除	3分の1	－	2分の1	－

　　B夫さんの場合，昭和55年4月～平成元年3月の厚生年金保険に加入した期間のうち，20歳前の期間（昭和55年4月～昭和56年9月：18ヵ月）は合算対象期間となり老齢基礎年金の年金額に反映されない。20歳以後の期間（昭和56年10月～平成元年3月：90ヵ月）が保険料納付済期間となる。
　　平成14年7月からの保険料全額免除期間48ヵ月は3分の1，平成18年7月からの半額免除期間のうち，平成21年3月までの33ヵ月は3分の2，平成21年4月から平成28年6月までの87ヵ月は4分の3，平成28年7月からの4分の1免除期間は8分の7として計算する。
　　以上より，(4)の計算式が正しく，これが本問の正解である。

正　解：(4)　　正解率：66.27％

公式テキスト・チェック　　　2編－2「老齢基礎年金の年金額」

問－34 国民年金保険料の免除を受けた者が，その後ゆとりができて保険料を納付できるようになったときは，免除された期間の保険料の全部または一部を追納することができる。この追納は10年前の分まで遡って行うことができ，追納することでその期間は保険料納付済期間となり年金額が増額される。

B夫さんの場合，

保険料半額免除期間の一部は10年を経過していないので，免除された10年以内の期間分は今から追納することができる。

保険料4分の1免除期間は10年を経過していないので，今からすべて追納することができる。

老齢基礎年金の支給開始年齢は65歳であるが，60歳以後の希望するときから繰り上げて受給することができ，繰上げ受給すると減額される。減額率は月単位で決定され「0.5％×繰上げ請求月から65歳到達月の前月までの月数」で求める。令和4年6月に繰上げ請求すると減額率は0.5％×52ヵ月＝26％となり，年金額は26.0％減額される。

なお，令和4年4月からは昭和37年4月2日以後生まれの者の繰上げ減額率が，1ヵ月につき0.4％に改正されている。

繰下げ受給の増額率は，65歳に達した日の属する月から繰下げ申出をした日の属する月の前月までの月数に0.7％を乗じたものである。令和11年1月に繰下げの申出を行った場合，年金額は0.7％×27ヵ月（＝令和8年10月～令和10年12月）＝18.9％増額される。

老齢厚生年金に加算される加給年金額は，被保険者期間が原則20年以上ある者で，その権利を取得した当時，その者によって生計維持されている65歳未満の配偶者がいるときに支給される。B夫さんの厚生年金保険の被保険者期間は20年に満たないので，加給年金額は加算されない。

以上より，(4)の記述が誤っており，これが本問の正解である。

正　解：(4)　　正解率：32.33％

公式テキスト・チェック　　　2編－4「老齢基礎年金の支給の繰上げ・繰下げ」

[Ⅲ] 次の事例にもとづいて，〔問－35〕および〔問－36〕に答えてください。

《事 例》

C夫さん（昭和34年3月20日生まれ）から，退職後に受給できる年金額の計算方法を知りたいと相談があった。C夫さんは昭和56年4月に㈱X社に入社し，令和4年3月末日に退職する予定である。

C夫さんの令和3年度基準（本来水準）の平均標準報酬月額は350,000円，平均標準報酬額は460,000円とする。

生年月日	総報酬制・実施前		総報酬制・実施後	
	旧乗率	新乗率	旧乗率	新乗率
昭和21.4.2〜	7.50／1,000	7.125／1,000	5.769／1,000	5.481／1,000

老齢厚生年金の年金額の計算

問－35 C夫さんが退職後受給できる特別支給の老齢厚生年金の年金額について，正しいものは次のうちどれですか（年金額は令和3年度価格）。

(1) 1,230,676円

(2) 1,232,867円

(3) 1,233,197円

(4) 1,297,708円

(5) 1,298,053円

204

老齢厚生年金に加算される経過的加算

問-36 C夫さんが65歳から受給する老齢厚生年金に加算される経過的加算の計算式について，正しいものは次のうちどれですか（年金額は令和3年度価格）。

(1) $1,628円 \times 480 ヵ月 - 780,900円 \times \dfrac{454 ヵ月}{480 ヵ月}$

(2) $1,628円 \times 480 ヵ月 - 780,900円 \times \dfrac{455 ヵ月}{480 ヵ月}$

(3) $1,628円 \times 480 ヵ月 - 780,900円 \times \dfrac{456 ヵ月}{480 ヵ月}$

(4) $1,628円 \times 492 ヵ月 - 780,900円 \times \dfrac{454 ヵ月}{480 ヵ月}$

(5) $1,628円 \times 492 ヵ月 - 780,900円 \times \dfrac{455 ヵ月}{480 ヵ月}$

解答ポイント＆正解

問-35 令和3年度の老齢厚生年金（報酬比例部分）の年金額は，原則として次の「本来水準」の算式で計算した年金額が支給される。

＜本来水準の算式＞

平均標準報酬月額 $\times \dfrac{9.5 \sim 7.125}{1,000} \times$ 平成15年3月までの被保険者月数＋平均標準報酬額 $\times \dfrac{7.308 \sim 5.481}{1,000} \times$ 平成15年4月以降の被保険者月数

＊平均標準報酬月額，平均標準報酬額は令和3年度（本来水準）の再評価率により算出する。

＊乗率は，生年月日に応じた新乗率を使用する。

C夫さんの場合，総報酬制実施前の被保険者期間の月数は昭和56年4月〜平成15年3月の264ヵ月，総報酬制実施後の被保険者期間の月数は平成15年4月〜令和4年3月の228ヵ月となり，年金額は次のとおりである。

$$350,000 円 \times \frac{7.125}{1,000} \times 264 ヵ月 + 460,000 円 \times \frac{5.481}{1,000} \times 228 ヵ月 ≒$$
1,233,197円

以上より，(3)の年金額が正しく，これが本問の正解である。

正　解：(3)　　正解率：55.64％

公式テキスト・チェック　　　2編－7「60歳台前半の老齢厚生年金の年金額」

問－36　　65歳前の定額部分に相当する額が原則として65歳からの老齢基礎年金の額となるが，厚生年金保険の加入期間のうち20歳前と60歳以後の期間および定額単価1,628円（令和3年度，以下同）と老齢基礎年金の月額相当額（780,900円／480ヵ月＝1,626.875円＜1,628円）との差額等は老齢基礎年金の額に算入されず，定額部分の額が老齢基礎年金の額を上回ることになる。そこでこれを補うため，その差額分を経過的加算として老齢厚生年金に加算して支給される。65歳前の定額部分の額を保障する措置である。

経過的加算の額は，定額部分の額から厚生年金保険の加入期間にかかる老齢基礎年金の額を差し引いた額であり，算式で示すと次のとおりである。

経過的加算の額＝定額部分の額（A）－老齢基礎年金の額（B）

定額部分の額（A）：1,628円×被保険者期間の月数（上限480ヵ月）

老齢基礎年金の額（B）：780,900円×20歳以上60歳未満の厚生年金保険の被保険者期間の月数／480ヵ月

C夫さんの場合，被保険者期間の月数は昭和56年4月～令和4年3月の492ヵ月であるが，定額部分は上限月数480ヵ月で計算する。

60歳到達月の前月までの厚生年金保険の被保険者期間の月数は，昭和56年4月～平成31年2月の455ヵ月であり，算式で示すと(2)のとおりである。

以上より，(2)の計算式が正しく，これが本問の正解である。

正　解：(2)　　正解率：53.64％

公式テキスト・チェック　　　2編－9「60歳台後半の老齢厚生年金」

[IV] 次の事例にもとづいて，〔問－37〕および〔問－38〕に答えてください。

《事 例》

　D夫さん（昭和32年3月20日生まれ）は，妻（昭和32年9月28日生まれ，専業主婦）と2人暮らしである。D夫さんは65歳に達した日に42年11ヵ月勤務した㈱W社を定年退職し，令和4年5月から㈱V社に70歳になるまで勤務する予定である。

　㈱W社での給与は，月額450,000円（標準報酬月額440,000円），賞与は7月に900,000円，12月に1,200,000円が支給されており，ここ3年間は変わっていない。

　㈱V社での給与は，月額390,000円（標準報酬月額380,000円），賞与は7月と12月にそれぞれ300,000円が支給される条件である。

　㈱W社退職後の年金額は，老齢厚生年金1,900,085円（うち経過的加算39,585円，加給年金額390,500円），老齢基礎年金780,900円で，基本手当日額は6,500円とする。

65歳以後の在職老齢年金

問－37　D夫さんが㈱V社に勤務したときの在職老齢年金に関する下記（①～④）の記述について，正しいものの数は次のうちどれですか（在職時定時改定は考慮しないものとします）。

①　令和4年6月分の基本月額は，122,500円である。
②　令和4年7月分の総報酬月額相当額は，505,000円である。
③　令和4年10月分の在職老齢年金には，加給年金額が加算される。
④　令和4年12月分の支給停止額は，41,250円である。

(1)　なし
(2)　1つ

(3)　　2つ

(4)　　3つ

(5)　　4つ

高年齢求職者給付金

問－38　　D夫さんが㈱V社に70歳到達月まで勤務し同月に退職した場合，雇用保険の高年齢求職者給付金（以下「給付金」という）等に関するアドバイスについて，誤っているものは次のうちどれですか。

(1)　給付金の額は，325,000円である。

(2)　基本手当日額は，㈱V社離職前の6ヵ月間に支払われた賃金および賞与を基礎として計算されている。

(3)　給付金を受給しても，老齢厚生年金は支給停止されない。

(4)　給付金を受給するためには，住所地を管轄するハローワークで求職の申込をする必要がある。

(5)　給付金の受給後，再就職して一定の要件を満たせば，再び給付金を受給できる。

▰解答ポイント＆正解

問－37　　60歳台後半の在職老齢年金は，基本月額と総報酬月額相当額により支給停止額が計算される。

・基本月額と総報酬月額相当額の合計額が47万円（支給停止調整額。令和5年度は48万円，以下同）以下のとき……支給停止はなく全額が支給される。

・基本月額と総報酬月額相当額の合計額が47万円を超えるとき……（基本月額＋総報酬月額相当額－47万円）$\times \frac{1}{2}$で計算した額が支給停止される。

＊基本月額＝年金額（報酬比例部分の額。加給年金額・経過的加算を除

く）$\times\dfrac{1}{12}$

＊総報酬月額相当額＝その月の標準報酬月額＋その月以前１年間の標準賞与額$\times\dfrac{1}{12}$

Ｄ夫さんの場合，

① 令和４年６月の基本月額は，$\{1,900,085$円－（$39,585$円＋$390,500$円）$\}\times\dfrac{1}{12}=122,500$円である（○）。

② 令和４年７月の総報酬月額相当額は，$380,000$円＋（$1,200,000$円＋$300,000$円）$\times\dfrac{1}{12}=505,000$円である（○）。

③ 配偶者加給年金額は生計を維持されている65歳未満の配偶者がいるときに支給される。妻は令和４年９月に65歳になるので令和４年10月分の在職老齢年金に加給年金額は加算されない（×）。

④ 令和４年12月の支給停止額は，総報酬月額相当額が$380,000$円＋（$300,000$円＋$300,000$円）$\times\dfrac{1}{12}=430,000$円となり，支給停止額は（$122,500$円＋$430,000$円－$470,000$円）$\times\dfrac{1}{2}=41,250$円である（○）。

以上より，①，②，④の３つが正しく，(4)が本問の正解である。

正 解：(4)　　正解率：31.51 %

公式テキスト・チェック ＞ 2編－10「在職老齢年金」

問－38 65歳以上の雇用保険の被保険者（高年齢被保険者）が失業した場合，離職の日以前１年間に被保険者期間が通算して６ヵ月以上あるときに，高年齢求職者給付金（以下「給付金」という）が支給される。被保険者であった期間が１年以上のときは基本手当日額の50日分，１年未満のときは30日分に相当する額が一時金で支給される。Ｄ夫さんには基本手当日額の50日分が支給される。

Ｄ夫さんが70歳到達月に㈱Ｖ社を退職した場合，給付金は基本手当日額の50日分が支給されるので，$6,500$円×50日＝$325,000$円が一時金で支給される。

基本手当日額は，離職前６ヵ月間に支払われた賃金の総額を180で除した

209

額に給付率を乗じた額である。賞与は，基本手当日額を算出するときの基礎とされていない。

高年齢求職者給付金を受給しても，老齢厚生年金は支給停止されることなく全額が支給される。

給付金を受給するには，住所地を管轄するハローワーク（公共職業安定所）で求職の申込を行う必要がある。

給付金を受給後，再就職して所定の要件を満たせば，再び給付金を受給することができる。受給回数の制限はないため条件を満たすかぎり失業するたびに受給することができる。

以上より，(2)のアドバイスが誤っており，これが本問の正解である。

正 解：(2)　　正解率：27.06％

公式テキスト・チェック ▷ 2編−12「雇用保険による高年齢雇用継続給付との調整」

[V] 次の事例にもとづいて，〔問−39〕および〔問−40〕に答えてください。

《事 例》

E子さん（昭和37年3月15日生まれ）は，60歳到達月の末日に15年間勤務した㈱U社を退職する予定である。E子さんの年金加入歴は通算して厚生年金保険に26年間，国民年金に16年間である。

E子さんの退職後の年金見込額は，報酬比例部分が581,550円，65歳からの老齢厚生年金は620,946円（経過的加算39,396円を含む），老齢基礎年金は780,900円とする。なお，夫（昭和36年6月18日生まれ，昭和62年4月結婚）は民間会社に勤務，給与は月額650,000円（賞与はない）でここ3年間は変わっていない。

経過的な繰上げ支給の老齢厚生年金

問－39 E子さんの経過的な繰上げ支給の老齢厚生年金等について，誤っているものは次のうちどれですか。

(1) 60歳到達後62歳に達する前までの間に，繰上げ請求ができる。

(2) 老齢厚生年金と老齢基礎年金は，同時に繰上げ請求しなければならない。

(3) 令和9年4月分から，老齢厚生年金に加給年金額が加算される。

(4) 繰上げ請求後に厚生年金保険の被保険者となった場合，在職老齢年金の仕組みによる調整の対象となる。

(5) 繰上げ請求後に初診日のある傷病により障害等級に該当しても，障害基礎年金は請求できない。

繰上げ支給の老齢基礎年金の年金額計算

問－40 E子さんが令和4年7月中に経過的な繰上げ支給の老齢厚生年金を請求した場合，受給できる老齢基礎年金の年金額について，正しいものは次のうちどれですか。

(1) 558,343円

(2) 562,248円

(3) 566,152円

(4) 602,855円

(5) 605,978円

解答ポイント＆正解

問－39 経過的な繰上げ支給の老齢厚生年金は，60歳から報酬比例部分の支給開始年齢に達する前に請求することができる。この場合，老齢基礎年金と同時に繰上げ請求しなければならない。

E子さんの場合，報酬比例部分の支給開始年齢は62歳であり，60歳到達

後62歳に達する前までの間に繰上げ請求することができる。E子さんの65歳到達時に，対象となる夫はすでに65歳以上になっているため，加給年金額は加算されない。

繰上げ請求後に厚生年金保険の被保険者となった場合，年金は在職老齢年金の仕組みによる調整の対象となる。

繰上げ請求後に初診日のある傷病によって障害等級に該当しても，障害基礎年金は請求できない。

以上より，(3)の記述が誤っており，これが本問の正解である。

正　解：(3)　正解率：36.44％

| 公式テキスト・チェック | 2編－7「60歳台前半の老齢厚生年金の年金額」 |

問－40　経過的な繰上げ支給の老齢厚生年金は，60歳から報酬比例部分の支給開始年齢に達する前に請求することができる。経過的な繰上げ支給の老齢厚生年金は，老齢基礎年金と同時に繰上げ請求しなければならない。繰上げ請求したときの老齢基礎年金の年金額は，次のとおり算出する。

老齢基礎年金の額－（老齢基礎年金の額×0.5％×繰上げ請求月から65歳到達月の前月までの月数）

E子さんの場合，65歳到達月の前月までの月数は56ヵ月（令和4年7月～令和9年2月）となり，年金額は780,900円－（780,900円×0.5％×56ヵ月）＝562,248円である。

なお，令和4年4月からは昭和37年4月2日以後生まれの者の繰上げ減額率が1ヵ月につき0.4％に改正されている。

以上より，(2)の年金額が正しく，これが本問の正解である。

正　解：(2)　正解率：43.57％

| 公式テキスト・チェック | 2編－7「60歳台前半の老齢厚生年金の年金額」 |

[Ⅵ]　次の事例にもとづいて，〔問－41〕および〔問－42〕に答えてください。

《事　例》

　F夫さん（昭和48年8月28日生まれ）は，令和2年10月1日に事故に遭い救急搬送され，現在も治療中である。F夫さんの年金加入歴は次のとおりで，家族は妻（昭和52年1月28日生まれ，パート年収約100万円），長男（平成14年11月8日生まれ，健常者），長女（平成18年6月18日生まれ，健常者），次男（平成20年3月1日生まれ，健常者）の5人である。

　・平成5年8月～平成9年3月：国民年金（保険料納付）
　・平成9年4月～令和2年12月：厚生年金保険
　・令和3年1月～現在：国民年金（保険料未納）

　なお，令和3年度の障害基礎年金の子の加算額は，1人につき224,700円または74,900円である。

障害基礎年金の年金額

問－41　　F夫さんが障害認定日（原則）に障害等級1級と認定された場合，受給できる障害基礎年金の年金額について，正しいものは次のうちどれですか（年金額は令和3年度価格）。

(1)　1,275,700円

(2)　1,275,725円

(3)　1,425,500円

(4)　1,425,525円

(5)　1,500,400円

2022年3月（第151回）

障害給付

問－42 F夫さんが障害等級2級と認定された場合の障害給付等について，誤っているものは次のうちどれですか。

(1) 障害認定日は，原則として令和4年4月1日である。

(2) 令和8年3月末日が経過すると，障害基礎年金の子の加算額はなくなる。

(3) 障害厚生年金には，配偶者加給年金額が加算される。

(4) 厚生年金保険の被保険者となっても，障害厚生年金は支給停止されない。

(5) 障害厚生年金の年金額算出の月数は，285ヵ月である。

◤解答ポイント＆正解

問－41 障害基礎年金の年金額は定額で，障害等級2級の年金額は満額の老齢基礎年金と同じ780,900円（令和3年度価格，以下同）で，1級の年金額は2級の1.25倍に相当する976,125円である。

障害基礎年金の受給権者に生計を維持されている18歳の年度末までにある子，または20歳未満で1級または2級の障害の状態にある子（いずれも現に婚姻していない子）がいるときには，子の加算額が加算される。子の加算額は1人目，2人目については1人につき224,700円，3人目からは1人につき74,900円である。

F夫さんの場合，障害認定日は令和4年4月1日となり，年金は令和4年5月分から支給される。長男の18歳の年度末は令和3年3月，長女の18歳の年度末は令和7年3月，次男の18歳の年度末は令和8年3月につき，長女，次男の2人が子の加算額の対象となり，年金額は次の計算式で算出される。

780,900円×1.25＋224,700円×2人＝1,425,525円

以上より，(4)の年金額が正しく，これが本問の正解である。

正　解：(4)　正解率：46.36％

> 公式テキスト・チェック　　3編－3「障害基礎年金の年金額」

問－42　障害認定日は，初診日から1年6ヵ月を経過した日（原則），またはそれまでに治ったとき（症状が固定し治療の効果が期待できない状態に至った日を含む）はその日をいう。F夫さんの障害認定日（原則）は，令和4年4月1日である。

障害基礎年金の受給権者に生計を維持されている18歳の年度末までにある子，または20歳未満で1級または2級の障害の状態にある子（いずれも現に婚姻していない子）がいるときには，子の加算額が加算される。長男の18歳の年度末は令和3年3月，長女の18歳の年度末は令和7年3月，次男の18歳の年度末は令和8年3月であり，令和8年3月末日を経過すると子の加算額はなくなる。

障害厚生年金（1級または2級に限る）の受給権者に生計を維持されている65歳未満の配偶者がいるときは，配偶者加給年金額が加算される。F夫さんには生計を維持されている65歳未満の妻がいるので，配偶者加給年金額が加算される。

障害厚生年金の年金額は，原則として障害認定日の属する月までの被保険者期間により老齢厚生年金の報酬比例部分と同様に計算する。なお，F夫さんは障害認定日前に退職しているので令和2年12月までの被保険者月数であるが，その月数は285ヵ月（平成9年4月～令和2年12月）で300ヵ月に満たないので，300ヵ月みなしで計算する。

なお，厚生年金保険の被保険者となっても，障害厚生年金は支給停止されない。

以上より，(5)の記述が誤っており，これが本問の正解である。

正　解：(5)　正解率：45.35％

> 公式テキスト・チェック　　3編－1「障害基礎年金の仕組み」，3編－4「障害厚生年金の仕組み」

2022年3月（第151回）

[Ⅶ] 次の事例にもとづいて，〔問－43〕および〔問－44〕に答えてください。

《事　例》

　G子さん（昭和49年7月15日生まれ，専業主婦）の夫（昭和48年4月1日生まれ，平成13年10月結婚）は，令和4年3月3日に病気（初診日は平成31年4月12日）のため亡くなった。夫の年金加入歴は次のとおりである。

　・平成5年3月～平成20年6月：国民年金（保険料納付）
　・平成20年7月～令和元年12月：厚生年金保険
　・令和2年1月～令和4年2月：国民年金（保険料未納）

　子どもは，長男（平成16年11月8日生まれ，健常者），次男（平成19年7月20日生まれ，健常者），長女（平成21年9月3日生まれ，障害等級2級相当の障害がある）の3人である。

国民年金の遺族給付

問－43　G子さんおよび子が受給できる遺族給付について，誤っているものは次のうちどれですか。

(1)　G子さんは，遺族基礎年金を受給しても，寡婦年金の受給権は消滅しない。

(2)　死亡一時金は，支給されない。

(3)　遺族基礎年金は，長女の18歳の年度末が終了したときに失権する。

(4)　遺族基礎年金は，子の加算額を含めてG子さんに全額支給される。

(5)　遺族基礎年金には，3人分の子の加算額が加算される。

216

遺族厚生年金

問－44　G子さんおよび子が受給できる遺族厚生年金に関するアドバイスについて，正しいものは次のうちどれですか。

(1)　夫の厚生年金保険の被保険者期間が240ヵ月に満たないので，中高齢寡婦加算は加算されない。

(2)　年金額は，300ヵ月みなしで計算される。

(3)　配偶者加給年金額が加算される。

(4)　受給権を取得した日から5年を経過したときに，受給権は消滅する。

(5)　子が受給権を有する間，G子さんの遺族厚生年金は支給停止される。

解答ポイント＆正解

問－43　遺族基礎年金は，夫または妻が死亡した当時，生計を維持されていた子のある配偶者（妻または夫）または子に支給される。子は18歳の年度末までにある子または20歳未満で障害等級1級または2級の障害の状態にある子で，いずれも現に婚姻していない子である。

　寡婦年金は，国民年金の第1号被保険者としての保険料納付済期間と保険料免除期間等を合算した期間が10年以上ある夫が死亡したときに，10年以上の継続した婚姻関係のある妻に対して60歳から65歳に達するまでの間，支給される。

　死亡一時金は，国民年金の第1号被保険者としての保険料納付済期間等の月数が36ヵ月以上ある者が死亡したときに，生計を同じくしていた遺族に支給される。ただし，遺族基礎年金を受けられる遺族がいるときは，支給されない。

　G子さんの場合，

　遺族基礎年金には3人分の子の加算額が加算され，子の加算額を含めてG子さんに全額支給される。子に対する遺族基礎年金は，全額が支給停止される。

遺族基礎年金は，長女が20歳に達したときに失権する。

死亡一時金は，遺族基礎年金を受給できるので支給されない。

寡婦年金は，夫の国民年金の第1号被保険者としての保険料納付済期間が10年以上あるので，遺族基礎年金の失権後，かつ60歳（令和16年8月分）から65歳に達するまでの間，受給できる（ただし，遺族厚生年金との併給調整がある）。

以上より，(3)の記述が誤っており，これが本問の正解である。

正　解：(3)　　正解率：64.69％

公式テキスト・チェック　4編－1「遺族基礎年金の仕組み」，4編－2「遺族基礎年金の年金額」

問－44　遺族厚生年金は，次の①～④のいずれかに該当したときに，その遺族に支給される。

①　厚生年金保険の被保険者が死亡したとき

②　厚生年金保険の被保険者期間中に初診日のある傷病により，初診日から5年以内に死亡したとき

③　障害等級1級または2級の障害厚生年金の受給権者が死亡したとき

④　老齢厚生年金の受給権者または受給資格期間を満たした者（いずれも保険料納付済期間，保険料免除期間および合算対象期間を合算した期間が25年以上の者）が死亡したとき

遺族厚生年金の年金額は，報酬比例部分の年金額の4分の3に相当する額であるが，短期要件（①～③）に該当し被保険者期間が300ヵ月に満たないときは300ヵ月みなしで計算する。長期要件（④）に該当するときは実期間で計算する。

中高齢寡婦加算は，上記①～③のいずれかに該当するとき，または④に該当し被保険者期間が原則として20年以上あるときに，夫の死亡の当時（子がいるときは遺族基礎年金の失権当時），40歳以上の妻に対して65歳に達するまでの間，加算される。

G子さんおよび子の場合，

218

夫の死亡は，短期要件（②）に該当し年金額は300ヵ月みなしで計算される。遺族基礎年金の失権後，G子さんが65歳に達するまでの間，G子さんは中高齢寡婦加算が加算された遺族厚生年金を受給できる。

子に対する遺族厚生年金は，G子さんが受給権を有する間，支給停止される。

受給権を取得した当時，30歳未満の子のない妻に対する遺族厚生年金の受給権は，受給権を取得した日から5年を経過したときに消滅する。G子さんは該当しない。

遺族厚生年金の受給権者には，対象となる配偶者はいないので配偶者加給年金額が加算されることはない。

以上より，(2)の記述が正しく，これが本問の正解である。

正　解：(2)　　正解率：54.37％

公式テキスト・チェック　4編－3「遺族厚生年金の仕組み」，4編－4「遺族厚生年金の年金額」

[Ⅷ] 次の事例にもとづいて，〔問－45〕および〔問－46〕に答えてください。

《事　例》

　先日，市内に転居してきたH夫さん（昭和32年5月20日生まれ）から，住所変更と年金の受取口座の変更手続，およびもうすぐ65歳になることから65歳到達時の手続について相談があったので，日本年金機構の「年金受給権者　受取機関変更届」（以下「変更届」という）を前提にアドバイス等を行った。

　現在，H夫さんは38年間加入した特別支給の老齢厚生年金を，妻（昭和34年6月23日生まれ）は12年間加入した特別支給の老齢厚生年金を受給している。なお，市役所には転入届を届出済みで，個人番号（マイナンバー）は日本年金機構に収録済みである。

年金受給権者　受取機関変更届

問－45　H夫さんへの住所および年金の受取口座の変更手続に関するアドバイスについて，適切でないものは次のうちどれですか。

(1)　住所のみの変更であれば，原則届出は不要である。

(2)　変更後の受取口座に入金が確認できるまでは，旧口座は解約しない。

(3)　ねんきんネットを利用して，受取口座の変更はできない。

(4)　1枚の変更届で，H夫さんと妻の受取口座の変更ができる。

(5)　変更届の用紙は，日本年金機構のWebサイトからダウンロードできる。

65歳到達時の年金請求書

問－46 H夫さんに65歳到達時に送付される「年金請求書（ハガキ形式）」に関するアドバイスについて，適切でないものは次のうちどれですか。

(1) 年金請求書（ハガキ形式）は，令和4年4月の初め頃に送付される。

(2) 提出期限は，令和4年5月31日である。

(3) 提出期限までに提出しないと，年金の支払が保留されることがある。

(4) 老齢基礎年金，老齢厚生年金とも繰下げ希望のときは，提出しない。

(5) 年金請求書（ハガキ形式）を紛失した場合，ねんきんネットを利用して届書を作成できる。

▰ 解答ポイント＆正解

問－45 年金の受給権者が受取金融機関を変更するときは「年金受給権者 受取機関変更届」（以下「変更届」という）に必要事項を記入して提出する。変更届の用紙は，日本年金機構のWebサイトからダウンロードできる。

市区役所または町村役場に転入届を提出済みで，日本年金機構に個人番号（マイナンバー）が収録済のときは，住所のみの変更であれば，原則住所変更の届出は不要である。

変更後の受取口座への入金が確認できるまでの間は，旧口座は解約しないようアドバイスする。ねんきんネットを利用して受取口座の変更手続はできない。

1枚の変更届で，H夫さんと妻の受取口座の変更はできない。H夫さんと妻それぞれが変更届を提出することが必要である。

以上より，(4)のアドバイスが適切でなく，これが本問の正解である。

<u>正　解：(4)　　正解率：84.44％</u>

公式テキスト・チェック ＞ 　5編－2「年金請求と諸手続き」

問-46　特別支給の老齢厚生年金の受給権は，受給権者が65歳に達すると消滅する。そこで65歳到達時に送付される「年金請求書（ハガキ形式)」を提出することで，65歳から老齢基礎年金と老齢厚生年金が支給される。

　この年金請求書は，65歳の誕生月（1日生まれの者は前月）の初め頃に送付されるので，誕生月（1日生まれの者は誕生月の前月）の末日までにハガキ宛名面に記載されている日本年金機構（本部）宛て提出（郵送）する（第1号厚生年金被保険者)。提出が遅れると，年金の支払が保留されることがある。

　H夫さんの場合，年金請求書（ハガキ形式）は令和4年5月の初め頃に送付され，提出期限は65歳到達月の末日である令和4年5月31日である。

　送付された「年金請求書（ハガキ形式)」を紛失した場合，届書を「ねんきんネット」を利用して作成できる。作成した届書は，印刷をして提出（郵送）する。

　老齢厚生年金のみを繰下げ受給するときは，繰下げ希望欄の「老齢厚生年金のみ繰下げ希望」を○で囲んで提出する。老齢基礎年金と老齢厚生年金の両方を繰下げ受給するときは，この年金請求書は提出しない取扱いとなっている。

　以上より，(1)のアドバイスが適切でなく，これが本問の正解である。

正　解：(1)　　正解率：36.06 %

公式テキスト・チェック　　　5編-2「年金請求と諸手続き」

[Ⅸ] 次の事例にもとづいて，〔問－47〕および〔問－48〕に答えてください。

《事例》

　Ｉ夫さん（昭和34年３月５日生まれ）は，令和４年３月末日をもって㈱Ｑ社を退職する。Ｉ夫さんの厚生年金保険への加入歴は次のとおりである（予定を含む）。

- ・昭和52年４月～平成２年３月：㈱Ｔ社
- ・平成２年４月～平成10年３月：㈱Ｓ社（Ｓ社厚生年金基金にも加入）
- ・平成10年４月～平成30年９月：Ｒ産業㈱
- ・平成30年10月～令和４年３月：㈱Ｑ社（退職時の標準報酬月額34万円）

㈱Ｑ社は全国健康保険協会管掌健康保険（協会けんぽ）に加入，家族は妻（58歳，パート年収約90万円）と長女（26歳・会社員）の３人暮らしである。なお，Ｉ夫さんと妻の個人番号（マイナンバー）は日本年金機構に収録済みである。

年金請求手続

問－47　Ｉ夫さんの特別支給の老齢厚生年金の支給開始年齢からの年金請求手続等に関するアドバイスについて，適切でないものは次のうちどれですか。

(1)　年金請求手続は，㈱Ｑ社の退職前に行うことができる。

(2)　厚生年金基金加入分の年金請求書が送付されない場合，日本年金機構に送付を申請する。

(3)　街角の年金相談センターでも，年金請求手続ができる。

(4)　年金請求書には，戸籍謄本を添付する。

(5)　住民票および妻の非課税証明書は，原則として添付を省略できる。

223

健康保険の任意継続被保険者

問―48　Ｉ夫さんが退職後加入できる健康保険の任意継続被保険者について，誤っているものは次のうちどれですか。

(1)　令和4年4月20日までに申請することで，任意継続被保険者となることができる。

(2)　保険料の納付期日は，当月の10日（土，日，祝日のときは翌営業日）である。

(3)　正当な理由なく納付期日までに保険料を納付しないときは，納付期日の属する月の1日に遡って被保険者資格を喪失する。

(4)　任意継続被保険者となれる期間は，令和6年3月末日までである。

(5)　妻は，被扶養者として療養の給付を受けることができる。

■ 解答ポイント＆正解

問―47　特別支給の老齢厚生年金の受給権を取得する者には，支給開始年齢に到達する3ヵ月前に日本年金機構から，基礎年金番号，氏名，生年月日，年金加入記録などをあらかじめ印字した「年金請求書（国民年金・厚生年金保険老齢給付）」が送付される（第1号厚生年金被保険者）。

Ｉ夫さんの場合，

年金請求手続は，令和4年3月4日（63歳に達した日）から行うことができるので，㈱Ｑ社の退職前に行うことができる。

年金請求手続は，事前に送付されている年金請求書を使用して最寄りの年金事務所のほか街角の年金相談センターでも行うことができる。

妻は，加給年金額の対象となるので生計維持証明欄を記入し，戸籍謄本は必ず添付する。住民票および妻の（非）課税証明書は，マイナンバー制度の情報連携システムにより確認が可能となっているので，原則として添付を省略できる。

厚生年金基金への年金請求は，加入期間が8年につき，企業年金連合会に

対して行う。厚生年金基金加入分の年金請求書が送付されないときは，企業年金連合会に送付を依頼する。

　以上より，(2)のアドバイスが適切でなく，これが本問の正解である。

正　解：(2)　　正解率：46.67％

> **公式テキスト・チェック**　　5編－2「年金請求と諸手続き」

問－48　健康保険の被保険者期間が継続して2ヵ月以上ある者は，退職日の翌日から20日以内に申請することによって，在職時に加入していた健康保険の任意継続被保険者となることができる。

　I夫さんの場合，退職日の翌日から20日以内に申請することで任意継続被保険者になることができる。令和4年4月20日までに申請すれば，令和4年4月1日に遡って任意継続被保険者になることができる。

　任意継続被保険者となれる期間は退職日の翌日から2年間で，保険料は全額を本人が負担する。I夫さんの場合，令和6年3月末日まで任意継続被保険者となることができる。I夫さんが任意継続被保険者である間，妻は引き続き被扶養者として療養の給付を受けることができる。

　任意継続被保険者の保険料の納付期日は，その月（当月）の10日（土，日，祝日のときは翌営業日）である。正当な理由なく納付期日までに保険料を納付しないときは，納付期日の翌日にその資格を喪失する。

　以上より，(3)の記述が誤っており，これが本問の正解である。

正　解：(3)　　正解率：46.04％

> **公式テキスト・チェック**　　1編－4「医療保険制度等」

［Ⅹ］ 次の事例にもとづいて，〔問－49〕および〔問－50〕に答えてください。

《事　例》

　J夫さん（昭和31年12月20日生まれ）は，令和4年3月末日で36年6ヵ月勤務したP商事㈱を退職し，退職一時金として2,000万円が支給される予定である。また，退職後の年金額は，次のとおりである。

・老齢厚生年金　158万円（加給年金額を含む）

・老齢基礎年金　78万円

・企業年金基金　90万円

　現在，妻（昭和35年2月12日生まれ，専業主婦）と2人暮らしである。なお，日本年金機構には「公的年金等の受給者の扶養親族等申告書」を提出済みである。

公的年金等の収入金額 （A）	公的年金等に係る雑所得以外の所得に係る合計所得金額が 1,000万円以下の場合の公的年金等控除額	
130万円以下	60万円	65歳以上は最低110万円
130万円超　330万円以下	（A）×25%＋27.5万円	
330万円超　410万円以下		
410万円超　770万円以下	（A）×15%＋68.5万円	

公的年金等にかかる雑所得の金額

問－49　　　J夫さんの公的年金等に係る雑所得の金額および源泉徴収税額の算出について，正しいものは次のうちどれですか。

⑴　公的年金等控除額は，1,090,000円である。

⑵　源泉徴収税額を算出するときの税率は，10.210％である。

⑶　公的年金等に係る雑所得の金額は，2,170,000円である。

⑷　生命保険料控除は，源泉徴収税額を算出するときに考慮される。

⑸　公的年金から特別徴収（天引き）される介護保険料は，源泉徴収税額を算出の際にその金額が控除される。

課税対象となる退職所得金額

問-50　J夫さんの退職一時金にかかる課税対象となる退職所得金額について，正しいものは次のうちどれですか。

(1)　50,000円

(2)　100,000円

(3)　225,000円

(4)　400,000円

(5)　800,000円

解答ポイント＆正解

問-49　老齢・退職を支給事由とする公的年金等は，雑所得として他の所得と合算して所得税の課税対象となる。公的年金等にかかる雑所得の金額は，その年中に受給した公的年金等の総収入から公的年金等控除額を差し引いた額である。

公的年金等控除額は，事例にある速算表を使って計算するが，最低控除額が設けられている。

年金の支払者である日本年金機構は，年金を支払うときに所得税を徴収する義務を負う。所得税には各種の控除額が設けられているが，源泉徴収の際にこの所得控除を受けるには「公的年金等の受給者の扶養親族等申告書」を提出する必要がある。この申告書を提出した場合の源泉徴収税額（2ヵ月分）は，次の算式で求める。

源泉徴収税額＝（年金支給月額－社会保険料－各種控除額）×2ヵ月× 5.105％

社会保険料とは年金から特別徴収される介護保険料などの額，各種控除額とは公的年金等控除，基礎控除相当や配偶者控除などの額（生命保険料控除は含まない）である。

J夫さんの場合，

・公的年金等控除額：（158万円＋78万円＋90万円）×25％＋27.5万円＝109万円＜110万円（最低控除額）

・雑所得の金額：（158万円＋78万円＋90万円）－110万円＝216万円

である。

　以上より，⑸の記述が正しく，これが本問の正解である。

正　解：⑸　　正解率：36.49％

公式テキスト・チェック　　　5編－10「年金と税金」

問一50　　退職一時金は，退職所得として所得税の課税対象となる。退職一時金は，永年勤続に対する報酬の後払い，あるいは老後の生活保障などの性質を有しており，他の所得と総合課税にしないで分離課税とし，さらに退職所得控除後の金額の2分の1を課税対象とするなど，税負担が軽減されるよう優遇された課税方式が採られている。

　課税対象となる退職所得金額は，次の算式により計算する。

・（退職一時金の額－退職所得控除額）×$\frac{1}{2}$＝退職所得金額

　退職所得控除額は，勤続20年以下のときは「40万円×勤続年数」（勤続年数が2年以下のときは80万円）で計算し，勤続年数が20年を超えるときは，「800万円＋70万円×（勤続年数－20年）」で計算する。なお，勤続年数の1年未満の端数の月は1年に切り上げて計算する。

　J夫さんの場合，

・退職所得控除額：800万円＋70万円×（37年－20年）＝1,990万円

・課税対象となる退職所得金額：（2,000万円－1,990万円）×$\frac{1}{2}$＝5万円

　以上より，⑴の金額が正しく，これが本問の正解である。

正　解：⑴　　正解率：53.98％

公式テキスト・チェック　　　5編－10「年金と税金」

2021 年10月（第150 回）試験問題・
解答ポイント・正解

基本知識
技能・応用

※ 問題および各問題についての
正解・解説は，原則として試験
実施日におけるものです。

本試験においては，新型コロナウイルス感染症に伴う特例措置は考慮しないで解答してください。

基本知識

わが国の最近の人口動向等

問—1 わが国の最近の人口動向等について，正しいものは次のうちどれですか。

(1) 令和元年の簡易生命表によると，日本人の平均寿命は，男女とも83歳を上回っている。

(2) 令和元年の合計特殊出生率は，前年を下回っている。

(3) 「国民生活基礎調査」による平成30年の高齢者世帯の所得を種類別にみると，「公的年金・恩給」の割合は70％を上回っている。

(4) 「高齢社会白書」による令和元年の総人口に占める65歳以上の人の割合は，30％を超えている。

(5) 平成30年度の社会保障給付費の総額は，110兆円を下回っている。

▌解答ポイント＆正解

令和元年の簡易生命表によると，日本人の平均寿命は男子が81.41歳，女子が87.45歳となっている（令和3年は，それぞれ81.47歳，87.57歳）。

令和元年の合計特殊出生率（15歳から49歳までの1人の女性が産む子供の平均数）は，1.36で，前年の1.42を下回っている（令和3年は1.30）。

「国民生活基礎調査」による平成30年の高齢者世帯の平均所得金額の総額は312.6万円で，種類別では「公的年金・恩給」が199.0万円（63.6％），「稼働所得」が72.1万円（23.0％），「財産所得」が20.4万円（6.5％）である（令和2年の総額は332.9万円，種類別はそれぞれ207.4万円（62.3％），71.7万円（21.5％），22.9万円（6.9％））。

「高齢社会白書」による令和元年の総人口に占める65歳以上の人の割合

230

（高齢化率）は，28.4％である（令和 3 年は28.9％）。

平成30年度の社会保障給付費の総額は，121.4兆円である（令和 2 年度は132.2兆円）。

以上より，⑵の記述が正しく，これが本問の正解である。

正　解：⑵　　正解率：81.23％

公式テキスト・チェック ＞　　1 編－ 1 「日本の人口動向と人口構造の変化」

わが国の公的年金制度の沿革

問－2 　わが国の公的年金制度の沿革等について，誤っているものは次のうちどれですか。

(1) 昭和36年……拠出制国民年金の実施

(2) 昭和61年……全国民共通の基礎年金制度の実施

(3) 平成 3 年……20歳以上の学生の国民年金への強制加入の実施

(4) 平成19年……国民年金の第 3 号被保険者期間にかかる離婚時の年金分割制度の実施

(5) 平成27年……被用者年金制度の一元化の実施

▐ 解答ポイント＆正解

昭和34年 4 月に国民年金法が制定され，無拠出の福祉年金は同年11月から実施され，拠出制の国民年金は昭和36年 4 月から実施されている。

昭和61年 4 月より全国民共通の基礎年金制度が実施され， 1 階部分を基礎年金とし，被用者年金制度は基礎年金に上乗せして報酬比例の年金を支給する 2 階建ての制度に再編成されている。

20歳以上の学生について，平成 3 年 3 月までは国民年金に任意加入の扱いとなっていたが，平成 3 年 4 月より強制加入となっている。

婚姻期間中の厚生年金保険の保険料納付記録を当事者間で分割できる離婚時の厚生年金分割制度は平成19年 4 月から実施され，国民年金の第 3 号被

保険者期間にかかる離婚時の厚生年金分割制度は平成20年4月から実施されている。

公務員および私学教職員も厚生年金保険の被保険者とする被用者年金制度の一元化は，平成27年10月より実施されている。

以上より，⑷の組合せが誤っており，これが本問の正解である。

正　解：⑷　　正解率：41.28％

公式テキスト・チェック　　　1編－3「公的年金制度の沿革」

医療保険制度等

問－3　健康保険制度等について，誤っているものは次のうちどれですか。

(1)　健康保険の標準報酬月額は，第1級の58,000円から第50級の1,390,000円までの50等級に区分されている。

(2)　健康保険の標準賞与額は，9月から翌年8月までの累計額で573万円が上限となっている。

(3)　国民健康保険の保険料（保険税）の納付（納税）義務者は，世帯主である。

(4)　70歳から75歳に到達するまでの者（現役並み所得者）の医療費の自己負担割合は，3割である。

(5)　介護保険の第1号被保険者とは，市区町村の区域内に住所がある65歳以上の者をいう。

◢ 解答ポイント＆正解

健康保険の標準報酬月額は，第1級の58,000円から第50級の1,390,000円までの50等級に区分され，標準賞与額の上限額は年度（4月から翌年3月まで）の累計額で573万円である。

国民健康保険の保険料（保険税）は，同一世帯の被保険者（加入者）につ

232

いて算定され，世帯主が納付（納税）義務者となる。世帯主本人が国民健康保険の被保険者（加入者）でない場合でも，世帯内に国民健康保険の被保険者（加入者）がいれば，世帯主が納付（納税）義務者となる（擬制世帯主）。

医師等にかかったときの窓口で支払う医療費の自己負担割合は，義務教育就学前（満6歳到達の年度末までの乳幼児）の者は2割，満6歳到達の年度末経過後から70歳に達するまでの者は3割である。また，70歳以上75歳未満で現役並み所得者は3割，現役並み所得者に該当しない者は平成26年4月以降70歳に到達した者から2割である。

介護保険の第1号被保険者とは，市区町村の区域内に住所がある65歳以上の者をいい，第2号被保険者とは市区町村の区域内に住所がある40歳以上65歳未満の医療保険加入者をいう。

以上より，⑵の記述が誤っており，これが本問の正解である。

正　解：⑵　　正解率：33.98％

> 公式テキスト・チェック 1編－4「医療保険制度等」

国民年金の被保険者

> **問－4** 国民年金の被保険者について，誤っているものは次のうちどれですか。

⑴　外国に赴任する第2号被保険者に同行している20歳以上60歳未満の被扶養配偶者は，第3号被保険者になることができる。

⑵　第3号被保険者である被扶養配偶者の認定基準では，雇用保険の失業給付（基本手当）の収入は年間収入に含まれる。

⑶　60歳以上65歳未満の厚生年金保険の被保険者で老齢基礎年金の繰上げ受給をしていない者は，老齢基礎年金が満額に達するまで国民年金の任意加入被保険者になることができる。

⑷　受給資格期間を満たしている65歳以上の厚生年金保険の被保険者の被扶養配偶者で20歳以上60歳未満の者は，第3号被保険者に該当しない。

⑸　第3号被保険者は，配偶者が厚生年金保険の被保険者でなくなった場

2021年10月（第1501回）

233

合，第１号被保険者への種別変更の届出をしなければならない。

■解答ポイント＆正解

令和２年４月以降，第３号被保険者の認定にあたっては，これまでの生計維持の要件に加え日本国内に住所を有する（住民票がある）ことが要件として追加された。第２号被保険者の被扶養配偶者であっても，外国に住所を有する者は，原則として第３号被保険者に該当しないこととされている。ただし，留学生や海外に赴任している第２号被保険者に同行している20歳以上60歳未満の被扶養配偶者は例外（海外特例要件）として，第３号被保険者になることができる。

第３号被保険者である被扶養配偶者の認定基準は，年間収入が130万円未満（障害者は180万円未満）であって，第２号被保険者の年間収入の２分の１未満であること，となっている。この年間収入には，障害基礎年金等の年金収入，雇用保険の失業給付（基本手当）の収入も含まれる。

日本国内に住所を有する60歳以上65歳未満の者は，老齢基礎年金が満額に達するまでの間，国民年金の任意加入被保険者となることができる。ただし，厚生年金保険の被保険者，老齢基礎年金を繰上げ受給している者は任意加入被保険者となることはできない。

受給資格期間を満たしている65歳以上の厚生年金保険の被保険者は第２号被保険者に該当しないので，その被扶養配偶者は60歳未満であっても第３号被保険者に該当しない。

第３号被保険者は，配偶者が厚生年金保険の被保険者でなくなった場合，第３号被保険者から第１号被保険者への種別変更の届出をしなければならない。

以上より，(3)の記述が誤っており，これが本問の正解である。

正　解：(3)　　正解率：42.61 ％

公式テキスト・チェック　1編－5「国民年金の被保険者」，1編－6「国民年金の資格取得・喪失等」

国民年金の第1号被保険者の保険料

問－5 国民年金の第1号被保険者の保険料等について，誤っているものは次のうちどれですか。

(1) 令和4年度の保険料月額は，令和3年度の保険料月額より低額である。

(2) 付加保険料は，月額200円である。

(3) クレジットカードを利用して保険料を納付する場合，被保険者本人名義以外のクレジットカードも利用できる。

(4) 現金で2年分の保険料を一括前納することができる。

(5) 口座振替で当月分の保険料を当月末引落しで納付した場合，月額50円割引される。

▰ 解答ポイント＆正解

令和4年度の国民年金の保険料月額は16,590円で，令和3年度の月額16,610円より低額となっている（令和5年度は月額16,520円，令和6年度は月額16,980円）。

第1号被保険者は，国民年金保険料に加えて，付加保険料を納付することができる。付加保険料は，月額400円である。

保険料は，クレジットカードを利用して納付することができる。この場合，事前の申請が必要である。クレジットカードは被保険者本人名義のほか，親族等の本人名義以外のクレジットカードも利用できる。

保険料は，将来の一定期間分を前納することができる。前納した場合，その期間に応じて保険料が割引される。口座振替により当月分の保険料を当月引落しで納付した場合，月額50円割引される。また，現金で2年分の保険料を一括前納することもできる。

以上より，(2)の記述が誤っており，これが本問の正解である。

正　解：(2)　正解率：42.27％

公式テキスト・チェック > 1編－7「国民年金の保険料」

国民年金の保険料免除制度

問-6　国民年金の第1号被保険者に対する保険料免除制度等について，誤っているものは次のうちどれですか。

(1)　産前産後の保険料免除期間は，多胎妊娠の場合，出産予定日または出産日の属する月の3ヵ月前から6ヵ月間である。

(2)　50歳未満の保険料納付猶予制度の対象となる要件を満たしている者でも，保険料半額免除の申請をすることができる。

(3)　学生納付特例制度の所得基準は，本人，配偶者および世帯主の所得で判定される。

(4)　障害基礎年金を受給している者は，法定免除者に該当する。

(5)　過去2年（2年1ヵ月前）まで遡って保険料免除の申請をすることができる。

解答ポイント＆正解

　国民年金の第1号被保険者が出産する場合，出産予定月または出産日の属する月の前月（多胎妊娠の場合は3ヵ月前）から出産予定月の翌々月までの4ヵ月間（多胎妊娠の場合は6ヵ月間）の保険料の納付が免除される。

　50歳未満の第1号被保険者の保険料納付猶予制度は，同居している世帯主の所得にかかわらず，本人および配偶者の所得要件によって申請により保険料の納付が猶予される制度である。この要件を満たしている者でも，保険料半額免除の申請をすることができる。

　学生本人の所得が一定額以下の場合，申請により学生である期間中は保険料の納付を要しないとする学生納付特例制度の適用を受けることができる。この場合の所得基準は，学生本人の所得で判定される。

　第1号被保険者が障害基礎年金または被用者年金制度の障害年金（1級または2級に限る）を受けているとき，生活保護法による生活扶助を受けている等のときは，届け出ることで保険料の納付が免除される（法定免除）。

国民年金保険料の免除承認期間は，原則として7月から翌年6月までとなっているが，平成26年4月からは過去2年（2年1ヵ月前）まで遡って保険料免除の申請をすることができる。

以上より，(3)の記述が誤っており，これが本問の正解である。

正　解：(3)　正解率：46.69％

公式テキスト・チェック　　　1編－7「国民年金の保険料」

公的年金の被保険者の資格取得・喪失・被保険者期間

問－7
公的年金の被保険者資格の取得・喪失および被保険者期間について，誤っているものは次のうちどれですか。

(1)　20歳未満で厚生年金保険の被保険者資格を取得した者は，20歳に達したときに国民年金の第2号被保険者となる。

(2)　日本国内に住所を有する外国人留学生は，20歳に達したときに国民年金の第1号被保険者の資格を取得する。

(3)　被保険者が死亡したときは，死亡した日の翌日に被保険者の資格を喪失する。

(4)　厚生年金保険の被保険者は，70歳に達した日に被保険者の資格を喪失する。

(5)　月の末日に厚生年金保険の適用事業所を退職した場合，退職した月まで厚生年金保険の被保険者期間に算入される。

2021年10月（第1501回）

■ 解答ポイント＆正解

国民年金の被保険者資格は，次に該当する日に取得する。

①　第1号被保険者は，日本国内に住所を有する者が20歳に達した日（国籍を問わず外国人留学生を含む），または20歳以上60歳未満の者が日本国内に住所を有するようになった日

②　第2号被保険者は，厚生年金保険の被保険者となった日（20歳未満

237

の者を含む，原則として65歳未満の者）

③　第3号被保険者は，20歳以上60歳未満の者で第2号被保険者の被扶養配偶者となった日

20歳未満で厚生年金保険の被保険者資格を取得した者は，資格を取得したときから第2号被保険者となる（②に該当）。日本国内に住所を有する外国人留学生は，20歳に達したときに第1号被保険者の資格を取得する（①に該当）。

被保険者が死亡したときは，死亡した日の翌日に被保険者の資格を喪失する。

厚生年金保険の被保険者は，70歳に達した日（誕生日の前日）に被保険者資格を喪失する。

厚生年金保険の被保険者期間は，月を単位として計算し，被保険者の資格を取得した月から資格を喪失した月の前月までを算入する。月の末日に適用事業所に入社した場合，入社した月から被保険者期間に算入される。また，月の末日に退職した場合は，翌月1日が資格喪失日となりその前月である退職した月まで被保険者期間に算入される。

以上より，(1)の記述が誤っており，これが本問の正解である。

正　解：(1)　　正解率：59.04％

公式テキスト・チェック　　1編－6「国民年金の資格取得・喪失等」，1編－8「厚生年金保険の被保険者」

厚生年金保険の被保険者

問－8 厚生年金保険の被保険者について，誤っているものは次のうちどれですか。

(1) 常時従業員を使用する法人事業所の代表者は，被保険者とならない。

(2) 2ヵ月以内の期間を定めて使用されている者が，所定の期間を超えて引き続き使用されることとなった場合は，そのときから原則として被保険者となる。

(3) 臨時的事業の事業所に継続して4ヵ月使用される見込みの者は，被保険者とならない。

(4) 適用事業所に使用される70歳未満の者は，国籍にかかわらず原則として被保険者となる。

(5) 短時間労働者が被保険者となるには，1週の所定労働時間が20時間以上あることが必要である。

▊ 解答ポイント＆正解

　適用事業所に使用される者（船員・短時間労働者を除く）であっても，①日々使用される者（1ヵ月以内），②短期間（2ヵ月以内）の臨時使用人，③季節的業務（4ヵ月以内）や臨時的事業（6ヵ月以内）に使用される者は被保険者とならない。ただし，所定の期間を超えて引き続き使用されることになったときは，その時から被保険者となる。また，③については当初より4ヵ月または6ヵ月を超えて使用される見込みの者は，当初より被保険者となる。

　2ヵ月以内の期間を定めて使用されている者が，所定の期間を超えて引き続き使用されることとなった場合は，その時から原則として被保険者となる（令和4年10月からは，雇用期間が2ヵ月以内であっても，実態としてその雇用期間を超えて使用される見込みがあると判断できる場合は，当初から被保険者とされる）。

臨時的事業の事業所に継続して4ヵ月使用される見込みの者は,被保険者とならない。

厚生年金保険の適用事業所に使用される70歳未満の者は,事業主・従業員の意思,国籍にかかわらず,原則として被保険者となる。常時従業員を使用する法人の代表者も,その法人に使用される者として被保険者となる。しかし,個人事業所の事業主は,本人が雇用主であり使用される者に該当しないため,従業員の人数にかかわらず被保険者とならない。

平成28年10月から短時間労働者に対する社会保険への適用拡大が実施され,次のⓐ〜ⓔすべてに該当する者は,厚生年金保険,健康保険の被保険者となる。ⓐ1週の所定労働時間が20時間以上あること,ⓑ雇用期間が1年以上見込まれること,ⓒ賃金の月額が8.8万円以上であること,ⓓ学生でないこと,ⓔ特定適用事業所(常時500人超の被保険者を使用する適用事業所),任意特定適用事業所(常時500人以下で労使合意にもとづき申し出た適用事業所),国・地方公共団体に属する事業所に勤めていること(出題当時)。

なお,ⓑは令和4年10月より「1年以上」の雇用期間要件は撤廃され「2ヵ月超」に,ⓔの500人は,令和4年10月より100人に改定されている。また,令和6年10月より50人に改定される。

以上より,(1)の記述が誤っており,これが本問の正解である。

正　解：(1)　正解率：78.41%

公式テキスト・チェック　1編−8「厚生年金保険の被保険者」

厚生年金保険の保険料(率)

問−9 厚生年金保険の保険料(率)について,誤っているものは次のうちどれですか。

(1) 第1号厚生年金被保険者の保険料は,事業主と被保険者が2分の1ずつを負担する。

(2) 第1号厚生年金被保険者が10月30日に退職した場合,9月分までの保険料が徴収の対象となる。

(3) 第1号厚生年金被保険者の産前産後休業期間中の保険料は，被保険者負担分・事業主負担分とも免除される。

(4) 標準報酬月額と標準賞与額に乗じる保険料率は，同じである。

(5) 第3号厚生年金被保険者と第4号厚生年金被保険者の令和3年10月分の保険料率は，同じである。

▐ 解答ポイント＆正解

第1号厚生年金被保険者の保険料は，事業主と被保険者がそれぞれ2分の1ずつを負担する。

保険料は月単位で計算され，被保険者資格を取得した月から資格喪失月の前月までの保険料が徴収され，被保険者資格を喪失した月の保険料は徴収されない。第1号厚生年金被保険者が10月30日に退職した場合，翌31日が資格喪失日となり9月分までが保険料徴収の対象となる。

第1号厚生年金被保険者の産前産後休業期間中（産前6週間（多胎妊娠の場合は14週間）および産後8週間のうち労務に従事しなかった期間）の保険料は，被保険者負担分・事業主負担分とも免除される。

標準報酬月額と標準賞与額に乗じる保険料率は，同じである。

令和3年10月分の第3号厚生年金被保険者の保険料率は18.3％，第4号厚生年金被保険者の保険料率は15.681％（令和5年9月からは16.389％）で，異なっている。

以上より，(5)の記述が誤っており，これが本問の正解である。

正　解：(5)　　正解率：58.92％

公式テキスト・チェック　　　　1編－9「厚生年金保険の保険料」

厚生年金保険の標準報酬月額・標準賞与額

問-10 厚生年金保険の標準報酬月額および標準賞与額について，誤っているものは次のうちどれですか。

(1) 定時決定は，原則としてその年の4月から6月までの3ヵ月間に受けた報酬の月平均額を基準に標準報酬月額が決定される。

(2) 昇給により令和3年4月から報酬月額が2等級以上上がった場合，随時改定により標準報酬月額は令和3年4月から改定される。

(3) 標準報酬月額は，第1級の88,000円から第32級の650,000円までの32等級に区分されている。

(4) 雇用保険の高年齢雇用継続給付（基本給付金）は，標準報酬月額の対象とされない。

(5) 賞与を受けた月の賞与額が150万円を超えるときは，標準賞与額は150万円とされる。

解答ポイント＆正解

定時決定は，毎年7月1日現在の被保険者を対象に，原則として，4月，5月，6月の3ヵ月間に受けた報酬の月平均額を基準に決定され，その年の9月から翌年8月までの標準報酬月額とされる。

随時改定は，昇給など固定的賃金に変動があり，変動月以後の引き続く3ヵ月間の報酬の月平均額に相当する報酬月額が，その者の従前の標準報酬月額に比べて原則として2等級以上の差が生じたときに行われる。昇給により令和3年4月から報酬月額が2等級以上上がった場合，標準報酬月額は令和3年7月から改定される。

標準報酬月額は，第1級の88,000円から第32級の650,000円までの32等級に区分されている。

標準報酬月額の対象となる報酬は，金銭，現物（食事，通勤定期券など）を問わず，賃金，給料，俸給，手当，賞与その他いかなる名称であるかを問

わず，被保険者が労働の対償として受けるすべてのものをいう。ただし，臨時に受けるもの（退職金，災害見舞金など），3ヵ月を超える期間ごとに受けるもの（4ヵ月ごとの賞与など），雇用保険の高年齢雇用継続給付（基本給付金）などは，標準報酬月額の対象となる報酬に含まれない。

標準賞与額は，被保険者が賞与等（賞与・期末手当など）を受けた月において，その月に受けた賞与額の1,000円未満の端数を切り捨てた額である。賞与を受けた月の賞与額が150万円を超えるときは，標準賞与額は150万円とされる。

以上より，(2)の記述が誤っており，これが本問の正解である。

正　解：(2)　　**正解率**：57.11 %

公式テキスト・チェック ▷　　　1編－10「厚生年金保険の標準報酬」

老齢基礎年金

問－11　　**老齢基礎年金について，誤っているものは次のうちどれですか。**

(1) 保険料半額免除の承認を受けた期間の納付すべき保険料を納付しない場合，その期間は老齢基礎年金の年金額に反映されない。

(2) 付加年金を受給できる者が老齢基礎年金を繰下げ受給した場合，老齢基礎年金と同じ率で増額された付加年金を受給できる。

(3) 国民年金の第1号被保険者の産前産後の保険料免除期間は，老齢基礎年金の年金額の基礎とされる。

(4) 厚生年金保険の被保険者期間のうち20歳前の期間は，老齢基礎年金の年金額の基礎とされない。

(5) 遺族厚生年金を受給している者は，66歳から70歳に達するまでの間，老齢基礎年金の繰下げの申出をすることができる。

■解答ポイント＆正解

保険料半額免除の承認を受けた期間の納付すべき保険料を納付しない場合，その期間は保険料未納期間となり，受給資格期間に算入されず老齢基礎年金の年金額にも反映されない。

付加年金を受給できる者が老齢基礎年金を繰下げ受給した場合，老齢基礎年金と同じ増額率で増額された付加年金を受給することができる。

国民年金の第1号被保険者の産前産後期間の保険料免除を受けた期間は保険料納付済期間に算入され，老齢基礎年金の年金額の基礎とされる。

厚生年金保険の被保険者期間のうち老齢基礎年金の年金額の基礎となる期間は，昭和36年4月以後の加入期間，かつ20歳以上60歳未満の期間である。20歳未満・60歳以降の期間は，老齢基礎年金の年金額の基礎とされない。

老齢基礎年金の支給開始年齢は65歳であるが，受給資格期間を満たし66歳に達するまでに年金請求をしていなかった者は，66歳以後の希望するときから繰り下げて増額した年金を受給することができる。ただし，付加年金を除く他の年金給付（障害基礎年金・遺族基礎年金など），老齢・退職給付を除く被用者年金の年金給付（障害厚生年金・遺族厚生年金など）の受給権者は，繰下げの申出をすることができない。

以上より，(5)の記述が誤っており，これが本問の正解である。

正　解：(5)　　正解率：60.99％

公式テキスト・チェック ＞ 2編－1「老齢基礎年金の仕組み」，2編－4「老齢基礎年金の支給の繰上げ・繰下げ」

老齢基礎年金の合算対象期間

問-12 老齢基礎年金の受給資格期間に関する下記の文章の空欄（①～③）の中に入る最も適切な語句または数値の組合せは次のうちどれですか。

老齢基礎年金の受給資格期間には算入されるが，年金額には反映されない期間として次のようなものがある。

・日本国籍を有している海外居住者が国民年金に任意加入した期間のうち，保険料を納付しなかった（　①　）の期間

・昭和61年3月までに厚生年金保険から脱退手当金の支給を受けた者の，脱退手当金の計算の基礎となった昭和36年4月以後の期間（昭和61年4月から（　②　）歳に達する日の前日までの間に（　③　）がある場合に限る）

---

(1) ①20歳以上60歳未満　　②60　　③保険料納付済期間または保険料免除期間

(2) ①20歳以上60歳未満　　②65　　③保険料納付済期間または保険料免除期間

(3) ①20歳以上65歳未満　　②60　　③保険料納付済期間または保険料免除期間

(4) ①20歳以上65歳未満　　②60　　③保険料納付済期間

(5) ①20歳以上65歳未満　　②65　　③保険料納付済期間

▰解答ポイント＆正解

老齢基礎年金の受給資格期間には算入されるが，年金額には反映されない合算対象期間等には，次のような期間がある。

・日本国籍を有している海外居住者が国民年金に任意加入した期間のう

ち，保険料を納付しなかった20歳以上60歳未満の期間

・昭和61年3月までに厚生年金保険から脱退手当金の支給を受けた者の，脱退手当金の計算の基礎となった昭和36年4月以後の期間（昭和61年4月から65歳に達する日の前日までの間に保険料納付済期間または保険料免除期間がある場合に限る）

以上より，(2)の組合せが最も適切で，これが本問の正解である。

正　解：(2)　正解率：44.58％

| 公式テキスト・チェック | 2編－1「老齢基礎年金の仕組み」 |

老齢基礎年金の振替加算

問－13　　配偶者（妻）の老齢基礎年金に加算される振替加算について，正しいものは次のうちどれですか。

(1) 障害厚生年金の配偶者加給年金額の対象者には，加算されない。

(2) 満額の老齢基礎年金を受給できる場合，加算されない。

(3) 老齢基礎年金を繰下げ受給した場合，振替加算も同じ増額率で増額して加算される。

(4) 配偶者（妻）が，65歳から老齢基礎年金を受給し，被保険者期間240ヵ月以上の老齢厚生年金を繰下げ待機している場合，加算されない。

(5) 振替加算の額は，夫の生年月日に応じて定められている。

■ 解答ポイント＆正解

　振替加算は，老齢厚生年金（加入期間が原則20年以上）または障害厚生年金の配偶者加給年金額の対象となっていた配偶者（妻）が65歳から受給する老齢基礎年金に加算して支給される。ただし，配偶者（妻）が老齢厚生年金（被保険者期間が原則20年以上ある場合に限る）を受給できる間は，支給停止され加算されない。配偶者（妻）が老齢厚生年金（被保険者期間が原則20年以上ある場合に限る）を繰下げ待機している場合も，加算されな

い。

　振替加算の額は，配偶者（受給権者・妻）の生年月日に応じて定められており，満額の老齢基礎年金を受給できる者であっても加算される。

　老齢基礎年金を繰下げ受給した場合，老齢基礎年金は増額されるが，振替加算は増額されず，繰下げの申出をした日の属する月の翌月分から所定の金額が支給される。

　以上より，(4)の記述が正しく，これが本問の正解である。

正　解：(4)　　正解率：52.79％

> 公式テキスト・チェック　　2編－3「老齢基礎年金の振替加算」

特別支給の老齢厚生年金

問－14　昭和36年10月2日生まれの民間会社のみに勤務した女子に支給される特別支給の老齢厚生年金について，正しいものは次のうちどれですか。

(1)　障害等級3級の状態にある在職者（被保険者）は，支給開始年齢についての障害者特例の対象とされる。

(2)　60歳から報酬比例部分のみを繰上げ受給し，老齢基礎年金は65歳から受給できる。

(3)　報酬比例部分の支給開始年齢は64歳である。

(4)　厚生年金保険の被保険者期間が44年以上あり退職している場合，報酬比例部分の支給開始と同じ年齢から定額部分も支給される。

(5)　老齢基礎年金の受給資格期間を満たし，厚生年金保険の被保険者期間が1ヵ月以上ある場合，支給される。

2021年10月
（第150回）

■解答ポイント＆正解

　特別支給の老齢厚生年金は，次の要件（①～③）を満たしている者に支給される。

247

① 老齢基礎年金の受給資格期間を満たしていること

② 厚生年金保険の被保険者期間が1年（12ヵ月）以上あること

③ 報酬比例部分の支給開始年齢に達していること

昭和36年10月2日生まれの民間会社のみに勤務した女子（第1号厚生年金被保険者）の場合，報酬比例部分の支給開始年齢は62歳で，定額部分は支給されず65歳から老齢基礎年金として支給される。加給年金額は対象者がいれば65歳から支給される。

経過的な繰上げ支給の老齢厚生年金は，60歳以降，報酬比例部分の支給開始年齢に達する前であれば請求することができる。この場合，老齢基礎年金と同時に繰上げ請求をしなければならない。

障害等級3級以上の障害の状態にあり退職している者（被保険者でない者）は，支給開始年齢について障害者特例の対象とされ，報酬比例部分の支給開始年齢以後の請求した月の翌月分から定額部分（加給年金額）も支給される。なお，すでに障害厚生年金等を受給している者が請求した場合，請求した月の翌月分からの支給でなく，報酬比例部分と同じ支給開始年齢に遡って定額部分（加給年金額）も支給される。ただし，在職者（被保険者）には適用されない。

第1号厚生年金被保険者期間が44年以上あり退職している者（被保険者でない者）は，報酬比例部分の支給開始年齢と同じ年齢から定額部分（加給年金額）も支給される。

以上より，(4)の記述が正しく，これが本問の正解である。

正　解：(4)　　正解率：61.76％

公式テキスト・チェック　　　2編-6「60歳台前半の老齢厚生年金」

老齢厚生年金の加給年金額

問－15　老齢厚生年金に加算される配偶者加給年金額について，誤っているものは次のうちどれですか。

(1)　配偶者が20年以上の被保険者期間のある特別支給の老齢厚生年金を受給している場合，支給停止される。

(2)　加給年金額が加算される年齢に達したときに対象となる配偶者が65歳に達している場合，加算されない。

(3)　配偶者が障害等級3級の障害厚生年金を受給している場合でも，加算される。

(4)　受給権者の生年月日に応じた特別加算がある。

(5)　配偶者の前年の年収が850万円以上ある場合でも，4年後に定年退職することが明らかであれば加算される。

▰解答ポイント＆正解

　老齢厚生年金に加算される配偶者加給年金額は，被保険者期間が原則20年以上ある者で，その権利を取得した当時，その者によって生計維持されている65歳未満の配偶者がいるときに支給される。したがって，加給年金額が加算される年齢に達したときに対象となる配偶者が65歳に達しているときは加算されない。

　配偶者が原則として20年以上の特別支給の老齢厚生年金または障害厚生年金（1級～3級）などを受給しているときは，支給停止され加算されない。

　配偶者加給年金額には，受給権者の生年月日（昭和9年4月2日以後生まれの者が対象）に応じた特別加算がある。

　生計を維持されている者とは，受給権者と生計を同じくしている者で，将来にわたって一定額（年収850万円・所得655.5万円）以上の収入を得られない者である。前年の収入が一定額を超える場合でも，近い将来（おおむね5年以内）定年等により一定額未満になることが明らかであれば加算される。

2021年10月（第1501回）

249

以上より，⑶の記述が誤っており，これが本問の正解である。

正 解：⑶　　正解率：57.53 ％

公式テキスト・チェック　　2編－8「老齢厚生年金の加給年金額」

65歳未満の在職老齢年金

問－16　65歳未満の第1号厚生年金被保険者（坑内員・船員を除く）の在職老齢年金について，誤っているものは次のうちどれですか。

⑴　基本月額は，報酬比例部分の年金額を12で除した金額である。

⑵　総報酬月額相当額は，その月の標準報酬月額とその月以前1年間の標準賞与額の総額を12で除した額の合算額である。

⑶　基本月額と総報酬月額相当額を合算して28万円以下の場合，支給停止されない。

⑷　在職老齢年金に，配偶者加給年金額が加算されることはない。

⑸　老齢基礎年金を繰上げ受給している場合，老齢基礎年金も支給停止の対象とされる。

解答ポイント＆正解

65歳未満（60歳台前半）の第1号厚生年金被保険者の在職老齢年金は，次の算式により支給停止額が計算される（出題当時）。

①　基本月額と総報酬月額相当額の合計額が28万円（支給停止調整開始額・令和3年度価額）以下のとき……支給停止はなく全額が支給される。

＊基本月額＝年金額（加給年金額を除く。本問では報酬比例部分の年金額）×$\frac{1}{12}$

＊総報酬月額相当額＝その月の標準報酬月額＋その月以前1年間の標準賞与額×$\frac{1}{12}$

②　基本月額と総報酬月額相当額の合計額が28万円を超えるとき……次で計算した額が支給停止される。

ア　基本月額が28万円以下で，総報酬月額相当額が47万円（支給停止調整変更額・令和3年度価格）以下のとき

・（基本月額＋総報酬月額相当額－28万円）$\times \dfrac{1}{2}$

イ　基本月額が28万円以下で，総報酬月額相当額が47万円を超えるとき

・（基本月額＋47万円－28万円）$\times \dfrac{1}{2}$＋（総報酬月額相当額－47万円）

ウ　基本月額が28万円を超え，総報酬月額相当額が47万円以下のとき

・総報酬月額相当額$\times \dfrac{1}{2}$

エ　基本月額が28万円を超え，総報酬月額相当額が47万円を超えるとき

・47万円$\times \dfrac{1}{2}$＋（総報酬月額相当額－47万円）

なお，令和4年4月より，28万円（支給停止調整開始額）は47万円（支給停止調整額）に改定されている（令和5年度は48万円）。

65歳未満の第1号厚生年金被保険者（坑内員・船員を除く）の在職老齢年金に配偶者加給年金額が加算されることはない。支給開始年齢が男子より5年遅れの女子（昭和29年4月2日以降生まれ）の場合でも配偶者加給年金額は65歳からの支給である。また，長期加入者または障害者の特例に該当する者も，被保険者期間中（在職中）は，特例は適用されないので定額部分・加給年金額は支給停止される。

老齢基礎年金を繰上げ受給している場合，老齢基礎年金は在職老齢年金の支給停止の対象とならない。

以上より，(5)の記述が誤っており，これが本問の正解である。

正　解：(5)　　正解率：45.73％

公式テキスト・チェック　　2編－10「在職老齢年金」

障害基礎年金

問-17 障害基礎年金について，誤っているものは次のうちどれですか。

(1) 令和8年4月1日前に初診日（65歳未満に限る）がある場合，初診日の属する月の前々月までの直近の1年間に保険料未納期間がなければ，保険料納付要件を満たしたものとされる。

(2) 障害認定日に障害等級に該当しなかった者が，その後65歳に達する日の前日までの間に症状が悪化して障害等級に該当するようになった場合，その期間内に請求することにより障害基礎年金が支給される。

(3) 受給権者に配偶者がいれば，配偶者加給年金額が加算される。

(4) 受給権取得後に子が出生したときは，出生した日の属する月の翌月分から子の加算額が加算される。

(5) 初診日が20歳前にある障害についても，対象とされる。

解答ポイント＆正解

障害基礎年金は，次の要件を満たしている者に支給される。

① 初診日に国民年金の被保険者であること。または被保険者であった者で60歳以上65歳未満かつ国内居住中に初診日があること

② 障害認定日に障害等級1級または2級に該当していること

③ 一定の保険料納付要件を満たしていること

20歳前に初診日のある障害についても，障害基礎年金の対象とされる。

保険料納付要件は，初診日の前日において，初診日の属する月の前々月までの全被保険者期間のうち，保険料納付済期間と保険料免除期間を合算して3分の2以上あれば，保険料納付要件を満たしたものとされる。

令和8年4月1日前に初診日（65歳未満に限る）のある障害については，前述の3分の2の要件を満たしていなくても，初診日の属する月の前々月までの直近の1年間に保険料未納期間がないことでも保険料納付要件を満たす

という特例措置が設けられている。

　障害認定日に障害等級（1級または2級）に該当していなかった者が，その後，65歳に達する日の前日までの間に症状が悪化して障害等級に該当するようになったときは，その期間内に請求することにより，障害基礎年金が支給される。

　受給権者に生計を維持されている子がいる場合，子の加算額が加算される。受給権取得後に子が出生したときは，出生した日の属する月の翌月分から子の加算額が加算される。なお，配偶者加給年金額は，障害厚生年金に加算されるものであり，障害基礎年金には加算されない。

　以上より，(3)の記述が誤っており，これが本問の正解である。

正　解：(3)　　正解率：65.14％

公式テキスト・チェック　　3編－1「障害基礎年金の仕組み」，3編－3「障害基礎年金の年金額」

障害厚生年金

問－18　　障害厚生年金について，誤っているものは次のうちどれですか。

(1)　厚生年金保険の被保険者期間中に初診日のある傷病による障害であれば，その障害認定日が国民年金の第1号被保険者期間中であっても対象とされる。

(2)　厚生年金保険の被保険者期間の月数にかかわらず，国民年金の第1号被保険者期間中に初診日のある傷病による障害は対象とされない。

(3)　障害厚生年金の年金額は，障害認定日の属する月までの厚生年金保険の被保険者期間により計算される。

(4)　障害厚生年金の年金額を計算する場合，20歳未満の厚生年金保険の被保険者期間も算入される。

(5)　障害等級は，1級および2級に区分されている。

解答ポイント＆正解

　障害厚生年金は，厚生年金保険の被保険者期間中に初診日のある傷病によって，障害認定日に障害等級1級，2級または3級の障害の状態にあるときに支給される。ただし，一定の保険料納付要件を満たしていることが必要である。初診日が厚生年金保険の被保険者期間中にあれば，障害認定日が国民年金の第1号被保険者期間中であっても障害厚生年金の対象とされる。

　国民年金の第1号被保険者期間中に初診日のある傷病による障害は，厚生年金保険の被保険者期間の月数にかかわらず障害厚生年金の対象とされない。

　年金額は，障害認定日の属する月までの被保険者期間の月数を算入し，老齢厚生年金の報酬比例部分と同様に計算する。20歳未満の被保険者期間も算入する。この場合，被保険者期間の月数が300ヵ月に満たないときは300ヵ月みなしで計算する。

　以上より，(5)の記述が誤っており，これが本問の正解である。

正　解：(5)　　正解率：54.34％

> **公式テキスト・チェック**　3編−4「障害厚生年金の仕組み」，3編−6「障害厚生年金の年金額」

遺族基礎年金

問−19　　**遺族基礎年金について，誤っているものは次のうちどれですか。**

(1)　老齢基礎年金の受給資格期間が25年以上ある者が死亡した場合，その者の保険料納付状況にかかわらず支給される。

(2)　子のある夫に対する遺族基礎年金は，夫の年齢を問わず支給される。

(3)　年金額は，死亡した者の保険料納付済期間や保険料免除期間にかかわらず定額である。

(4)　被保険者が死亡した当時胎児であった子が生まれた場合，その子は遺族基礎年金の対象となる子とされない。

(5) 50歳未満の国民年金保険料の納付猶予制度の適用を受けている期間中に死亡した場合も，支給対象とされる。

■解答ポイント＆正解

　遺族基礎年金は，次の①または②のいずれかに配偶者（夫または妻）が該当したときに，その者の子のある配偶者（妻または夫）または子に支給される。子のある配偶者（妻または夫）に支給される遺族基礎年金は，配偶者（妻または夫）の年齢を問わず支給される。

　①　国民年金の被保険者が死亡したとき。または，被保険者であった者で60歳以上65歳未満の者が国内居住中に死亡したとき。ただし，一定の保険料納付要件を満たしていることが必要である。

　②　老齢基礎年金の受給権者または受給資格期間を満たした者（いずれも保険料納付済期間，保険料免除期間および合算対象期間を合算した期間が25年以上の者）が死亡したとき。この場合，保険料納付要件は問われない。

　50歳未満の国民年金保険料の納付猶予制度の適用を受けている期間中に死亡した場合も，支給対象とされる。

　被保険者等の死亡の当時胎児であった子が出生したときは，将来に向かってその子は死亡の当時，その者によって生計を維持されていた子とみなされ，出生した日の属する月の翌月分から支給される。

　年金額は，死亡した者の国民年金の保険料納付済期間や保険料免除期間にかかわらず定額である。

　以上より，(4)の記述が誤っており，これが本問の正解である。

正　解：(4)　　正解率：85.74％

| 公式テキスト・チェック | 4編－1「遺族基礎年金の仕組み」，4編－2「遺族基礎年金の年金額」 |

遺族厚生年金

問−20　遺族厚生年金について，誤っているものは次のうちどれですか。

(1)　妻が死亡した当時，55歳以上の夫に対する遺族厚生年金は，夫が遺族基礎年金を受給できる間，60歳まで支給停止される。

(2)　夫が死亡した当時，30歳未満の子のない妻の場合，受給権を取得した日から5年を経過したときに失権する。

(3)　退職した者が，被保険者期間中に初診日がある傷病により初診日から5年以内に死亡したときに支給される。

(4)　遺族厚生年金を受給できる遺族は，被保険者または被保険者であった者の配偶者，子，父母，孫または祖父母である。

(5)　受給資格期間が25年以上ある老齢厚生年金の受給権者が死亡したときに，支給される。

◢ 解答ポイント＆正解

　遺族厚生年金は，死亡した者が次の①〜④のいずれかに該当するときに，その者の遺族に支給される。

①　厚生年金保険の被保険者が死亡したとき

②　厚生年金保険の被保険者期間中に初診日のある傷病により，初診日から5年以内に死亡したとき

③　障害等級1級または2級の障害厚生年金の受給権者が死亡したとき

④　老齢厚生年金の受給権者または受給資格期間を満たした者（いずれも保険料納付済期間，保険料免除期間および合算対象期間を合算した期間が25年以上ある者）が死亡したとき

　ただし，①，②に該当するときは，一定の保険料納付要件を満たしていることが必要である。

　遺族の範囲は，死亡した者によって生計を維持されていた①配偶者（妻ま

たは夫），子，②父母，③孫，④祖父母である。この場合，夫，父母，祖父母については，死亡の当時，55歳以上の者が受給できる遺族となり，60歳に達するまでの間支給停止される。ただし，妻の死亡の当時，55歳以上の夫に対する遺族厚生年金は，夫が遺族基礎年金を受給できる間，合わせて受給することができる。

夫の死亡の当時，子のいない30歳未満の妻に対する遺族厚生年金は，受給権を取得した日から5年を経過したときに失権する。

以上より，(1)の記述が誤っており，これが本問の正解である。

正　解：(1)　　正解率：56.77％

公式テキスト・チェック　　4編−3「遺族厚生年金の仕組み」

遺族厚生年金の中高齢寡婦加算

問−21　遺族厚生年金の中高齢寡婦加算について，正しいものは次のうちどれですか。

(1)　夫が死亡した当時，65歳以上の妻に加算される。

(2)　遺族基礎年金を受給している間，中高齢寡婦加算は支給停止される。

(3)　老齢厚生年金の受給権者（夫）が死亡した場合，その被保険者期間にかかわらず加算される。

(4)　中高齢寡婦加算の額は，遺族基礎年金の年金額（基本額）の3分の2に相当する額である。

(5)　遺族厚生年金の受給権者（妻）が厚生年金保険の被保険者の場合，支給停止される。

▉解答ポイント＆正解

中高齢寡婦加算は，次の①〜④のいずれかに夫が該当したときに，その妻が受給する遺族厚生年金に加算して支給される。

①　厚生年金保険の被保険者が死亡したとき

② 厚生年金保険の被保険者期間中に初診日のある傷病により，初診日から5年以内に死亡したとき

③ 障害等級1級または2級の障害厚生年金の受給権者が死亡したとき

④ 老齢厚生年金の受給権者または受給資格期間を満たした者（いずれも保険料納付済期間，保険料免除期間，および合算対象期間を合算した期間が25年以上，かつ厚生年金保険の被保険者期間が原則として20年以上）が死亡したとき

中高齢寡婦加算は，夫の死亡の当時（子がいるときは遺族基礎年金の失権当時），40歳以上の妻に対して65歳に達するまでの間支給される。子がいて遺族基礎年金を受給している間は，中高齢寡婦加算は支給停止される。

遺族厚生年金の受給権者（妻）が厚生年金保険の被保険者であっても，中高齢寡婦加算は支給停止されることなく支給される。

中高齢寡婦加算の額は，定額で遺族基礎年金の年金額（基本額（子の加算を含まない額））の4分の3に相当する額である。

老齢厚生年金の受給権者（夫）が死亡したときは，その被保険者期間が原則として20年以上のときに加算される。

以上より，(2)の記述が正しく，これが本問の正解である。

正　解：(2)　　正解率：58.26％

公式テキスト・チェック　　4編－4「遺族厚生年金の年金額」

公的年金と他の制度との支給調整

問－22　公的年金と他の制度等との支給調整について，誤っているものは次のうちどれですか。

(1) 児童扶養手当の額が，障害基礎年金の子の加算額より多い場合，児童扶養手当はその差額が支給される。

(2) 障害厚生年金の支給事由となった疾病または負傷等により健康保険の傷病手当金を受給できる場合，原則として傷病手当金は支給停止される。

(3) 遺族厚生年金と労働者災害補償保険法の遺族補償年金を受けることが

できる場合，遺族厚生年金は減額支給され，遺族補償年金は全額支給される。

(4)　第三者の加害行為（交通事故等）を原因とする負傷で受給する障害基礎年金は，その負傷で損害賠償金を受けたときは，事故日の翌月から起算して最長36ヵ月の範囲内で支給停止される。

(5)　老齢基礎年金と生活保護法による生活扶助（生活保護費）を受けられる場合，生活保護費は老齢基礎年金の額を差し引いた額が支給される。

▰解答ポイント＆正解

　令和3年3月分より，児童扶養手当の額が障害基礎年金の子の加算額を上回る場合，その差額が児童扶養手当として支給されている。

　同一傷病で障害厚生年金と健康保険の傷病手当金を受給できる場合，重複して受給することはできず，障害厚生年金の支給が優先され，傷病手当金がその期間支給停止される。ただし，障害厚生年金の金額（同一の支給事由で障害基礎年金も支給されるときは，その合計額）を360で除した金額が，傷病手当金の日額に満たないときは，その差額が傷病手当金として支給される。

　遺族厚生年金と労働者災害補償保険法による遺族補償年金を受けることができる場合，遺族厚生年金は全額支給され，遺族補償年金（労災の年金）が減額支給される。

　第三者の加害行為（交通事故等）を原因とする負傷で受給する障害基礎年金は，その傷病で損害賠償金を受けたときは，事故日の翌月から最長36ヵ月の範囲内で支給停止される。

　老齢基礎年金と生活保護法による生活扶助（生活保護費）を受けられる場合，生活保護費は老齢基礎年金の額を差し引いた額が支給される。

　以上より，(3)の記述が誤っており，これが本問の正解である。

<u>正　解：(3)　　正解率：29.53％</u>

寡婦年金と死亡一時金

問－23 国民年金の寡婦年金と死亡一時金について，誤っているものは次のうちどれですか。

(1) 寡婦年金は，婚姻関係が10年以上継続した妻に支給される。

(2) 寡婦年金は，死亡した夫の保険料納付済期間と保険料免除期間を合算した期間が10年以上あることが支給要件となっている。

(3) 死亡一時金の支給要件となる死亡した者の保険料免除期間には，保険料全額免除期間は含まれない。

(4) 死亡一時金は，遺族厚生年金を受給できる場合でも支給される。

(5) 寡婦年金と死亡一時金の両方を受給できるときは，いずれかを選択して受給する。

解答ポイント＆正解

寡婦年金は，国民年金の第1号被保険者としての保険料納付済期間（第2・3号被保険者としての保険料納付済期間は含まない）と保険料免除期間等を合算した期間が10年以上ある夫が死亡したときに，夫の死亡の当時，生計を維持されており，かつ婚姻期間が10年以上継続した65歳未満の妻に対して60歳から65歳に達するまでの間支給される。ただし，夫が老齢基礎年金または障害基礎年金を受給していたときは支給されない。

死亡一時金は，国民年金の第1号被保険者としての保険料納付済期間（第2・3号被保険者期間は含まない）の月数，保険料4分の1免除期間の月数の4分の3に相当する月数，保険料半額免除期間の月数の2分の1に相当する月数，保険料4分の3免除期間の月数の4分の1に相当する月数を合算した期間が36ヵ月以上ある者が死亡したときに，生計を同じくしていた遺族に支給される。ただし，その者の死亡により遺族基礎年金を受けられる遺族がいるときは支給されない。保険料全額免除期間は，保険料の拠出がないので死亡一時金の対象にならない。

260

なお，死亡一時金は，国民年金の独自給付であり遺族厚生年金を受給できる者にも支給される。

　寡婦年金と死亡一時金の両方を受給できるときは，受給権者の選択によりいずれか一方が支給される。

　以上より，(2)の記述が誤っており，これが本問の正解である。

正　解：(2)　　正解率：21.73％

> 公式テキスト・チェック

4編－6「国民年金の寡婦年金」，4編－7「国民年金の死亡一時金」

ねんきん定期便・ねんきんネット

問－24　令和3年度に日本年金機構から送付されている「ねんきん定期便」および日本年金機構のサービスについて，誤っているものは次のうちどれですか。

(1)　厚生年金基金の加入期間のある者に通知される「ねんきん定期便」の老齢年金の見込額には，50歳未満の者・50歳以上の者とも，厚生年金基金の年金額（代行部分）が含まれている。

(2)　60歳以上の厚生年金保険の被保険者に，「ねんきん定期便」は送付されない。

(3)　50歳以上60歳未満の者に通知される「ねんきん定期便」の老齢年金の見込額は，現在の加入条件で60歳まで継続して加入したものと仮定して計算されている。

(4)　「ねんきんネット」のユーザIDを取得する際に使用するアクセスキーの有効期限は，「ねんきん定期便」到着後3ヵ月である。

(5)　「ねんきんネット」を利用して「ねんきん定期便」の「ペーパーレス化する」を選択しても，いわゆる節目年齢には封書の「ねんきん定期便」が送付される。

2021年10月（第150回）

261

■解答ポイント＆正解

　日本年金機構から送付される「ねんきん定期便」は，国民年金・厚生年金保険の被保険者に対して，年金加入記録や保険料の納付額，年金見込額などを通知して確認してもらい，年金制度への理解を深めてもらうことを目的として，毎年，誕生月（1日生まれの者は誕生月の前月）に送付される。60歳以上の厚生年金保険の被保険者にも送付される。

　35歳，45歳，59歳の節目年齢には，封書の「ねんきん定期便」が送付され，節目年齢に該当しない年は，ハガキ形式の「ねんきん定期便」が送付される。

　老齢年金の見込額は，50歳未満の者にはこれまでの加入実績に応じた年金見込額，50歳以上60歳未満の者には定期便作成時の加入制度に同じ加入条件で引き続き60歳まで継続して加入したものと仮定した将来の年金見込額が記載されている。なお，60歳以上65歳未満の者には，これまでの加入実績に応じた年金見込額が記載されている（年金受給者は別の様式）。厚生年金基金の加入期間がある者の年金見込額は，50歳未満の者・50歳以上の者とも，厚生年金基金の年金額（代行部分）を含んだ見込額が記載されている。

　ねんきん定期便には，「ねんきんネット」のユーザIDを取得する際に使用するアクセスキー（17桁の番号）が記載されている。このアクセスキーを使用してユーザIDの発行を申し込むことでユーザIDが取得できる。このアクセスキーの有効期限は「ねんきん定期便」到着後3ヵ月である。

　「ねんきんネット」を利用して「ねんきん定期便」の「ペーパーレス化する」を選択しても，節目年齢（35歳，45歳，59歳）には封書の「ねんきん定期便」が送付される。

　以上より，⑵の記述が誤っており，これが本問の正解である。

正　解：⑵　　正解率：35.49％

> 公式テキスト・チェック　　5編−1「ねんきん定期便とねんきんネット」

年金の税制

問−25 公的年金等の税制について，誤っているものは次のうちどれですか。

(1) 個人型確定拠出年金の加入者の掛金は，小規模企業共済等掛金控除の対象となる。

(2) 厚生年金保険の被保険者の保険料は，その金額にかかわらず全額が社会保険料控除の対象となる。

(3) 生計を一にする子が負担すべき国民年金の保険料を親が支払った場合，支払った者の所得控除の対象になる。

(4) 原則として，公的年金の老齢給付と遺族給付は課税対象となり，障害給付は課税対象とならない。

(5) 夫の死亡により妻が未支給年金を受給した場合，未支給年金は一時所得として課税対象となる。

■ 解答ポイント＆正解

個人型確定拠出年金の加入者掛金は，小規模企業共済等掛金控除の対象となる。

夫の死亡により妻が受給する未支給年金は，一時所得として課税対象となる。

被保険者・加入員等本人が負担する国民年金・厚生年金保険・厚生年金基金・国民年金基金の保険料・掛金は，支払った全額が社会保険料控除の対象となる。

社会保険料控除は，納税者が自己または自己と生計を一にする配偶者やその他の親族の負担すべき社会保険料を支払った場合などに受けられる所得控除である。子の国民年金保険料を親が支払った場合，支払った者の社会保険料控除の対象となる。

公的年金の老齢給付は原則として課税対象となり，障害給付，遺族給付は

課税対象とならない。なお，老齢年金生活者支援給付金は，非課税である。

以上より，⑷の記述が誤っており，これが本問の正解である。

正　解：⑷　　正解率：55.22 %

公式テキスト・チェック　　　5編－10「年金と税金」

個人型確定拠出年金

問－26　　　個人型確定拠出年金制度について，誤っているものは次のうちどれですか。

⑴　20歳未満の厚生年金保険の被保険者は，加入対象者とされる。

⑵　障害基礎年金を受給していることにより国民年金の保険料を免除されている者は，加入対象者とされる。

⑶　加入者資格喪失後，70歳に達するまで運用指図者として積立金の運用を行うことができる。

⑷　中小事業主掛金納付制度（iDeCo⁺）では，加入者の掛金を零（0円）とすることはできない。

⑸　老齢給付金を，一時金として受給することはできない。

■解答ポイント＆正解

個人型確定拠出年金に加入できるのは，原則として次の条件に該当する者である（出題当時）。

①　20歳以上60歳未満の個人事業主等の国民年金の第1号被保険者

②　専業主婦等の第3号被保険者

③　60歳未満（20歳未満を含む）の厚生年金保険の被保険者

障害基礎年金を受給していることにより国民年金保険料を免除されている者（法定免除者）は，加入対象者とされている。ただし，申請により保険料の納付が免除されている者（申請免除・免除されている期間）は加入対象とされていない。

なお，令和4年5月より，原則，①は60歳以上65歳未満の国民年金の任意加入被保険者，③は60歳以上65歳未満の厚生年金保険の被保険者についても加入可能となっている。

運用指図者とは，掛金の拠出は行わず積立金の運用の指図のみを行う者をいう。個人型年金の加入者資格喪失後，運用指図者として70歳に達するまで積立金の運用指図を行うことができる（出題当時。令和4年4月から75歳に達するまでに引上げ）。

中小事業主掛金納付制度（iDeCo⁺・イデコプラス）とは，企業年金（企業型確定拠出年金，確定給付企業年金，厚生年金基金）を実施していない中小企業の事業主が，従業員の老後の所得確保に向けた支援を行うことができるよう，個人型年金に加入している従業員が拠出する掛金に追加して，掛金を拠出できる制度である。iDeCo⁺の掛金は，月額5,000円以上23,000円以下の範囲で，加入者と事業主がそれぞれ1,000円単位で決定する。ただし，加入者掛金を零（0円）とすることはできない（事業主掛金が加入者掛金を上回ることは可能）。

老齢給付金の受取方法は，「年金」「一時金」「年金と一時金の組合せ」のいずれかを選択できる。

以上より，(5)の記述が誤っており，これが本問の正解である。

正　解：(5)　　正解率：38.18％

公式テキスト・チェック　　　5編－9「確定拠出年金」

確定給付企業年金

問-27 確定給付企業年金について，誤っているものは次のうちどれですか。

(1) 加入者が掛金を拠出できるよう年金規約で定めた場合でも，加入者の掛金の拠出は任意である。

(2) 老齢給付金と脱退一時金の給付は必須であり，規約で定めれば障害給付金や遺族給付金を給付することもできる。

(3) 老齢給付金の支給開始時期は，原則として60歳以上70歳以下の規約で定める年齢である。

(4) 規約型企業年金は，母体企業とは別法人として設立された企業年金基金が運営主体となる。

(5) 厚生年金適用事業所の事業主が，共同して実施することができる。

◢ 解答ポイント＆正解

　確定給付企業年金は，厚生年金適用事業所の事業主が，共同で実施することができる。

　確定給付企業年金には，規約型企業年金と基金型企業年金の2つのタイプがある。規約型企業年金は，労使の合意にもとづいて生命保険会社や信託銀行等と契約を締結し，母体企業の外で年金資産を管理・運用し給付を行う。基金型企業年金は，母体企業とは別法人として設立された企業年金基金が運営主体となる。

　確定給付企業年金は将来の給付額（の計算方法等）をあらかじめ決定しておき，それに見合う掛金を拠出する制度である。給付には，法律上必ず実施しなければならない必須給付と実施することができる任意給付がある。老齢給付金と脱退一時金の給付は必須であり，規約に定めれば障害給付金や遺族給付金を給付することもできる。

　老齢給付金は，原則として加入者または加入者であった者が60歳以上70

歳以下の規約で定める年齢に達したときから支給される。

　掛金は事業主負担が原則であるが，加入者が掛金を拠出できるよう年金規約で定めた場合，本人の同意を前提として加入者も掛金を拠出することができる。したがって，加入者の掛金の拠出は任意である。

　以上より，(4)の記述が誤っており，これが本問の正解である。

正　解：(4)　　正解率：38.52 %

> 公式テキスト・チェック　　5編－7「企業年金制度」

年金生活者支援給付金

問－28　　年金生活者支援給付金（以下「給付金」という）について，誤っているものは次のうちどれですか。

(1)　老齢給付金の額は，国民年金の保険料納付済期間および保険料免除期間の月数に応じて計算される。

(2)　老齢給付金を受給するには，前年または前々年の公的年金等の収入金額と他の所得の合計額が一定の基準額以下であることが必要である。

(3)　老齢基礎年金を繰下げ待機中の場合，他の要件を満たしていても老齢給付金は支給されない。

(4)　障害等級1級の障害給付金の額は，障害等級2級の障害給付金の額の1.25倍である。

(5)　遺族給付金を受給するには，世帯全員の市町村民税が非課税であることが必要である。

2021年10月（第150回）

▌解答ポイント＆正解

　年金生活者支援給付金（以下「給付金」という）は，消費税率の引上げ分を活用し，公的年金等の収入や所得額が一定基準額以下の年金受給者の生活を支援するために支給されるもので，令和元年10月より実施されている。

　給付金には，老齢給付金，補足的老齢給付金，障害給付金，遺族給付金が

あり，すべての給付金は非課税扱いとなっている（金額はいずれも令和4年度価格）。

老齢給付金は，次のいずれにも該当する者に支給される。

① 老齢基礎年金の受給者であって，所得額（公的年金等の収入額と前年（または前々年）の所得の合計額）が所得基準額以下であること

② 世帯全員が地方税の市町村民税を課されていないこと

③ 65歳以上であること

老齢給付金の月額は，次のアとイを合算した額である。国民年金の保険料納付済期間，保険料免除期間の月数に応じて計算される。

ⓐ 5,140円×$\dfrac{\text{保険料納付済期間の月数}}{480 \text{ヵ月}}$

ⓑ 11,041円（保険料4分の1免除期間は5,520円）×$\dfrac{\text{保険料免除期間}}{480 \text{ヵ月}}$

＊上記ⓑの金額は昭和31年4月2日以後生まれの者の場合（昭和31年4月1日以前生まれの者は，それぞれ11,008円，5,504円）

老齢基礎年金を繰下げ待機中の者は老齢基礎年金の受給者ではないので，他の要件を満たしていても老齢給付金は支給されない。

障害給付金は，障害基礎年金の受給者のうち，前年の所得が政令で定める額（4,721,000円・扶養親族の数に応じて増額）以下である者に支給される。

障害給付金の額は定額で，障害等級1級は月額6,425円，障害等級2級は月額5,140円である。

遺族給付金は，遺族基礎年金の受給者のうち，障害給付金と同様の所得基準を満たす者に支給される。

以上より，(5)の記述が誤っており，これが本問の正解である。

正　解：(5)　正解率：31.52％

公式テキスト・チェック　　5編−2「年金請求と諸手続き」

最近の年金法改正

問-29 令和２年６月５日公布のいわゆる年金制度改正法による改正内容のうち，すでに施行されているものは次のうちどれですか。

(1) 繰下げ支給の上限年齢を，70歳から75歳に引き上げる。

(2) 短期在留外国人の脱退一時金制度の支給上限年数を，３年から５年に引き上げる。

(3) 65歳以上で在職老齢年金を受給しながら働いている者の年金額を，毎年定時に改定する。

(4) 65歳未満の在職老齢年金の支給停止の基準額を，28万円から47万円（令和３年度の額）に引き上げる。

(5) 新たに国民年金の被保険者になった者に対する「年金手帳」の交付を廃止し，「基礎年金番号通知書」に切り替える。

解答ポイント＆正解

令和２年６月５日に公布された「年金制度の機能強化のための国民年金法等の一部を改正する法律」（年金制度改正法）の主な改正内容は，次のとおりである。

① 短期滞在の外国人に対する脱退一時金の支給上限年数を３年から５年に引き上げる（令和３年４月１日施行）。

② 新たに国民年金の被保険者となった者に対する資格取得のお知らせとして，（国民）年金手帳の交付を廃止し，基礎年金番号通知書の送付に切り替える（令和４年４月１日施行）。

③ 繰下げ受給の上限年齢を70歳から75歳に引き上げる（令和４年４月１日施行，昭和27年４月２日以降生まれの者に適用）。繰上げ受給の減額率を１ヵ月あたり0.5％から0.4％に引き下げる（令和４年４月１日施行，昭和37年４月２日以降生まれの者に適用）。

④ 老齢厚生年金の受給権を取得した後に就労している65歳以上の在職

2020年10月
（第1501回）

269

老齢年金受給者の年金額を毎年定時に改定する（令和4年4月1日施行）。

⑤　65歳未満の在職老齢年金の支給停止の基準額を，28万円から47万円（令和3年度の額）に引き上げる（令和4年4月1日施行）。

⑥　短時間労働者を被用者保険の適用対象とすべき企業規模要件を令和4年10月より100人超，令和6年10月より50人超に引き下げる。

以上より，⑵が出題当時に施行されており，これが本問の正解である。

正　解：⑵　　正解率：25.77％

社会保障協定と脱退一時金

問-30　社会保障協定と公的年金の脱退一時金について，誤っているものは次のうちどれですか。

⑴　社会保障協定の目的のひとつは，わが国と相手国の年金制度等への二重加入を防止することにある。

⑵　社会保障協定締結の相手国への派遣の期間が5年を超えない見込みの場合，わが国の年金制度に加入する。

⑶　わが国と社会保障協定を締結（発効）している国は，25ヵ国より少ない。

⑷　短期滞在の外国人に対する厚生年金保険の脱退一時金の額は，「平均標準報酬額×被保険者期間の月数×支給率」で算出する。

⑸　短期滞在の外国人に対する脱退一時金は，わが国に住所を有しなくなった日から2年以内に請求しなければ，受給できない。

▰解答ポイント＆正解

社会保障協定の目的のひとつは，わが国から海外に派遣される者について，年金制度をはじめとするわが国の社会保障制度と就労地である相手国の制度にそれぞれ加入し，双方の国の制度の保険料を負担するという年金制度を含む社会保障制度への二重加入を防止することにある。

事業所から海外に派遣される者の社会保障制度の取扱いは，相手国のみの制度に加入することを原則としているが，一時的（5年を超えない見込みの者）な派遣者については，わが国の制度に加入することになっている。

　試験日現在，わが国と社会保障協定を締結（発効）している国は，ドイツ，イギリス，韓国，アメリカ，ベルギー，フランス，カナダ，オーストラリア，オランダ，チェコ，スペイン，アイルランド，ブラジル，スイス，ハンガリー，インド，ルクセンブルク，フィリピン，スロバキア，中国の20ヵ国である（令和5年5月現在では，フィンランド，スウェーデンを加え22ヵ国）。

　厚生年金保険の脱退一時金の額は，「平均標準報酬額×支給率」で算出する。支給率は，最終月（資格喪失した日の属する月の前月）の属する年の前年10月の保険料率（最終月が1月～8月のときは前々年10月）に2分の1を乗じた率に，被保険者期間の区分に応じた支給率計算に用いる数を乗じたもの（小数点1位未満の端数を四捨五入）である。

　短期滞在の外国人に対する公的年金の脱退一時金は，保険料の掛捨て防止策として実施されている。この脱退一時金は，わが国に住所を有しなくなった日から2年以内に請求しなければ，支給されない。

　以上より，(4)の記述が誤っており，これが本問の正解である。

正　解：(4)　正解率：15.29％

公式テキスト・チェック　　5編－3「社会保障協定」，5編－5「短期在留外国人の脱退一時金」

技能・応用

［Ⅰ］ 次の事例にもとづいて，〔問－31〕および〔問－32〕に答えてください。

《事　例》

Ａさん夫婦（昭和59年10月結婚）から，2人の年金について相談があった。夫婦の年金加入歴（予定を含む）は次のとおりで，妻は加給年金額の対象となる要件を満たしている。

○夫（昭和33年9月15日生まれ）

・昭和56年4月〜平成25年9月：Ｚ産業㈱（厚生年金保険）

・平成25年10月〜平成25年12月：国民年金（保険料未納）

・平成26年1月〜65歳に達するまで：Ｙ商事㈱

○妻（昭和36年12月1日生まれ）

・昭和55年4月〜昭和59年9月：Ｘ市役所（地方公務員共済）

・昭和59年10月〜昭和61年3月：国民年金（任意加入，保険料未納）

・昭和61年4月〜60歳に達するまで：国民年金

老齢基礎年金の受給資格期間

問－31　　Ａさん夫婦の老齢基礎年金の受給資格期間等について，誤っているものは次のうちどれですか。

⑴　夫：平成25年10月〜平成25年12月の期間は，受給資格期間に算入されない。

⑵　夫：平成26年1月〜65歳に達するまでの期間のうち，保険料納付済期間は57ヵ月である。

⑶　妻：昭和55年4月〜昭和59年9月の期間のうち，合算対象期間は19ヵ月である。

⑷　妻：昭和59年10月〜昭和61年3月の期間は，合算対象期間となる。

(5) 妻：昭和61年4月～60歳に達するまでの期間のうち，第3号被保険者期間は424ヵ月である。

老齢給付

問―32 Aさん夫婦の老齢給付について，誤っているものは次のうちどれですか。

(1) 夫：報酬比例部分の支給開始年齢は，63歳である。

(2) 夫：定額部分は支給されない。

(3) 夫：令和5年10月分から老齢厚生年金に加給年金額が加算される。

(4) 妻：報酬比例部分の支給開始年齢は，62歳である。

(5) 妻：令和8年12月分から，老齢基礎年金に振替加算が加算される。

■解答ポイント＆正解

問―31 老齢基礎年金の受給資格期間には，保険料納付済期間，保険料免除期間および合算対象期間が算入される。

保険料納付済期間は，①第1号被保険者期間および昭和61年3月以前の国民年金の加入期間のうち保険料を納付した期間，②厚生年金保険，共済組合等の加入期間のうち昭和36年4月以後かつ20歳以上60歳未満の期間，③第3号被保険者期間等である。

合算対象期間は，④厚生年金保険，共済組合等の被保険者・加入者の配偶者で国民年金に任意加入できた者が任意加入しなかった昭和61年3月以前の期間，⑤国民年金に任意加入して保険料を納付しなかった20歳以上60歳未満の期間，⑥厚生年金保険，共済組合等の加入期間のうち昭和36年3月以前の期間および20歳前と60歳以後の期間等がある。

Aさん夫婦の場合，次のとおりである。

(1) 夫：平成25年10月～平成25年12月：保険料未納期間であり受給資格期間に算入されない。

(2) 夫：平成26年1月～65歳に達するまで：60歳に達するまでの期間
（平成26年1月～平成30年8月）が②に該当し，保険料納付済期間とな
り，その月数は56ヵ月である。平成30年9月～65歳に達するまでの期
間は⑥に該当し，合算対象期間となる。

(3) 妻：昭和55年4月～昭和59年9月：20歳前の期間（昭和55年4月～
昭和56年10月）が⑥に該当し，合算対象期間となり，その月数は19ヵ
月である。昭和56年11月～昭和59年9月は②に該当し，保険料納付済
期間となる。

(4) 妻：昭和59年10月～昭和61年3月：⑤に該当し，合算対象期間とな
る。

(5) 妻：昭和61年4月～60歳に達するまでの期間：昭和61年4月から平
成25年9月までの期間（330ヵ月）と平成26年1月から60歳到達月の
前月（令和3年10月）までの期間（94ヵ月），合計424ヵ月が第3号被
保険者期間となる。

以上より，(2)の記述が誤っており，これが本問の正解である。

正　解：(2)　　正解率：46.95％

公式テキスト・チェック ▷　　2編-1「老齢基礎年金の仕組み」

問-32　　第1号厚生年金被保険者（一般男子）の老齢厚生年金（報酬比
例部分）の支給開始年齢の引上げは，昭和28年4月2日以降生
まれの者から実施されている。

女子（第2号～第4号厚生年金被保険者）の老齢厚生年金の支給開始年齢
の引上げは第1号厚生年金被保険者の一般男子等と同じスケジュールで実施
されている。

夫の場合，報酬比例部分の支給開始年齢は63歳，定額部分は支給されず
65歳から老齢基礎年金として支給される。加給年金額は65歳到達月の翌月
（令和5年10月）分から支給される。

妻（第3号厚生年金被保険者）の場合，特別支給の老齢厚生年金の支給は

なく，65歳から老齢厚生年金と老齢基礎年金が支給される。妻は夫の老齢厚生年金の加給年金額の対象者であり，65歳に達した月の翌月（令和8年12月）分から老齢基礎年金に振替加算が加算される。

以上より，(4)の記述が誤っており，これが本問の正解である。

正　解：(4)　　正解率：38.40％

> 公式テキスト・チェック

2編－3「老齢基礎年金の振替加算」，2編－6「60歳台前半の老齢厚生年金」

[Ⅱ] 次の事例にもとづいて，〔問－33〕および〔問－34〕に答えてください。

《事　例》

　B夫さん（昭和35年12月5日生まれ）は，妻とメガネ店を営んでいる。B夫さんの年金加入歴は，次のとおりである。

・昭和54年4月～平成2年3月：厚生年金保険（132ヵ月）

・平成2年4月～平成15年6月：国民年金，保険料納付（159ヵ月）

・平成15年7月～平成19年6月：国民年金，保険料半額免除期間（48ヵ月）

・平成19年7月～令和2年11月：国民年金，保険料4分の1免除期間（161ヵ月）

老齢基礎年金の年金額

問-33　B夫さんが65歳から受給できる老齢基礎年金の年金額の計算式について，正しいものは次のうちどれですか（年金額は令和3年度価格）。

(1)　$780,900円 \times \dfrac{132ヵ月 + 159ヵ月 + 48ヵ月 \times \frac{1}{2} + 161ヵ月 \times \frac{3}{4}}{480ヵ月}$

(2)　$780,900円 \times \dfrac{132ヵ月 + 159ヵ月 + 48ヵ月 \times \frac{2}{3} + 21ヵ月 \times \frac{3}{4} + 140ヵ月 \times \frac{5}{8}}{480ヵ月}$

(3)　$780,900円 \times \dfrac{112ヵ月 + 159ヵ月 + 48ヵ月 \times \frac{2}{3} + 21ヵ月 \times \frac{5}{6} + 140ヵ月 \times \frac{7}{8}}{480ヵ月}$

(4)　$780,900円 \times \dfrac{112ヵ月 + 159ヵ月 + 48ヵ月 \times \frac{1}{2} + 21ヵ月 \times \frac{5}{6} + 140ヵ月 \times \frac{7}{8}}{480ヵ月}$

(5)　$780,900円 \times \dfrac{112ヵ月 + 159ヵ月 + 48ヵ月 \times \frac{2}{3} + 21ヵ月 \times \frac{3}{4} + 140ヵ月 \times \frac{5}{8}}{480ヵ月}$

国民年金保険料の追納および老齢給付等

問-34　B夫さんの国民年金保険料の追納および老齢給付等について，誤っているものは次のうちどれですか。

(1)　令和3年10月中に保険料の追納を申し出た場合，追納できるのは保険料4分の1免除期間のうち，平成23年10月以降の分である。

(2)　平成29年度の1ヵ月分の保険料を追納する場合の額は，本来の保険料月額の4分の1よりも高い。

(3)　老齢厚生年金に加給年金額は加算されない。

(4)　令和11年1月に老齢基礎年金の繰下げの申出をした場合，年金額は25.9％増額される。

(5)　特別支給の老齢厚生年金を受給している期間は，国民年金に任意加入

することができない。

解答ポイント＆正解

問－33　老齢基礎年金の年金額は，780,900円（令和3年度価格）である。この年金額は20歳から60歳になるまでの40年間（加入可能年数）すべて保険料納付済期間のときに支給される。40年に満たないときはその不足する期間に応じて減額される。

保険料免除期間は，次に相当する月数として計算する。

免除区分	平成21年3月以前		平成21年4月以降	
	480ヵ月までの期間	480ヵ月を超える期間	480ヵ月までの期間	480ヵ月を超える期間
4分の1免除	6分の5	2分の1	8分の7	8分の3
半額免除	3分の2	3分の1	4分の3	4分の1
4分の3免除	2分の1	6分の1	8分の5	8分の1
全額免除	3分の1	―	2分の1	―

B夫さんの場合，昭和54年4月〜平成2年3月の厚生年金保険に加入した期間のうち，20歳前の期間（昭和54年4月〜昭和55年11月：20ヵ月）は合算対象期間となり老齢基礎年金の年金額に反映されない。20歳以後の期間（昭和55年12月〜平成2年3月：112ヵ月）が保険料納付済期間となる。

平成15年7月からの保険料半額免除期間48ヵ月は3分の2，平成19年7月からの4分の1免除期間のうち，平成21年3月までの21ヵ月は6分の5，平成21年4月から令和2年11月までの140ヵ月は8分の7として計算する。

以上より，(3)の計算式が正しく，これが本問の正解である。

正　解：(3)　正解率：65.52％

公式テキスト・チェック ＞ 2編－2「老齢基礎年金の年金額」

問—34 　国民年金保険料の免除を受けた者が，その後保険料を納付できるようになったときは，免除された期間の保険料の全部または一部を追納できる。この追納は10年前の分まで遡って行うことができ，追納することでその期間は保険料納付済期間となり年金額が増額される。

　B夫さんの場合，

　保険料4分の1免除期間の一部は，10年を経過していないので，今から追納することができる。令和3年10月中に保険料の追納を申し出た場合，平成23年10月以降の保険料を追納できる。

　保険料の免除を受けた期間の翌年度から起算して，3年度目以降に保険料を追納する場合，当時の保険料月額に経過期間に応じた加算額が上乗せされる。平成29年度分の4分の1免除保険料を令和3年度中に追納する場合の追納保険料額は，1ヵ月につき4,130円である。平成29年度分の保険料（月額16,490円）の4分の1（16,490円÷4≒4,120円）よりも高い（保険料月額は，端数が出たときは1円単位を四捨五入して10円単位）。

　老齢厚生年金に加算される加給年金額は，被保険者期間が原則20年以上ある者で，その権利を取得した当時，その者によって生計維持されている65歳未満の配偶者がいるときに支給される。B夫さんの厚生年金保険の加入期間は20年に満たないので，加給年金額は加算されない。

　繰下げの申出は，66歳到達日の令和8年12月4日から行うことができる。繰下げ受給の増額率は，65歳に達した日の属する月から繰下げ申出をした日の属する月の前月までの月数に0.7％を乗じたものである。令和11年1月に繰下げの申出を行った場合，年金額は0.7％×37ヵ月（＝令和7年12月〜令和10年12月）＝25.9％増額される。

　なお，特別支給の老齢厚生年金を受給している期間であっても，国民年金に任意加入することができる。

　以上より，(5)の記述が誤っており，これが本問の正解である。

正　解：(5)　**正解率：**28.30％

公式テキスト・チェック 　　 2編—4「老齢基礎年金の支給の繰上げ・繰下げ」

[Ⅲ] 次の事例にもとづいて，〔問－35〕および〔問－36〕に答えてください。

《事 例》

C夫さん（昭和31年12月3日生まれ）は，昭和54年4月にW産業㈱に入社し，65歳の誕生日付で同社を退職する予定である。退職後に受給できる年金額の詳しい計算方法を知りたいと相談があった。

C夫さんの令和3年度基準（本来水準）の平均標準報酬月額は374,800円，平均標準報酬額は447,500円とのことである。

生年月日	総報酬制・実施前		総報酬制・実施後	
	旧乗率	新乗率	旧乗率	新乗率
昭和21.4.2～	7.50／1,000	7.125／1,000	5.769／1,000	5.481／1,000

老齢厚生年金の年金額の計算

問－35 C夫さんが退職後受給する老齢厚生年金（報酬比例部分の額。経過的加算は含めない）の年金額について，正しいものは次のうちどれですか（年金額は令和3年度価格）。

(1) 1,316,052円

(2) 1,318,505円

(3) 1,321,117円

(4) 1,387,853円

(5) 1,390,605円

老齢厚生年金に加算される経過的加算

問－36　　C夫さんが退職後受給する老齢厚生年金に加算される経過的加算の計算式について，正しいものは次のうちどれですか（年金額は令和3年度価格）。

(1)　$1,628 円 \times 480 ヵ月 - 780,900 円 \times \dfrac{451 ヵ月}{480 ヵ月}$

(2)　$1,628 円 \times 480 ヵ月 - 780,900 円 \times \dfrac{452 ヵ月}{480 ヵ月}$

(3)　$1,628 円 \times 480 ヵ月 - 780,900 円 \times \dfrac{480 ヵ月}{480 ヵ月}$

(4)　$1,628 円 \times 511 ヵ月 - 780,900 円 \times \dfrac{451 ヵ月}{480 ヵ月}$

(5)　$1,628 円 \times 512 ヵ月 - 780,900 円 \times \dfrac{452 ヵ月}{480 ヵ月}$

■ 解答ポイント＆正解

問－35　　令和3年度の老齢厚生年金（報酬比例部分）の年金額は，原則として次の「本来水準」の算式で計算した年金額が支給される。

＜本来水準の算式＞

平均標準報酬月額 $\times \dfrac{9.5 \sim 7.125}{1,000} \times$ 平成15年3月までの被保険者月数＋平均標準報酬額 $\times \dfrac{7.308 \sim 5.481}{1,000} \times$ 平成15年4月以降の被保険者月数

＊平均標準報酬月額，平均標準報酬額は令和3年度（本来水準）の再評価率により算出する。

＊乗率は，生年月日に応じた新乗率を使用する。

C夫さんの場合，総報酬制実施前の被保険者期間の月数は昭和54年4月～平成15年3月の288ヵ月，総報酬制実施後の被保険者期間の月数は平成15年4月～令和3年11月の224ヵ月となり，報酬比例部分の額は，次のとおりである。

$$374{,}800 \text{円} \times \frac{7.125}{1{,}000} \times 288 \text{ヵ月} + 447{,}500 \text{円} \times \frac{5.481}{1{,}000} \times 224 \text{ヵ月} \fallingdotseq$$

1,318,505円

以上より，(2)の年金額が正しく，これが本問の正解である。

正　解：(2)　　正解率：54.86％

公式テキスト・チェック ＞ 2編－7「60歳台前半の老齢厚生年金の年金額」

問－36 　65歳前の定額部分に相当する額が原則として65歳からの老齢基礎年金の額となるが，厚生年金保険の加入期間のうち20歳前と60歳以後の期間および定額単価1,628円（令和3年度，以下同）と老齢基礎年金の月額相当額（780,900円÷480ヵ月＝1,626.875円＜1,628円）との差額等は老齢基礎年金の額に算入されず，定額部分の額が老齢基礎年金の額を上回ることになる。そこでこれを補うため，その差額分を経過的加算として老齢厚生年金に加算して支給される。65歳前の定額部分の額を保障する措置である。

　経過的加算の額は，定額部分の額から厚生年金保険の加入期間にかかる老齢基礎年金の額を差し引いた額であり，算式で示すと次のとおりである。

　経過的加算の額＝定額部分の額（A）－老齢基礎年金の額（B）

　定額部分の額（A）：1,628円×被保険者期間の月数（上限480ヵ月）

　老齢基礎年金の額（B）：780,900円×20歳以上60歳未満の厚生年金保険の被保険者期間の月数／480ヵ月

　C夫さんの場合，

　被保険者期間の月数は昭和54年4月から令和3年11月までの512ヵ月であるが，定額部分は上限月数480ヵ月で計算する。

　60歳到達月の前月までの厚生年金保険の被保険者期間の月数は昭和54年4月～平成28年11月の452ヵ月であり，算式で示すと(2)のとおりである。

　以上より，(2)の計算式が正しく，これが本問の正解である。

正　解：(2)　　正解率：61.42％

公式テキスト・チェック ＞ 2編－9「60歳台後半の老齢厚生年金」

[Ⅳ] 次の事例にもとづいて，〔問－37〕および〔問－38〕に答えてください。

《事例》

D夫さん（昭和31年11月20日生まれ）は，妻（昭和35年7月28日生まれ，専業主婦）と2人暮らしである。D夫さんは65歳に達した日に44年6ヵ月勤務した㈱V社を退職する。その後，令和4年1月より㈱U社に70歳まで勤務する予定である。

㈱V社での給与は，月額450,000円（標準報酬月額440,000円），賞与は6月に780,000円，12月に900,000円が支給されており，ここ2年間は変わっていない。なお，賞与は支給日に在籍していない者には支給されない。

㈱U社での給与は，月額370,000円（標準報酬月額380,000円），賞与は年1回，12月に720,000円が支払われる条件である。

㈱V社退職後の年金額は老齢厚生年金1,620,000円（うち経過的加算30,000円，加給年金額390,000円），老齢基礎年金780,000円とする。

65歳以後の在職老齢年金

問－37　D夫さんが㈱U社に勤務したときの在職老齢年金に関する下記（①～④）の記述について，正しいものの数は次のうちどれですか（在職定時改定は考慮しないものとします）。

---

① 令和4年2月の基本月額は，100,000円である。
② 令和4年3月の総報酬月額相当額は，445,000円である。
③ 令和4年6月の支給停止額は，5,000円である。
④ 令和4年12月の老齢厚生年金の月額（経過的加算・加給年金額は除く）は，65,000円である。

---

(1) なし　　(2) 1つ　　(3) 2つ　　(4) 3つ　　(5) 4つ

282

高年齢求職者給付金

問-38 D夫さんが㈱U社に70歳到達月まで勤務し同月に退職した場合の高年齢求職者給付金（以下「給付金」という）に関するアドバイスについて，誤っているものは次のうちどれですか。

(1) 給付金を受けるための手続は，住所地を管轄する公共職業安定所（ハローワーク）で行う。

(2) 給付金と老齢厚生年金は，併給される。

(3) 給付金は，一時金として支給される。

(4) 給付金の額は，基本手当日額の90日分に相当する額である。

(5) 給付金を受けるには，離職の日以前1年間に雇用保険の被保険者期間が通算して6ヵ月以上あることが必要である。

解答ポイント＆正解

問-37 60歳台後半の在職老齢年金は，基本月額と総報酬月額相当額により支給停止額が計算される。

・基本月額と総報酬月額相当額の合計額が47万円（支給停止調整額。令和5年度は48万円，以下同）以下のとき……支給停止はなく全額が支給される。

・基本月額と総報酬月額相当額の合計額が47万円を超えるとき……（基本月額＋総報酬月額相当額－47万円）×$\frac{1}{2}$で計算した額が支給停止される。

＊基本月額＝年金額（報酬比例部分の額。加給年金額・経過的加算を除く）×$\frac{1}{12}$

＊総報酬月額相当額＝その月の標準報酬月額＋その月以前1年間の標準賞与額×$\frac{1}{12}$

D夫さんの場合，

① 令和4年2月の基本月額は ¦1,620,000円－（30,000円＋390,000円）¦ ×$\frac{1}{12}$＝100,000円である（○）。

② 令和4年3月の総報酬月額相当額は，$380,000円＋780,000円×\frac{1}{12}＝$ 445,000円である（○）。

③ 令和4年6月は総報酬月額相当額が380,000円となり，支給停止額は $(100,000円＋380,000円－470,000円)×\frac{1}{2}＝5,000円$ である（○）。

④ 令和4年12月の老齢厚生年金の月額（経過的加算・加給年金額は除く）は，総報酬月額相当額が$380,000円＋720,000円×\frac{1}{12}＝440,000円$となり，受給額は$100,000円－(100,000円＋440,000円－470,000円)×\frac{1}{2}＝65,000$ 円である（○）。

以上より，①〜④の4つが正しく，(5)が本問の正解である。

正　解：(5)　正解率：17.36％

公式テキスト・チェック　　2編－10「在職老齢年金」

問－38 　65歳以上の雇用保険の被保険者（高年齢被保険者）が失業した場合，離職の日以前1年間に被保険者期間が通算して6ヵ月以上あるときに，高年齢求職者給付金が支給される。被保険者であった期間が1年以上のときは基本手当日額の50日分，1年未満のときは30日分に相当する額が一時金で支給される。Ｄ夫さんには基本手当日額の50日分が支給される。

高年齢求職者給付金と老齢厚生年金は，併給される。

高年齢求職者給付金を受けるための手続は，住所地を管轄するハローワーク（公共職業安定所）で行う。

以上より，(4)のアドバイスが誤っており，これが本問の正解である。

正　解：(4)　正解率：57.43％

公式テキスト・チェック　　2編－12「雇用保険による高年齢雇用継続給付との調整」

[V] 次の事例にもとづいて，〔問－39〕および〔問－40〕に答えてください。

《事例》

　E夫さん（昭和36年2月10日生まれ）は，61歳に達した日に30年間勤務した㈱T産業を退職する予定である。E夫さんの年金加入歴は通算して，厚生年金保険に37年9ヵ月，国民年金に3年3ヵ月である。

　E夫さんの退職後の年金見込額は，報酬比例部分が1,156,000円，65歳からの老齢基礎年金は780,900円とする。なお，妻（昭和39年8月12日生まれ，パート年収約90万円）と2人暮らしである。

経過的な繰上げ支給の老齢厚生年金

問－39　E夫さんへの経過的な繰上げ支給の老齢厚生年金の請求に関するアドバイスについて，誤っているものは次のうちどれですか。

(1) 初診日が65歳前であっても，繰上げ請求後に初診日のある傷病について，障害基礎年金は請求できない。

(2) 加給年金額は，減額されて繰上げ請求月の翌月分から支給される。

(3) 老齢基礎年金も同時に繰上げ請求することになる。

(4) 経過的加算の減額分は，報酬比例部分の年金額から減額される。

(5) 64歳に達する前までであれば，繰上げ請求できる。

繰上げ支給の老齢基礎年金の年金額計算

問－40　E夫さんが令和4年3月に経過的な繰上げ支給の老齢厚生年金を請求した場合，受給できる老齢基礎年金の年金額について，正しいものは次のうちどれですか。

(1) 546,630円　　(2) 581,771円　　(3) 597,389円

(4) 634,091円　　(5) 644,243円

解答ポイント＆正解

問－39　経過的な繰上げ支給の老齢厚生年金は，60歳から報酬比例部分の支給開始年齢に達する前に請求することができる。この場合，老齢基礎年金と同時に繰上げ請求しなければならない。

経過的な繰上げ支給の老齢厚生年金の年金額は，次の算式で計算する。

年金額＝報酬比例部分の額－（A報酬比例部分の減額分＋B経過的加算の減額分）＋経過的加算の額

A＝報酬比例部分の額×0.5％×①

B＝経過的加算の額×0.5％×②

①　繰上げ請求月から報酬比例部分の支給開始月の前月までの月数

②　繰上げ請求月から65歳到達月の前月までの月数

E夫さんの場合，

報酬比例部分の支給開始年齢は64歳であり，64歳に達する前までであれば繰上げ請求することができ，加給年金額は65歳到達月の翌月（令和8年3月分）から所定の額が支給される。

繰上げ請求後に初診日のある傷病によって障害等級に該当しても，障害基礎年金は請求できない。

経過的加算の減額分は，報酬比例部分の年金額から減額される。

以上より，⑵の記述が誤っており，これが本問の正解である。

なお，令和4年4月より，1ヵ月あたりの減額率0.5％は0.4％に改定されている（昭和37年4月2日以後生まれの者が対象）。

正　解：⑵　正解率：45.46％

公式テキスト・チェック　2編－7「60歳台前半の老齢厚生年金の年金額」

問－40　経過的な繰上げ支給の老齢厚生年金は，60歳から報酬比例部分の支給開始年齢に達する前であれば請求することができる。経過的な繰上げ支給の老齢厚生年金は，老齢基礎年金と同時に繰上げ請求しな

ければならない。繰上げ請求したときの老齢基礎年金の年金額は，次のとおり算出する。

老齢基礎年金の額－（老齢基礎年金の額×0.5％×繰上げ請求月から65歳到達月の前月までの月数）

E夫さんの場合，

65歳到達月の前月までの月数は47ヵ月（令和4年3月～令和8年1月）となり，年金額は780,900円－780,900円×0.5％×47ヵ月≒597,389円である。

以上より，(3)の年金額が正しく，これが本問の正解である。

なお，令和4年4月より，1ヵ月あたりの減額率0.5％は0.4％に改定されている（昭和37年4月2日以後生まれの者が対象）。

正　解：(3)　　正解率：51.24％

公式テキスト・チェック　＞　2編－7「60歳台前半の老齢厚生年金の年金額」

〔Ⅵ〕 次の事例にもとづいて，〔問－41〕および〔問－42〕に答えてください。

《事 例》

　　F夫さん（昭和47年9月28日生まれ）は，令和2年10月3日（初診日）に自宅で倒れ救急車で大学病院に搬送された。F夫さんの年金加入歴は次のとおりで，家族は妻（昭和51年5月21日生まれ，パート年収約120万円），長女（平成16年7月16日生まれ，健常者），次女（平成17年11月28日生まれ，障害等級2級相当の障害がある），長男（平成20年3月25日生まれ，健常者）の5人である。

　・平成4年9月～平成8年3月：国民年金（保険料納付）
　・平成8年4月～令和2年12月：厚生年金保険
　・令和3年1月～現在：国民年金（保険料納付）

障害基礎年金の年金額

問－41　　F夫さんが障害認定日（原則）に障害等級1級と認定された場合，受給できる障害基礎年金の年金額の計算式について，正しいものは次のうちどれですか（年金額は令和3年度価格）。

(1)　780,900円×1.25＋224,700円×2人
(2)　780,900円×1.25＋224,700円×2人＋74,900円
(3)　780,900円×1.25＋224,700円×3人
(4)　780,900円×1.5＋224,700円×2人＋74,900円
(5)　780,900円×1.5＋224,700円×2人

障害給付

問－42　　F夫さんが障害等級2級と認定された場合の障害給付等について，誤っているものは次のうちどれですか（年金額は令和3年度価格）。

(1)　障害認定日は，原則として令和4年4月3日である。

(2) 長男が18歳の年度末を経過すると，障害基礎年金の子の加算額はな
くなる。

(3) 厚生年金保険の被保険者となっても，障害厚生年金は支給停止されな
い。

(4) 障害厚生年金には，配偶者加給年金額として224,700円が加算される。

(5) 障害厚生年金の年金額は，令和2年10月（初診日の属する月）まで
の被保険者月数で計算される。

解答ポイント＆正解

問-41 障害基礎年金の年金額は定額で，障害等級2級の年金額は満額
の老齢基礎年金と同じ780,900円（令和3年度価格・以下同じ）
で，1級の年金額は2級の1.25倍に相当する976,125円である。

障害基礎年金の受給権者に生計を維持されている18歳の年度末までにあ
る子，または20歳未満で1級または2級の障害の状態にある子（いずれも
現に婚姻していない子）がいるときには，子の加算額が加算される。子の加
算額は1人目，2人目については1人について224,700円，3人目からは1
人について74,900円である。

F夫さんの場合，

障害認定日は令和4年4月3日となり，年金は令和4年5月分から支給さ
れる。長女の18歳の年度末は令和5年3月，次女の20歳到達月は令和7年
11月，長男の18歳の年度末は令和8年3月につき，長女，次女，長男の3
人が子の加算額の対象となり，年金額は(2)の計算式で計算される。

以上より，(2)の計算式が正しく，これが本問の正解である。

正 解：(2) 正解率：73.45％

公式テキスト・チェック ▷ 3編-3「障害基礎年金の年金額」

問-42 障害認定日は，初診日から1年6ヵ月を経過した日（原則），またはそれまでに治ったとき（症状が固定し治療の効果が期待できない状態に至った日を含む）はその日をいう。本問の障害認定日（原則）は，令和4年4月3日である。

障害基礎年金の受給権者に生計を維持されている18歳の年度末までにある子，または20歳未満で1級または2級の障害の状態にある子（いずれも現に婚姻していない子）がいるときには，子の加算額が加算される。本問の場合，長女の18歳の年度末は令和5年3月，次女の20歳到達月は令和7年11月，長男の18歳の年度末は令和8年3月であり，長男が18歳の年度末を経過すると子の加算額はなくなる。

障害厚生年金（1級または2級に限る）の受給権者に生計を維持されている65歳未満の配偶者がいるときは，配偶者加給年金額が加算される。本問では，生計を維持されている65歳未満の妻がいるので配偶者加給年金額224,700円が加算される。

障害厚生年金の年金額は，原則として障害認定日の属する月までの被保険者期間により老齢厚生年金の報酬比例部分と同様に計算される。なお，本問では障害認定日前に退職しているので令和2年12月までの被保険者月数で計算する。その月数は297ヵ月（平成8年4月～令和2年12月）であり300ヵ月に満たないので，300ヵ月みなしで計算する。

厚生年金保険の被保険者となっても，障害厚生年金は支給停止されない。

以上より，(5)の記述が誤っており，これが本問の正解である。

正　解：(5)　　正解率：53.09%

公式テキスト・チェック ＞ 3編-1「障害基礎年金の仕組み」，3編-4「障害厚生年金の仕組み」

[Ⅶ] 次の事例にもとづいて，〔問－43〕および〔問－44〕に答えてください。

《事 例》

　G子さん（昭和48年6月6日生まれ，専業主婦）の夫（昭和47年3月1日生まれ，平成13年4月結婚）は，令和3年9月30日に病気（初診日は令和元年2月8日）のため亡くなった。夫の年金加入歴は，次のとおりである。

・平成4年2月～平成22年3月：国民年金（保険料納付）

・平成22年4月～令和元年9月：厚生年金保険

・令和元年10月～令和3年9月：国民年金（保険料未納）

　子は，長女（平成15年8月10日生まれ，健常者），長男（平成19年5月3日生まれ，障害等級2級相当の障害がある），次男（平成21年2月23日生まれ，健常者）の3人である。

国民年金の遺族給付

問－43　G子さんおよび子が受給できる遺族給付について，誤っているものは次のうちどれですか。

(1) G子さんは，遺族基礎年金の受給終了月の翌月分から寡婦年金を受給できる。

(2) 死亡一時金は，支給されない。

(3) 遺族基礎年金の受給権は，長男が20歳に達したときに消滅する。

(4) 子に対する遺族基礎年金は，全額支給停止される。

(5) G子さんが再婚しても，子の遺族基礎年金は失権しない。

遺族厚生年金

問一44　　　G子さんおよび子が受給できる遺族厚生年金等に関するアドバイスについて，正しいものは次のうちどれですか（年金額は令和3年度価格）。

(1)　遺族基礎年金と遺族厚生年金は，選択によりいずれかが支給される。

(2)　遺族厚生年金の年金額は，300ヵ月みなしで計算される。

(3)　G子さんが受給する遺族厚生年金に加算される中高齢寡婦加算の額は，586,300円である。

(4)　G子さんが厚生年金保険の被保険者となった場合，G子さんに対する遺族厚生年金は支給停止される。

(5)　G子さんは，遺族厚生年金の失権事由に該当しないかぎり，中高齢寡婦加算が加算された遺族厚生年金を生涯受給できる。

◢ 解答ポイント＆正解

問一43　　　遺族基礎年金は，夫または妻が死亡した当時，生計を維持されていた子のある配偶者（妻または夫）または子に支給される。子は18歳の年度末までにある子または20歳未満で障害等級1級または2級の障害の状態にある子で，いずれも現に婚姻していない子である。

　寡婦年金は，国民年金の第1号被保険者としての保険料納付済期間と保険料免除期間等を合算した期間が10年以上ある夫が死亡したときに，10年以上の継続した婚姻関係のある妻に対して60歳から65歳に達するまでの間，支給される。

　死亡一時金は，国民年金の第1号被保険者としての保険料納付済期間等の月数が36ヵ月以上ある者が死亡したときに，生計を同じくしていた遺族に支給される。ただし，遺族基礎年金を受けられる遺族がいるときは，支給されない。

　G子さんの場合，

292

遺族基礎年金には3人分の子の加算額が加算され，子の加算額を含めてG子さんに全額支給される。子に対する遺族基礎年金は全額が支給停止される。

遺族基礎年金の受給権は，長男が20歳に達したときに消滅する。

G子さんが再婚するとG子さんの有する遺族基礎年金の受給権は消滅するが，子の遺族基礎年金は失権しない。

死亡一時金は，遺族基礎年金を受けられるので支給されない。

寡婦年金は夫の国民年金の第1号被保険者としての保険料納付済期間が10年以上あるので，遺族基礎年金の失権後，かつ60歳（令和15年7月分）から65歳に達するまでの間，支給される（ただし，遺族厚生年金との併給調整がある）。

以上より，(1)の記述が誤っており，これが本問の正解である。

正　解：(1)　正解率：31.18%

公式テキスト・チェック　　4編－1「遺族基礎年金の仕組み」，4編－2「遺族基礎年金の年金額」

問－44　遺族厚生年金は，次の①〜④のいずれかに該当したときに，その遺族に支給される。

①　厚生年金保険の被保険者が死亡したとき

②　厚生年金保険の被保険者期間中に初診日のある傷病により，初診日から5年以内に死亡したとき

③　障害等級1級または2級の障害厚生年金の受給権者が死亡したとき

④　老齢厚生年金の受給権者または受給資格期間を満たした者（いずれも保険料納付済期間，保険料免除期間および合算対象期間を合算した期間が25年以上の者）が死亡したとき

遺族厚生年金の年金額は，報酬比例部分の年金額の4分の3に相当する額であるが，短期要件（①〜③）に該当し被保険者期間が300ヵ月に満たないときは300ヵ月みなしで計算する。長期要件（④）に該当するときは実期間で計算する。

中高齢寡婦加算は，上記①〜③のいずれかに該当するとき，または④に該

当し被保険者期間が原則として20年以上あるときに，夫の死亡の当時（子がいるときは遺族基礎年金の失権当時），40歳以上の妻に対して65歳に達するまでの間，加算される。遺族基礎年金と遺族厚生年金は併給され，遺族基礎年金を受給している間，中高齢寡婦加算は支給停止される。

G子さんおよび子の場合，

遺族基礎年金と遺族厚生年金は併給される。

短期要件（②）に該当するため，年金額は300ヵ月みなしで計算される。遺族基礎年金の失権後，G子さんが65歳に達するまでの間，G子さんは中高齢寡婦加算585,700円（令和3年度価格）が加算された遺族厚生年金を受給できる。

G子さんに対する遺族厚生年金は，G子さんが厚生年金保険の被保険者となっても支給停止されない。失権事由に該当する場合を除き，遺族厚生年金は終身支給される。中高齢寡婦加算は65歳に達するまでの支給である。

以上より，(2)の記述が正しく，これが本問の正解である。

正　解：(2)　　正解率：59.10 %

公式テキスト・チェック　　4編－3「遺族厚生年金の仕組み」，4編－4「遺族厚生年金の年金額」

[Ⅷ] 次の事例にもとづいて，〔問－45〕および〔問－46〕に答えてください。

《事　例》

　先日，市内に転居してきたＨ夫さん（昭和32年１月１日生まれ）がＳ銀行Ｒ支店に来店され，受給している年金の住所変更と受取口座の変更手続，およびもうすぐ65歳になることから65歳到達時の手続について相談があった。

　Ｓ銀行の甲田さんは，日本年金機構の「年金受給権者　受取機関変更届」（以下「変更届」という）を見せながら，アドバイスを行った。

　Ｈ夫さんは，現在，42年間加入した特別支給の老齢厚生年金を，妻（昭和34年７月７日生まれ，パート年収約90万円）は12年間加入した特別支給の老齢厚生年金を受給中で，夫婦とも個人番号（マイナンバー）は日本年金機構に収録済みである。

年金受給権者　受取機関変更届

問－45　Ｈ夫さんの住所および年金受取口座の変更手続に関するアドバイスについて，適切でないものは次のうちどれですか。

(1) 変更後の受取口座への入金が確認できるまで，旧口座は解約しない。

(2) 住所のみの変更であれば，原則届出は不要である。

(3) ねんきんネットを利用して，受取口座の変更手続ができる。

(4) 変更届の口座名義は，カタカナで記入する。

(5) 変更届にＳ銀行の受取口座の証明を受けたときは，預金通帳のコピーは添付しなくてよい。

65歳到達時の年金請求書

問-46 H夫さんに65歳到達時に送付される「年金請求書（ハガキ形式）」に関するアドバイスについて，適切でないものは次のうちどれですか。

(1) 提出期限は，令和3年12月31日である。

(2) 提出（郵送）先は，日本年金機構（本部）である。

(3) 年金請求書（ハガキ形式）を紛失した場合，年金事務所に再発行を申請する。

(4) 老齢基礎年金，老齢厚生年金とも繰下げ希望のときは，提出しなくてよい。

(5) 老齢厚生年金のみを繰り下げて受給希望のときは，繰下げ希望欄の「老齢厚生年金のみ繰下げ希望」欄を○で囲んで提出する。

▰解答ポイント＆正解

問-45 年金の受給権者が受取金融機関を変更するときは，「年金受給権者　受取機関変更届」（以下「変更届」という）に必要事項を記入して提出する。

変更後の受取口座への入金が確認できるまでの間は，旧口座は解約しないようアドバイスする。ねんきんネットを利用して受取口座の変更手続はできない。

この変更届の口座名義は，カタカナで記入する（"カタカナで記入してください"と表示されている）。

変更届に金融機関の受取口座の証明を受けたときは，預貯金通帳の提示，または預貯金通帳のコピーの添付は不要である。

市区役所または町村役場に転入届を提出済みで，日本年金機構に個人番号（マイナンバー）が収録済のときは，住所のみの変更であれば，原則住所変更の届出は不要である。

以上より，(3)のアドバイスが適切でなく，これが本問の正解である。

正　解：(3)　　正解率：76.56 %

公式テキスト・チェック　　　5編－2「年金請求と諸手続き」

問－46　　特別支給の老齢厚生年金の受給権は，受給権者が65歳に達すると消滅する。そこで65歳到達時に送付される「年金請求書（ハガキ形式）」を提出することで，65歳から老齢基礎年金と老齢厚生年金が支給される。

この年金請求書は，65歳の誕生月（1日生まれの者は前月）の初め頃に送付されるので，誕生月（1日生まれの者は誕生月の前月）の末日までにハガキ宛名面に記載されている日本年金機構（本部）宛て提出（郵送）する（第1号厚生年金被保険者）。提出が遅れると，年金の支払が保留されることがある。

本問の場合，提出期限は65歳到達月の末日である令和3年12月31日である。

送付された「年金請求書（ハガキ形式）」を紛失した場合，日本年金機構のWebサイトから届書をダウンロードして取得するか，最寄りの年金事務所等で用紙の交付を受ける。この年金請求書（ハガキ形式）は再発行されない。

老齢厚生年金のみを繰下げ受給するときは，繰下げ希望欄の「老齢厚生年金のみ繰下げ希望」を○で囲んで提出する。老齢基礎年金と老齢厚生年金の両方を繰下げ受給するときは，この年金請求書は提出しない取扱いとなっている。

以上より，(3)のアドバイスが適切でなく，これが本問の正解である。

正　解：(3)　　正解率：64.27 %

公式テキスト・チェック　　　5編－2「年金請求と諸手続き」

[Ⅸ] 次の事例にもとづいて，〔問－47〕および〔問－48〕に答えてください。

《事 例》

Ⅰ夫さん（昭和34年1月22日生まれ）は，令和3年12月末日付で㈱M社を退職する予定である。Ⅰ夫さんの年金加入歴（予定を含む）は，次のとおりである。

・昭和56年4月～平成2年3月：P大学病院
・平成2年4月～平成10年3月：㈱O社（O社厚生年金基金にも加入）
・平成10年4月～平成29年11月：N社㈱
・平成29年12月～令和3年12月：㈱M社（退職時の標準報酬月額320,000円）

㈱M社は，全国健康保険協会管掌健康保険（協会けんぽ）に加入，家族は，妻（58歳，パート年収約90万円）と長男（26歳，会社員）の3人暮らしである。なお，個人番号（マイナンバー）は日本年金機構に収録済みである。

年金請求手続

問－47　Ⅰ夫さんの特別支給の老齢厚生年金の支給開始年齢からの年金請求手続等に関するアドバイスについて，適切でないものは次のうちどれですか。

(1) 年金請求手続は，㈱M社の退職前に行うことができる。

(2) 年金請求書には，戸籍謄本を必ず添付する。

(3) 厚生年金基金の年金請求は，企業年金連合会に対して行う。

(4) 年金請求手続は，街角の年金相談センターでも行うことができる。

(5) 住民票および妻の非課税証明書は，原則として添付を省略できる。

健康保険の任意継続被保険者

問－48　　　Ｉ夫さんが退職後加入することができる健康保険の任意継続
被保険者について，誤っているものは次のうちどれですか。

(1)　保険料額は，30万円に保険料率を乗じた額である。

(2)　任意継続被保険者となれる期間は，令和５年12月末日までである。

(3)　Ｉ夫さんが任意継続被保険者である間，妻は引き続き被扶養者となる
ことができる。

(4)　保険料の納付期日は，翌月の10日（土，日，祝日のときは翌営業日）
である。

(5)　令和４年１月15日に申請をした場合，令和４年１月１日に遡って任
意継続被保険者になる。

▟解答ポイント＆正解

問－47　　　特別支給の老齢厚生年金の受給権を取得する者には，支給開始
年齢に到達する３ヵ月前に日本年金機構から，基礎年金番号，
氏名，生年月日，年金加入記録などをあらかじめ印字した「年金請求書（国
民年金・厚生年金保険老齢給付）」が送付される（第１号厚生年金被保険者）。
この年金請求書は再発行されないので，紛失しないようアドバイスする。

　Ｉ夫さんの場合，

　年金請求手続は，令和４年１月21日（63歳に達した日）から行うことが
できるので，㈱Ｍ社の退職前に行うことができない。

　年金請求手続は，事前に送付されている年金請求書を使用して最寄りの年
金事務所のほか街角の年金相談センターでも行うことができる。

　妻は，加給年金額の対象となるので生計維持証明欄を記入し，戸籍謄本は
必ず添付する。住民票および妻の（非）課税証明書は，マイナンバー制度の
情報連携システムにより確認が可能となっているので，原則として添付を省
略できる。

厚生年金基金への年金請求は，加入期間が8年につき，企業年金連合会に対して行う。

以上より，(1)のアドバイスが適切でなく，これが本問の正解である。

正　解：(1)　正解率：49.00％

公式テキスト・チェック　　　5編－2「年金請求と諸手続き」

問－48　健康保険の被保険者期間が継続して2ヵ月以上ある者は，退職日の翌日から20日以内に申請することによって，在職時に加入していた健康保険の任意継続被保険者となることができる。I夫さんの場合，退職日の翌日から20日以内に申請することで任意継続被保険者になることができる。令和4年1月20日までに手続すれば，令和4年1月1日に遡って任意継続被保険者になる。

任意継続被保険者となれる期間は退職日の翌日から2年間で，保険料は全額を本人が負担する。I夫さんの場合，令和5年12月31日まで任意継続被保険者となることができる。I夫さんが任意継続被保険者である間，妻は引き続き被扶養者となることができる。

任意継続被保険者の保険料は，全国健康保険協会管掌健康保険（協会けんぽ）の場合，退職時の標準報酬月額と30万円を比較して，いずれか低い額を基準に保険料率を乗じて計算する。I夫さんの場合，保険料額は30万円に保険料率を乗じた額である。

任意継続被保険者の保険料の納付期日は，その月（当月）の10日（土，日，祝日のときは翌営業日）である。正当な理由なく納付期日までに保険料を納付しないときは，納付期日の翌日にその資格を喪失する。

以上より，(4)の記述が誤っており，これが本問の正解である。

正　解：(4)　正解率：52.58％

公式テキスト・チェック　　　1編－4「医療保険制度等」

［Ⅹ］　次の事例にもとづいて，〔問－49〕および〔問－50〕に答えてくださ
い。

《事　例》

　　J夫さん（昭和30年12月23日生まれ）は，昭和60年11月1日か
ら勤務したL通信㈱を令和3年12月22日付で退職し，退職一時金と
して2,000万円を受給できる予定である。

　　また，退職後の年金額は，次のとおりとのことである。

・老齢厚生年金：167万円（加給年金額を含む）

・老齢基礎年金：78万円

・企業年金基金（老齢給付金）：90万円

　　現在，妻（昭和35年1月10日生まれ，専業主婦）と2人暮らしで
ある。なお，日本年金機構には「公的年金等の受給者の扶養親族等申
告書」を提出済みである。

公的年金等の収入金額 （A）	公的年金等に係る雑所得以外の所得に係る合計所得金額が 1,000万円以下の場合の公的年金等控除額	
130万円以下	60万円	65歳以上は最低110万円
130万円超　330万円以下	（A）×25％+27.5万円	
330万円超　410万円以下		
410万円超　770万円以下	（A）×15％+68.5万円	

公的年金にかかる雑所得の金額

問－49　　J夫さんが事例の年金を受給した場合，令和4年分の公的年
金等にかかる雑所得の金額として，正しいものは次のうちど
れですか。

(1)　917,500円

(2)　1,112,500円

(3)　1,470,000円

(4)　2,237,500円

(5)　2,250,000円

課税対象となる退職所得金額

問－50　　J夫さんの退職一時金にかかる課税対象となる退職所得金額について，正しいものは次のうちどれですか。

(1)　0円

(2)　5万円

(3)　10万円

(4)　40万円

(5)　80万円

■解答ポイント＆正解

問－49　　老齢・退職を支給事由とする公的年金等は，雑所得として他の所得と合算して所得税の課税対象となる。公的年金等にかかる雑所得の金額は，その年中に受給した公的年金等の総収入から公的年金等控除額を差し引いた額である。

公的年金等控除額は，設問の事例にある速算表を使って計算する。

J夫さんの場合，公的年金等控除額および雑所得の金額は，次のとおりである。

・公的年金等控除額：（167万円＋78万円＋90万円）×25％＋27.5万円＝111.25万円

・雑所得の金額：（167万円＋78万円＋90万円）－111.25万円＝223.75万円

以上より，(4)の金額が正しく，これが本問の正解である。

正　解：(4)　　正解率：46.15％

公式テキスト・チェック　　　5編－10「年金と税金」

問－50　　退職一時金は，退職所得として所得税の課税対象となる。退職一時金は，永年勤続に対する報酬の後払い，あるいは老後の生

活保障などの性質を有しており，他の所得と総合課税にしないで分離課税とし，さらに退職所得控除後の金額の2分の1を課税対象とするなど，税負担が軽減されるよう優遇された課税方式が採られている。

課税対象となる退職所得金額は，次の算式により計算する。

・（退職一時金の額－退職所得控除額）$\times \frac{1}{2}$＝退職所得金額

退職所得控除額は，勤続20年以下のときは「40万円×勤続年数」（勤続年数が2年以下のときは80万円）で計算し，勤続年数が20年を超えるときは，「800万円＋70万円×（勤続年数－20年）」で計算する。なお，勤続年数の1年未満の端数の月は1年に切り上げて計算する。

J夫さんの場合，

・退職所得控除額：800万円＋70万円×（37年－20年）＝1,990万円

・課税対象となる退職所得金額：（2,000万円－1,990万円）$\times \frac{1}{2}$＝5万円

以上より，(2)の金額が正しく，これが本問の正解である。

正　解：(2)　正解率：46.41％

公式テキスト・チェック ＞ 　5編－10「年金と税金」

2021年10月（第150回）

☆　**本書の内容等に関する訂正等について**　☆

本書の内容等につき発行後に誤記の訂正等の必要が生じた場合には，当社ホームページに掲載いたします。

（ホームページ 書籍・DVD・定期刊行誌 メニュー下部の 追補・正誤表 ）

銀行業務検定試験　年金アドバイザー3級問題解説集　2023年10月受験用

2023年7月29日　第1刷発行	編　　者　　銀行業務検定協会
	発 行 者　　志　茂　満　仁
	発 行 所　　㈱経済法令研究会
	〒162-8421　東京都新宿区市谷本村町3-21
	電話 03-3267-4811（代）
	https://www.khk.co.jp/

営業所／東京03(3267)4812　大阪06(6261)2911　名古屋052(332)3511　福岡092(411)0805

印刷・製本／富士リプロ㈱

©Ginkoh-gyohmu Kentei-kyohkai 2023　　　　　　ISBN978-4-7668-7275-0

定価は表紙に表示してあります。無断複製・転用等を禁じます。落丁・乱丁本はお取替えします。

2023年10月実施	**第156回 銀行業務検定試験**

第156回 銀行業務検定試験
第60回 コンプライアンス・オフィサー認定試験
第5回 社会人ホスピタリティ検定試験

		種 目	出 題 形 式	試験時間	受験料（税込）
実施日 2023年 10月22日（日） 願書受付期間 2023年 8月17日（木）〜 9月6日（水）【必着】	午前種目	法務3級	五答択一マークシート式　50問	120分	5,500円
		法務4級	三答択一マークシート式　50問	90分	4,950円
		預かり資産アドバイザー3級	四答択一マークシート式〈一部事例付〉　50問	120分	5,500円
		年金アドバイザー3級	五答択一マークシート式〈一部事例付〉　50問	120分	5,500円
		金融コンプライアンス・オフィサー2級	四答択一マークシート式　50問	120分	5,500円
		保険コンプライアンス・オフィサー2級	四答択一マークシート式　50問	120分	5,500円
		金融AMLオフィサー［実践］	三答択一マークシート式　50問	90分	5,500円
		金融AMLオフィサー［基本］	三答択一マークシート式　50問	90分	4,950円
		金融AMLオフィサー［取引時確認］※特別実施	三答択一マークシート式　50問	90分	4,950円
		社会人ホスピタリティ［基本］	三答択一マークシート式　50問	90分	4,950円
	午後種目	法務2級	三答択一付記述式　10題	180分	8,250円
		財務2級	記述式　10題	180分	8,250円
		税務3級	五答択一マークシート式　50問	120分	5,500円
		証券3級	五答択一マークシート式　50問	120分	5,500円
		外国為替3級	五答択一マークシート式　50問	120分	5,500円
		預かり資産アドバイザー2級	四答択一式　25問、計算・記述式　5題	180分	8,250円
		相続アドバイザー3級	四答択一マークシート式〈一部事例付〉　50問	120分	5,500円
		保険販売3級	四答択一マークシート式　50問	120分	5,500円
		営業店マネジメントI	記述式　10題	180分	9,900円
		営業店マネジメントII	四答択一式　40問、記述式　6題	180分	8,800円
		事業承継アドバイザー3級	四答択一マークシート式〈一部事例付〉　50問	120分	5,500円
		金融コンプライアンス・オフィサー1級	記述式　10題	180分	8,250円
		社会人ホスピタリティ［実践］	四答択一マークシート式〈一部事例付〉　50問	120分	6,600円

※金融AMLオフィサー［取引時確認］は、本来は6月実施の試験ですが、2023年度は10月にも特別に実施いたします。

－ ▶▶お知らせ◀◀ －

※実施日、願書受付期間、種目につきましては状況によって変更する場合がございます。
※各種目の受験料は、消費税10%にて表示しております。消費税率変更の場合は変更税率に準じます。
※試験の時間帯（午前・午後）が異なる種目であれば、同一実施日に2種目までお申込みが可能です。
　検定試験運営センターでは、日本コンプライアンス・オフィサー協会が主催する認定試験および日本ホスピタリティ検定協会が主催する検定試験を銀行業務検定試験と併行して実施しております。

第156回銀行業務検定試験
WEB動画教材による受験対策講座

　2023年10月22日（日）実施の銀行業務検定試験「法務2級」および「財務2級」の受験対策講座をストリーミング配信いたします。インターネットに接続できる環境があれば、PC、タブレットやスマートフォン等で、いつでもどこでも学習いただけます。また、期間内であれば何回でも視聴が可能です。

　出題頻度の高い重要な項目から過去問題10問をセレクトし、わかりやすく解説します。

　詳細につきましては、弊社ホームページをご参照ください。

WEB動画 受験対策講座

種　　目	担当講師 （予定）	視聴可能期間 （予定）
法務2級	福田　秀喜	9月中旬～10月22日（日）
財務2級	柏木　大吾	

【お問合せ先】

本社営業部　　　　Tel：03-3267-4812
大阪支社営業部　　Tel：06-6261-2911
名古屋営業所　　　Tel：052-332-3511
福岡営業所　　　　Tel：092-411-0805

経済法令研究会　https://www.khk.co.jp/

●経済法令ブログ
https://khk-blog.jp/